LETTRES
SUR L'ITALIE

ET

MÉLANGES LITTÉRAIRES.

LETTRES
SUR L'ITALIE

ET

MÉLANGES LITTÉRAIRES.

Par Jules Gazel,

Docteur en Droit.

LIMOUX.
CHEZ J. BOUTE, IMPRIMEUR-LIBRAIRE,
RUE DES AUGUSTINS.

1853.

Si je le destinais au public, ce volume modeste aurait besoin de trop d'indulgence : je ne l'adresse qu'à quelques personnes amies. Elles seules, dans leurs dispositions bienveillantes, sauront trouver une excuse à sa publication. Elles n'y verront pas des prétentions littéraires qui seraient trop peu justifiées. Un recueil d'articles détachés, sans lien qui les unisse, écrits à différentes époques et sur des sujets divers, ne peut avoir d'autre intérêt que celui qu'elles voudront bien y mettre. Entr'elles et moi, ce sera comme une nouvelle forme de conversation amicale, une sorte d'entretien sérieux, dans un cercle choisi, où la pensée des uns et des autres se promène tour à tour sur quelques questions à peine effleurées d'art, de goût, de morale, de religion. Ces entretiens, je l'avoue, je les aurais désirés sinon plus secrets, du moins plus dégagés de cette apparence toujours un peu solennelle de demi-publicité qu'à contre-cœur je leur donne. Mes goûts ont dû se taire devant une volonté à laquelle je dois toute déférence.

Une chose d'ailleurs me rassure parce qu'elle ne permet pas de fausse interprétation. Communiquer ainsi ses idées, ses impressions, ses sentiments, les fixer dans une forme qui en rende l'expression plus sincère et plus nette, ce n'est pas viser au succès littéraire ; c'est se rappeler à ceux qu'on aime, se révéler plus complétement à eux, acquérir, s'il se peut, de nouveaux titres à leur estime et à leur amitié. Voilà quels sont tous les rêves de mon ambition. Il n'en est pas de moins prétentieuse, en serait-il de plus permise !

Septembre 1852.

NOTICE

SUR

LA BASILIQUE DE SAINT-SERNIN.

Le sol de la France est couvert d'une foule innombrable de monuments religieux qui témoignent à la fois du génie de nos pères et des croyances ardentes qui les animaient. Devant ces vénérables édifices des temps passés, le poëte s'arrête rêveur; l'artiste étudie la perfection et l'harmonie des formes; l'historien voit revivre les mœurs des générations écoulées; plus sérieux qu'eux tous, le catholique y retrouve, avec bonheur, le symbole de ce qu'il croit, adore et révère. Pour lui surtout, l'étude de nos vieilles églises est pleine de grandeur et d'intérêt; car si tous peuvent y trouver un aliment à la curiosité de l'esprit, lui seul sait y puiser de hautes méditations et de graves enseignements.

L'architecture religieuse du moyen-àge a multiplié ses chefs-d'œuvre dans le nord de la France. Cependant, les cathédrales de Narbonne, d'Auch, d'Alby, etc., sont là pour attester que nos provinces méridionales n'ont pas été déshéritées, et que les sentiments religieux s'y sont aussi manifestés avec éclat. A elle seule, Toulouse, comme pour justifier son antique réputation de sainteté, montre avec orgueil Saint-Etienne, les Cordeliers et surtout la magnifique basilique dédiée à saint Saturnin, et que nous prendrons aujourd'hui pour sujet de nos études.

Saint Saturnin est le saint le plus populaire de nos contrées. Personne n'ignore qu'envoyé, vers le milieu du III⁰ siècle, par le pape Fabien, pour faire entendre la parole de salut dans le pays des Tectosages, l'intrépide apôtre gagna un grand nombre d'âmes à Jésus-Christ; qu'il fonda l'épiscopat de Toulouse, et qu'il souffrit glorieusement le martyre, au Capitole, aux pieds des fausses divinités auxquelles on voulut en vain le faire sacrifier.

Lorsque la religion chrétienne, grâce à la parole et à l'exemple du saint évêque, eut fait à Toulouse de nombreux prosélytes, les Toulousains voulurent glorifier, par l'érection d'un temple, le père de leur église. Vers l'an 380, l'évêque saint Sylve jeta les fondements d'un temple destiné à recevoir les ossements de saint Saturnin. Saint Exupère continua l'édifice non terminé. Mais l'œuvre de ces deux saints évêques ne résista pas aux destructions que commirent les Sarrasins dans le huitième siècle. Pendant le siége que ceux-ci établirent devant Toulouse, en 721, le temple de saint Saturnin fut renversé. La religion ainsi offensée trouva un terrible vengeur dans Eudes, duc d'Aquitaine, qui, dans une bataille des plus sanglantes, tailla les Sarrasins en pièces, et remporta une de ces victoires éclatantes, dont les Arabes, dans leur désert, conservent encore aujourd'hui le souvenir.

La basilique rebâtie sur le même emplacement, sous l'empire de Charlemagne, pendant que son fils, qui fut depuis Louis-le-Débonnaire, était roi d'Aquitaine, fut détruite pour la seconde fois, dans le commencement du XIe siècle, par les *Manichéens* ou *Bulgares*. Enfin fut édifiée, vers l'an 1060, et toujours sur le même emplacement, la basilique que chacun admire aujourd'hui. La vérité historique, souvent si difficile à trouver, lorsqu'on veut remonter à des époques aussi reculées, a été ici obscurcie par des fables que quelques auteurs ont reproduites d'après des traditions populaires. Ainsi on a prétendu que l'église de St-Sernin a été primitivement bâtie sur pilotis, au milieu de ce lac dont parle Strabon, où le proconsul Cépion enleva les immenses richesses que les Gaulois y avaient jetées. Mais comment supposer qu'on ait construit, à grands frais, une église dans un lac, tandis qu'on avait toute facilité pour l'élever sur la terre ferme? D'ailleurs, les fouilles faites à la fin du XVIIIe siècle par M. de Fleurigny, abbé de St-Sernin, n'ont amené à la découverte d'aucun pilotis. Ce qu'il y a de certain, c'est que la gloire d'avoir jeté les fondements de la basilique actuelle appartient à Pierre Roger, devenu évêque de Toulouse en 1056. Aucun sacrifice personnel ne lui coûta pour parvenir à l'accomplissement de son dessein : il fit l'abandon de sa part de fruits dans l'abbaye de St-Sernin, et, par ses exhortations, il amena les chanoines à faire le même abandon; il recueillit partout les offrandes, *oblationes omnes causâ œdificandæ novæ ecclesiæ recollexit*, porte une bulle du pape Urbain II. Le peuple seconda merveilleusement son zèle, et Ermengade, de Carcassonne, fit de considérables donations. L'œuvre, si noblement entreprise par Pierre Roger, fut continuée, après sa mort, par saint Raymond-Gayrard, chanoine de St-Sernin.

On était alors dans une époque où les sentiments chrétiens avaient toute leur force, où les âmes respiraient l'enthousiasme religieux le plus pur. Le pape Urbain II venait de prêcher la croisade dans Clermont; à sa voix éloquente, la chrétienté allait se précipiter sur l'Asie, à la conquête d'un tombeau. Urbain II passa à Toulouse pour se concerter avec le comte Raymond de Saint-Gilles, le principal chef de l'entreprise et l'un des plus grands princes de l'Europe. Le 24 mai 1095, le pape fit la consécration solennelle de l'église de St-Sernin, et la tira de la juridiction de l'évêque pour la faire dépendre immédiatement du Saint-Siège. A cette époque la basilique n'était point encore terminée, mais les parties essentielles existaient, l'abside était achevée ainsi que les murs formant la ligne transversale de la croix. Avant son achèvement, la basilique eut a souffrir des mauvaises passions de Bertrand, fils de Raymond de Saint-Gilles. Ce prince enleva les biens dont son père avait doté l'abbaye, il viola le cloître extérieur et détruisit quelques bâtiments. En punition de son forfait, il fut chassé par Guillaume, comte de Poitiers, qui, faisant valoir les droits de sa femme Philippia, occupa le comté de Toulouse. La comtesse Philippia, qui rehaussait les grâces de son sexe par l'éclat des plus douces vertus, exerça pendant quelque temps, sur l'esprit de son époux, l'influence la plus heureuse. C'est sans doute à sa sollicitation que le comte maintint l'église de St-Sernin dans les libertés qui lui avaient été octroyées, et qu'il lui fit de nouvelles donations; « et parce que, est-il dit dans une charte du mois de juillet 1095, des méchants et des persécuteurs l'ont détruite de nos jours, nous lui donnons, pour la rétablir, savoir : le village de St-Pierre de Blagnac, sur la Garonne, son église et ses dépendances, avec tout ce que le comte Guillaume y a possédé, etc. » Ces libéralités firent hâter l'achèvement de la basilique. Ce ne fut cependant que plus tard que l'église de St-Sernin, comme nous le verrons, fut terminée telle qu'elle existe aujourd'hui.

En 1119, Guy, archevêque de Vienne, couronné pape sous le nom de Calixte II, tint un concile à Toulouse. A la fin du concile il se rendit en grande pompe à la basilique, où il consacra un autel en l'honneur de saint Augustin. Un auteur moderne, l'abbé Salvan, à la science duquel on doit pleine foi, pense que l'autel consacré est celui où se trouvent les reliques de saint Cyr et de sainte Julitte.

Dans le XIIIe siècle, par les soins de Raymond de Falgar, évêque de Toulouse, et de Bernard Gentiac, abbé de St-Saturnin, eut lieu l'élévation solennelle du corps du glorieux martyr, père de l'église de Toulouse. Il fut renfermé dans une chapelle voûtée qu'on avait fait construire en forme de mausolée, et qui était placée derrière le grand autel. Ce mausolée fut détruit vers l'année 1736, et c'est à cette époque qu'on éleva celui qui existe aujourd'hui. Les historiens qui racontent la cérémonie de l'élévation du corps de saint Saturnin, parlent des cryptes en voûte qu'on voit sous l'autel. Leur construction, d'après leur style ogival, doit remonter au commencement du XIIIe siècle.

En 1284, les ossements du saint furent enfermés dans une châsse en argent. La châsse, disent les historiens, représentait en relief l'extérieur et le clocher de Saint-Sernin. Cette mention est importante en ce qu'elle sert à fixer l'époque de la construction du clocher. En effet, si l'on fait attention à cette date, et si, d'un autre côté, on considère que les fenêtres supérieures de la tour sont terminées en une espèce d'ogive bâtarde, on sera amené à décider que le clocher fut élevé avant l'année 1284, mais après les premières années du XIIIe siècle, époque où le style ogival s'introduisit dans le Midi.

Ainsi fut terminée cette église de Saint-Sernin, la plus belle peut-être, dans le style roman, qui soit dans la chrétienté. Entrez dans son enceinte : quelle majesté dans ces voûtes suspendues sur votre tête ! quelle grandeur et quelle simplicité bien digne de la religion chrétienne dans ces entassements de pierres, dans ces colonnes superposées, dans ces chapiteaux variés à l'infini, dans toutes ces arcades soumises aux lois sévères de l'art roman ! A cet aspect imposant, quel homme, fût-il indifférent, n'a senti son cœur se remplir de sentiments pieux ! quel homme n'a compris toute la petitesse de sa nature et la grandeur infinie de Dieu, soit que, dans la solitude et dans une obscurité mystérieuse, son pas retentissant sur les dalles éveille les échos naguère silencieux ; soit que, au milieu des pompes du Catholicisme, l'encens s'élève vers le ciel avec les prières des hommes, et que l'orgue envoie sur la tête du pécheur des torrents sonores d'harmonie qui roulent sous les voûtes de la vieille basilique toute remplie de la gloire de Dieu !

Admirable privilége de la religion ! Tout dérive d'elle ; tout aboutit à elle ; les choses les plus belles de ce monde la touchent par leurs côtés les plus élevés ; l'art se met à son service, et de cette union féconde naissent les œuvres les plus sublimes qui soient offertes à l'admiration des hommes. Par une loi souveraine, l'artiste ne paraît jamais aussi près de la suprême beauté, que lorsqu'il consacre son génie à la louange de son Dieu. Cette puissance de la religion est si grande, qu'elle s'exerce même chez les peuples idolâtres, et l'idée d'une divinité, même mensongère, a toujours tellement dominé les âmes, que les artistes, de tout temps et de tout pays, ont su trouver la forme la plus en harmonie avec les croyances et le culte de leur religion. Cela est vrai, surtout de l'architecture, de tous les arts le plus noble, le plus complet, le plus synthétique, celui dont les tendances sont le plus élevées. Jetez un regard sur le passé.

Dans les temples égyptiens où les pierres monstrueusement entassées les unes sur les autres, donnent à l'édifice un aspect si lourd et si massif, on sent l'adoration de ces peuples pour la matière, qui recelait, suivant eux, leurs bizarres divinités.

Dans la Grèce, les dieux *habitants de l'Olympe* partageaient les passions humaines; ils n'étaient qu'une personnification poétique de toutes les vertus et aussi de tous les vices. Leur ciel était si voisin de la terre, que l'esprit, touchant de toutes parts aux limites de la religion, n'avait aucune échappée lumineuse par où il pût s'élancer vers l'infini. Aussi, les âmes conservaient-elles ce calme, cette sérénité qui sont empreints dans leurs temples. Les édifices consacrés à Jupiter, Junon, Apollon, pleins de grâce, d'élégance, harmonieux dans leurs étroites proportions, portaient avec eux le vice de cette religion, qui n'établissait entre Dieu et la créature que des rapports purement humains et ne donnait aucune satisfaction aux besoins mystérieux de l'âme.

Lorsque le Paganisme s'écroula, vieux et usé comme il était, sous le souffle tout-puissant de la vraie religion, les esprits, contenus jusque-là dans les limites étroites du Polythéisme, s'élancèrent, guidés par la lueur de la croix, dans une carrière sans horison. Dans les tourments de leur inquiétude, ils cherchaient cet infini qu'ils ne pouvaient comprendre, et qui les écrasait de son poids immense. De là, ces pieuses larmes, ces extases mystiques, ces élancements de l'âme vers Dieu, qui se traduisirent dans les vieilles églises, expression des plus vives croyances, symbole du Catholicisme et à jamais dignes de notre respect par l'empreinte qu'y laissèrent nos pères de leur génie et de leur foi.

L'art roman et l'art gothique ont soumis à leurs lois l'architecture religieuse du moyen-âge; l'art gothique, avec la variété infinie de son ornementation, la profusion de détails minutieux et charmants, la pompe éclatante des beautés intérieures et extérieures du temple : ogives vivement élancées, chapiteaux fleuris, vitraux aux naïves peintures, colonnettes à la grâce svelte et légère, rosaces délicatement ouvrées s'épanouissant comme une fleur aux rayons du soleil couchant (1), tours ornées de flèches, pignons, pyramides, clochetons et toutes ces ramifications luxuriantes s'élevant de l'édifice comme d'un tronc fécond ! Spectacle qui a tous les enchantements d'un rêve ! — L'art roman avec la régularité de ses proportions, l'unité d'architecture, la sobriété d'ornements, la so-

---

(1) On a remarqué que presque toutes les églises du moyen-âge s'étendent de l'est à l'ouest. Le prêtre qui officie a ainsi les regards tournés vers l'orient, vers le tombeau du Sauveur. La rosace s'ouvre donc vers le couchant.

lidité non dénuée d'une grâce sévère, l'harmonie de tous les détails! Spectacle imposant et majestueux !

L'art gothique et l'art roman représentent chacun une face différente du Catholicisme. L'art gothique en dévoile le côté riche, brillant, poétique, animé. L'art roman en fait ressortir l'unité, la force, l'austérité, la vraie grandeur.

Les caractères du style roman, nous les retrouvons dans toute leur pureté, dans la basilique de Saint-Sernin.

Bâtie sous la forme d'une croix latine, la basilique s'étend du nord-est au sud-ouest sur de grandes et magnifiques proportions. A l'extérieur, les faces latérales ne sont point soutenues par ces arcs-boutants, que l'élévation de la nef rendait nécessaires dans les cathédrales gothiques. Les murs, percés de nombreuses ouvertures, sont presque nus et dépouillés d'ornements. L'abside cependant est remarquable, par le nombre de chapelles qui rayonnent à l'entour, et dont les fenêtres sont ornées de moulures taillées dans la pierre. Le clocher vivement élancé s'élève au centre de la croix, sur un plan octogonal; il est soutenu à sa partie inférieure par des contreforts saillants. A une assez grande élévation, il est orné d'une galerie au-dessus de laquelle, perdant sa forme à-peu-près prismatique, il se termine en pyramide. L'intérieur du clocher est éclairé par de nombreuses ouvertures disposées sur plusieurs rangs. Ces ouvertures, la plupart en plein cintre, affectent, dans les étages supérieurs, une forme ogivale toute particulière. L'ogive, au lieu d'être déterminée par la rencontre de deux arcs, est formée par la rencontre de deux lignes droites. Ces fenêtres, d'un style bâtard, sont encadrées dans plusieurs moulures dessinant des angles.

On entre dans l'intérieur de la basilique par trois portes : la principale, située à l'ouest, en face de l'autel, est couronnée d'une galerie composée de petites arcades portées par des colonnettes. Cette galerie, que nos architectes ont sans doute imitée des églises bysantines, dont la façade était percée de plusieurs ouvertures contiguës, éclairant le gynécée, ne sert ici qu'à la décoration de la porte.

Une autre porte se trouve à l'extrémité d'un transept, les chapiteaux, profondément fouillés, représentent les sept péchés capitaux (1).

La troisième porte s'ouvre au milieu de la façade qui regarde le levant. Le tympan, l'imposte et les chapiteaux sont ornés de sculptures représentant Eve et Adam chassés du Paradis terrestre, Jésus au milieu de ses apôtres, etc. Avant d'arriver à cette porte, on trouve celle qui fut élevée par Nicolas Bachelier, et qu'on a respectée lorsqu'on a démoli les murs extérieurs. Les sculptures qui la décorent ont été dégradées sous la Révolution; deux médaillons ont entièrement disparu. Malgré cela on peut encore admirer les chapiteaux, les arabesques, les feuillages qui cou-

---

(1) A côté de cette double porte on remarque le caveau qui renferme les tombeaux des Comtes de Toulouse.

rent sur la pierre avec tant de grâce, tant de légèreté, tous ces détails enfin, pleins de fantaisie et empreints de l'élégance et du sentiment exquis de l'art que la Renaissance avait introduits parmi nous.

Mais dans la basilique de Saint-Sernin, comme dans toutes les églises romanes, la beauté de l'intérieur surpasse de beaucoup celle de l'extérieur.

La grande nef, qui occupe le centre de l'église, se trouve environnée de bas-côtés disposés sur deux rangs de galeries de hauteurs inégales. La galerie la plus extérieure ne s'étend que jusqu'aux transepts ou lignes transversales de la croix. La grande nef est divisée en travers par des colonnes engagées qui, partant la plupart du sol, s'élèvent jusqu'à la naissance des voûtes cintrées où elles reçoivent la retombée des nervures qui forment l'*ossature* de l'édifice. Chaque travée contient une arcade servant à la communication de la grande nef avec les bas-côtés, et au-dessus, des arcs doubleaux inscrits dans un grand arc et supportés par des colonnettes jumelles, dont les chapiteaux sont sculptés de fleurs, de fruits ou d'animaux variés à l'infini. Ces arcs donnent sur une galerie qui transmet à l'intérieur de l'église le jour qu'elle reçoit des fenêtres ouvertes dans les murs extérieurs. Le jour pénètre encore dans la basilique par les fenêtres donnant sur les bas-côtés et par l'*œil* (*oculus*), placé au centre de la façade principale. Les formes qui déterminent toutes les baies ou ouvertures sont des demi-cercles complets.

La nef est terminée par une élégante abside, qui

s'élève sur des piliers quadrangulaires, sous plusieurs rangs d'arcs à plein cintre. La voûte de l'abside est ornée de fresques représentant, sur un fonds d'or, Jehovah tenant dans sa droite le livre aux Sept-Sceaux, et ayant sur sa tête les sept lampes ardentes; il est entouré des emblêmes des quatre évangélistes. On voit aussi, sur la même voûte, le martyre de saint Saturnin. Ces fresques, dont l'auteur est inconnu, ont été peintes, au dire de plusieurs historiens, vers les XIe et XIIe siècles. Si l'on considère la grandeur du style, le jet naturel des draperies, l'ampleur du dessin, il nous semble que l'on doit avancer d'un siècle et même de deux l'époque à laquelle se rapportent ces belles peintures. Elles nous paraissent postérieures à Cimabué et à Giotto, qui peignaient à la fin du XIIIe siècle et au commencement du XIVe, et qui, les premiers, faisant sortir la peinture de sa torpeur, lui donnèrent le mouvement, la grâce et l'expression de la vie.

Les autres fresques, qui décorent l'abside et les pilastres du clocher, sont d'une époque plus moderne et conçues dans un sentiment de l'art, moins pur et moins élevé.

Derrière l'autel se trouve le mausolée de saint Sernin, auquel on arrive par de beaux escaliers en marbre rouge. La richesse des ornements de ce mausolée n'est point assez en harmonie avec le caractère de gravité empreint sur toutes les parties de la basilique.

L'abside est entourée d'une galerie qui permet de circuler autour de l'autel; galerie que l'on ne rencontre que dans les églises construites depuis le XIe siècle.

Le rond-point, qui forme l'extrémité intérieure de la basilique, est coupé par des chapelles. L'axe de celle qui est située au centre de l'abside est légèrement incliné sur le côté droit, à l'image de la tête du Sauveur penchée sur la croix : idée admirable que l'on a quelquefois appliquée dans la construction des églises gothiques, et qui ne pouvait naître que dans un cœur profondément religieux. Tout autour du rond-point se trouvent des statues en briques, assez grossièrement travaillées, et représentant quelques comtes et comtesses de Toulouse.

En face de la chapelle centrale, on voit un tableau que, jusqu'ici, on n'a peut-être pas assez remarqué, et qu'un peintre bien connu dans notre ville croit pouvoir attribuer au Corrége. Il est digne, en effet, de compter parmi les œuvres du grand peintre Lombard. Le sujet en est une Sainte-Famille, environnée de trois ou quatre enfants qui sont en adoration devant le petit Jésus. Ce sujet si souvent traité, et souvent d'une manière très heureuse, a fourni au Corrége une admirable page de peinture. Ici, point de ces oppositions violentes d'ombres et de lumières qui, dans les tableaux d'un Rembrandt, agissent mystérieusement sur l'âme du spectateur; point de ces traits hardis de dessin qu'affectionnaient les Vinci et les Michel-Ange; point de ces écarts d'imagination, si magnifiques dans le génie de Rubens : la beauté du tableau consiste dans des qualités différentes, mais éminentes dans leur genre. On est délicieusement surpris à la vue de ce charmant groupe d'enfants naïvement admirateurs de l'enfant Jésus, et exprimant leur amour avec toute la candeur et la simplicité de leur jeune âge. Il y a dans ces blondes têtes, je ne sais quelle douce innocence, quelle pureté enfantine, qui attache le regard et captive le cœur! La Vierge domine le groupe, et sa tête, calme et sereine, trahit sa joie maternelle. Dans un coin et dans l'obscurité, on voit la figure de saint Joseph, tournée vers un livre ouvert sur une table.

Au point de vue purement artistique, ce qui frappe le plus dans cette œuvre, c'est moins encore la pureté exquise du dessin que la beauté achevée de la couleur; c'est l'effet prestigieux du clair-obscur; la douceur de ces belles ombres qui adoucissent les transitions, sous leur voile transparent; la variété infinie de ces demi-teintes si savamment accordées et dont les modulations se jouent dans une harmonie tendre, brillante, délicieuse. On comprend, à la vue du tableau, que le pinceau du peintre caressait la toile avec bonheur, déposant à son passage, comme un tribut de son amour, les couleurs les plus chaudes, les plus riches et les plus variées. Ce tableau produit l'effet d'un beau fruit, d'une pêche mûrie au soleil du Midi, et sur laquelle les couleurs sont si délicatement ménagées, depuis le vert et le jaune, jusqu'au rouge, que les yeux éprouvent autant de plaisir à l'admirer, que le goût à en savourer la douceur.

Les enfants qui entourent la Vierge sont véritablement en vie; on sent qu'ils sont en pleine possession de leur existence, qu'ils agissent et respirent librement : c'est que rien n'est pur comme l'air qui les environne; c'est que l'atmosphère dans laquelle ils se jouent est délicieusement tiède, admirablement lumineuse, singulièrement transparente; c'est qu'un souffle divin semble errer au milieu de ces petites têtes dorées, et les envelopper dans ses douces et molles caresses.

Maintenant, comment faire comprendre à ceux qui n'ont pas vu ce chef-d'œuvre, la grâce et la facilité de pinceau avec lesquelles tout cela est peint! Comment exprimer, par des paroles, les effets produits par le Corrége, avec les ressources de sa magique palette! Quelle expression sera assez significative pour montrer aux yeux ces teintes un peu voilées qui descendent doucement sur les traits de la Vierge, en répandant sur sa personne un caractère ineffable de chasteté virginale et d'amour maternel! Comment décrire le contraste des enfants, se jouant dans une céleste lumière, et de l'homme studieux qui, dans une obscurité mystérieuse, montre sa tête expressive inclinée sur un livre!

Nous le sentons aujourd'hui mieux que jamais, le langage est aussi impuissant à reproduire la couleur d'un tableau que la mélodie de la musique. Un coup d'œil en dira plus que tous nos éloges. Nous engageons donc les personnes qui aiment la peinture et la belle peinture à aller admirer la Sainte-Famille de Saint-Sernin.

Quelques autres tableaux sont disséminés dans l'église ; sans offrir des beautés comparables à celles de l'œuvre dont nous venons de parler, il serait injuste de méconnaître le mérite qui brille dans quelques-uns.

Mais ce qui fait la gloire de la basilique de Saint-Sernin, ce qui est bien plus précieux que tous les ouvrages d'art qu'elle renferme, c'est le grand nombre de reliques déposées dans son sein. Ces reliques sont placées dans les chapelles ouvertes derrière le chœur et dans les cryptes construites sous l'autel. Il ne nous appartient pas d'en discuter l'authenticité ; elle a, d'ailleurs, été démontrée d'une manière évidente, pour tous les esprits non prévenus, dans des dissertations savantes et complètes. Tous les ans, le jour de la Pentecôte, ces précieuses reliques sont processionnellement transportées dans les rues de la ville et exposées à la vénération des fidèles.

Nous donnons ici la liste des reliques conservées à Saint-Sernin :

St. Saturnin, 1er évêque de Toulouse.
St. Honorat, 2e évêque de Toulouse.
St. Hilaire, 3e évêque de Toulouse.
St. Sylve, 5e évêque de Toulouse.
St. Exupère, 6e évêque de Toulouse.
St. Papoul, disciple de saint Saturnin.
St. Honest.
St. Jacques-le-Majeur.
St. Philippe et saint Jacques.
St. Simon et saint Jude.

St. Barnabé.

St. Raymond, chanoine de Saint-Saturnin.

Ste. Suzanne de Babylone.

St. George, martyr.

St. Cyr et ste. Julitte.

St. Assiscle et ste. Victoire.

SS. Claude, Nicostrate, Symphorien, Castor et Simplice.

St. Edmond, roi d'Angleterre.

St. Gilles, abbé.

St. Gilbert, abbé en Angleterre.

St. Thomas d'Aquin.

L'épine de la couronne du Sauveur.

La robe de la Sainte-Vierge.

Plusieurs fragments précieux.

En présence de telles richesses, en présence des miracles opérés par l'intercession des saints protecteurs de la ville de Toulouse, faut-il s'étonner que la ville des martyrs ait donné le nom de sœur à la cité qui garde les ossements de plusieurs apôtres et de tant d'illustres saints ! Faut-il s'étonner qu'Urbain VII, par une faveur dont seule, peut-être, jouit la basilique de Saint-Sernin, ait accordé à ceux qui visiteraient sept autels, désignés dans la bulle, les mêmes indulgences qui sont attachées à la visite des sept autels de Saint-Pierre, à Rome?

Si les bornes de cette publication nous l'avaient permis, nous aurions aimé à parler plus en détail des beautés de la basilique de Saint-Sernin. Ce qui nous anime, ce n'est point un pur sentiment d'artiste, encore moins un vain amour d'études archéologiques; nous avons voulu présenter aux esprits des exemples glorieux du passé, d'où ressortent d'utiles enseignements. Quels étaient, en effet, ces hommes qui ont édifié les églises du moyen-âge? étaient-ils illustres par leur génie, par leur science, par leurs richesses? Non, c'étaient, pour la plupart, de bons et naïfs ouvriers qui écrivaient avec des pierres tout ce qu'ils avaient dans le cœur de sentiments nobles, élevés, et qui, après avoir achevé leur œuvre longue et laborieuse, mouraient pauvres, inconnus, mais heureux. Ce qui les rendait grands, c'était la foi qui régnait dans leur âme, la foi qui régnait partout. Chacun se groupait autour de l'architecte et l'aidait, le riche de sa fortune, le pauvre de son travail. Avant de se mettre en œuvre, les ouvriers se rendaient par milliers en pélérinage auprès de quelque chapelle dédiée à la mère de Dieu où à un saint illustre, et ils appelaient la bénédiction du ciel sur leurs travaux. Quel spectacle que cette foule de croyants animés de la même foi, du même zèle, travaillant au milieu des prières, des cantiques, des chants sacrés, et élevant ainsi ces merveilles que nous admirons aujourd'hui !

Nous admirons ces merveilles : mais que nous sommes loin de les imiter! Au milieu de croyances affaiblies, nos architectes n'ont su élever que des temples sans caractère, sans originalité, sans relation aucune avec notre religion, nos mœurs et les besoins du culte. Et cependant, à s'en tenir aux modèles anciens, n'y a-t-il pas dans les églises du moyen-âge, une forme architecturale bien digne d'être reproduite? Cette forme, elle n'est pas usée, elle a reçu la vie du Catholicisme, et le Catholicisme lui a communiqué ce qu'il a d'éternel et d'impérissable. Elle est intimement unie à des idées qui sont celles de notre époque et qui seront aussi celles de tous les siècles à venir. C'est à ces idées que se sont inspirés les arts modernes ; c'est là qu'ils ont trouvé leur force et leur triomphe. Pourquoi, seule, l'architecture les a-t-elles abandonnées? Pourquoi, oubliant toutes les convenances, cédant à une inspiration fatale, nos architectes élèvent-ils au Dieu des chrétiens, des temples que les anciens auraient dédiés à Vénus ou à Jupiter ?

L'erreur est sensible, il serait temps d'en sortir. Par des raisons que nous apprécions, le style gothique est aujourd'hui impossible. Mais le style roman offre aux artistes toutes les ressources de ses formes mâles et sévères. Débarrassé de détails minutieux, réduit à sa simplicité originaire, il ne présente point à l'exécution les difficultés insurmontables du style gothique. Dans l'impuissance où l'on est de nos jours de trouver une autre forme, il nous semble donc que l'on devrait adopter celle qui fut imprimée aux édifices religieux des XIme et XIIme siècles. En laissant ainsi à nos petits-fils les monuments restaurés du moyen-âge, nous leur montrerions combien nous sûmes comprendre nos pères, puisque nous sûmes si bien les imiter.

LETTRE

SUR LE MUSÉE DE LYON,

A M. VILLEMSENS.

Lyon, mai 1846.

Avant de partir pour Lyon, je vous avais promis d'examiner avec curiosité et attention les musées des différentes villes où je devais m'arrêter, et de vous faire part de mes impressions personnelles ; de cette promesse, faite au nom de l'art et de l'amitié, j'ai déjà rempli la première partie, je viens aujourd'hui m'acquitter de la seconde.

Je vous écris aussi, mon cher ami, sous l'impression du devoir, de la reconnaissance. Je n'ai pu oublier que c'est surtout dans vos causeries et dans la contemplation de vos œuvres que j'ai appris l'admiration du beau. C'est parce que vous m'avez dévoilé quelques-uns des nobles secrets de l'art, qu'il m'a été permis d'apprécier les grands artistes, comme ils doivent l'être, avec émotion et amour. Aussi, dans ma pérégrination, votre souvenir m'a-t-il été toujours présent : au milieu des tableaux des maîtres, je vous remerciais du fond du cœur de me les avoir fait comprendre, et ce sentiment de gratitude augmentait encore pour moi les jouissances de l'art.

Si cette lettre vous parvient dans un de ces jours de doute et de découragement que les plus fortes natures ont connus, puisse-t-elle relever votre courage, et, par l'exemple de quelques noms glorieux, vous exciter à cultiver ces précieuses qualités d'artiste, que Dieu vous a généreusement départies. Mais si l'espérance sourit dans votre cœur, si vous avez le front serein, si votre pinceau riche de couleurs, caresse sur la toile une création bien-aimée, oh ! alors, soyez tout entier à votre inspiration, attendez encore quelques heures, et puis lisez avec bienveillance le récit de mes impressions.

Je ne vous dirai rien de la grande ville de Lyon. Que vous importe de savoir que les rues sont sales et boueuses, les brouillards presque continuels, les édifices noirs et enfumés, etc., etc.; je ne dois vous parler que de ce qui peut vous intéresser : je vous conduirai donc au palais Saint-Pierre. Ce palais est un immense bâtiment, situé sur la place des Terreaux, et beaucoup plus remarquable par ses grandes proportions que par la beauté de son architecture. C'est là que se trouvent pêle-mêle, la salle de chimie et l'école de dessin, la société d'agriculture et le musée, le cabinet d'histoire naturelle et la galerie des antiques.

Le musée est divisé en deux salles. Dans l'une, située au premier étage, sont placées les toiles des artistes modernes. Comme elle était envahie par une foule d'ouvriers occupés à la dégarnir des tableaux envoyés à une exposition particulière, je n'ai pu la visiter. J'en ai été contrarié, parce qu'il m'a été ainsi impossible d'apprécier la valeur de l'école de Lyon qui compte aujourd'hui des peintres distingués, Biard, Jacquand, Revoil, etc., etc. La salle des peintres anciens est moins favorisée. Elle a été reléguée, je ne sais trop pourquoi, au second étage. C'est à grand'peine qu'on la découvre, et c'est après une ascension assez longue qu'on acquiert le droit de voir les tableaux qu'elle renferme.

Lorsqu'on entre pour la première fois dans un musée, on ne peut se défendre d'un sentiment pénible et douloureux. Au milieu de l'infinie variété des tableaux, on est comme dans un vaste ossuaire où seraient déposés les débris de plusieurs générations. L'œil ne peut rien voir, l'esprit ne sait où s'arrêter, et l'âme, sollicitée dans tous les sens, n'ose se livrer à aucune de ses impressions désordonnées. Quel que soit le mérite de la distribution des toiles, il est impossible que cette distribution échappe au défaut capital de tous les musées, la confusion, le manque de lien. Quelle unité peut-il y avoir dans tous ces tableaux que le hasard et le caprice ont réunis? Quelle harmonie peut résulter de tant d'œuvres diverses de couleur, de dessin, de sujet, de temps, de style, de dimensions ? Que devient la pensée primitive de l'artiste, ainsi dépaysée, séparée des conditions de lieu, de voisinage, de lumière dans lesquelles elle est née, et sans lesquelles elle s'anéantit ? Ces beaux amours, ces séduisantes divinités du paganisme étaient destinés à un boudoir ; ces chasses tumultueuses, ces bouquets de fruits devaient orner une salle à manger ; ces fleurs si fraîches et encore humides ont été peintes pour le salon, comme pour entretenir les illusions du printemps au milieu des neiges de l'hiver ; c'était pour quelque vieille cathédrale gothique que l'artiste pieux avait représenté ces scènes religieuses. La disposition des personnages, la forme et le sujet du tableau s'harmonisaient avec l'architecture dans une puissante unité ; et lorsque, au jour de Pâques-fleuries, la basilique entière tressaillait, joyeuse et parée, c'était merveille de voir, à travers l'encens, au rayonnement mystique des candélabres d'argent, aux sons radieux de l'orgue, les anges et la vierge vous sourire divinement, vous promettant du regard des récompenses célestes et des espérances éternelles.

O bienheureux Fiesole, qui ne peignais qu'avec larmes les sujets de sainteté, du haut du ciel que t'ont mérité tes vertus, tu vois avec douleur les profanes passer devant tes divines vierges, le sourire orgueilleux sur les lèvres et l'impiété dans le cœur !

Il faut avouer cependant que les musées offrent de grands et nombreux avantages ; ils servent de lieu de dépôt à de nobles belles toiles que le temps et l'humidité dévoraient dans quelque lieu retiré et obscur. Ils offrent ensuite, aux jeunes peintres, des modèles que chacun choisit selon sa vocation, selon l'inspiration qui le sollicite; exclusivement consacrés aux jouissances de l'art, ils procurent des émotions dues à la seule puissance du peintre, et plus dégagées, plus indépendantes de toute émotion étrangère. Il est juste de dire, d'ailleurs, que l'éblouissement que l'on éprouve en entrant dans un musée, se dissipe bientôt, le désaccord qui régnait entre toutes les toiles, disparait insensiblement, et l'attention s'absorbant dans la contemplation d'une œuvre unique, l'œil devient moins sensible au défaut d'harmonie.

Ce qui frappe le plus l'imagination, lorsqu'on entre dans le musée de Lyon, c'est l'*Adoration des Mages*, de Rubens. Partout où Rubens se montre, il attire à lui l'attention, il s'en empare avec violence, et vous place brusquement sous sa domination. On se sent puissamment maîtrisé devant cette fougue de pinceau, ces emportements de génie, ces grandes hardiesses d'inspiration qui font de Rubens, sinon le plus grand, du moins le plus entraînant de tous les peintres. Sans doute, il n'a pas le dessin énergique et précis de Michel-Ange, la grâce élevée de Raphaël, l'esprit subtil et profond de Léonard de Vinci, la ligne souple et suave d'Andrea del Sarto; mais il l'emporte sur eux tous par la fécondité et l'animation de la vie. Les personnages qu'il jette sur la toile n'ont pas cet air morne et froid que trop souvent le peintre, fatigué par la pratique minutieuse de son art, communique à ses créations; chez Rubens, l'exécution semble avoir été aussi rapide que l'inspiration elle-même; elle porte les traces durables de cette verve et de cet entrain qui ne semblent devoir durer qu'un instant, mais qui, chez lui, se traduisent en un langage éternel. — De là, ses effets puissants, sa libre allure et le mouvement désordonné, mais saisissant de ses compositions.

Ce n'est pas la réflexion qui préside à la disposition de ses tableaux, c'est la fantaisie inépuisable de son génie. Il ne calcule pas l'effet de tel groupe, de tel mouvement, de telle pose, mais il cède à tous les hasards de son inspiration, et son inspiration le sert souvent admirablement.

Comme coloriste, Rubens a son rang sûrement établi; pour lui trouver un rival, il faut remonter aux Vénitiens et jusqu'au Titien lui-même.

La couleur du Titien respire toutes les ardentes voluptés du sensualisme méridional; elle possède les grâces amollissantes de ces belles Vénitiennes sur les blanches épaules desquelles Titien fesait ruisseler, en flots d'or, d'admirables chevelures blondes. Dans ses flexibles modulations elle vous touche au cœur, enivrante comme les plus vives mélodies de Rossini. Rubens, au contraire, a dans sa peinture quelque chose de la sauvagerie des peuples incultes du Nord. Peignant à une époque de décadence, et chez un peuple qui aimait plus les arts qu'il ne les comprenaît, il laissait aller son pinceau sur la toile avec une liberté toute magistrale et l'aisance d'un grand seigneur. A ces riches bourgeois blasés, qui cherchaient dans l'art un délassement à leurs rudes affaires de négoce et un aiguillon à leur indifférence, il fallait cette peinture enflammée, ce dévergondage d'idées, cette couleur où viennent se heurter les teintes les plus crues du sang et de la chair.

La couleur suave du Titien sait se ménager les plus douces transitions; elle caresse l'œil et le séduit par ce qu'il y a en elle de moelleux et de riche. Les tons se succèdent dans une harmonie qui enchante le regard et qui pénètre délicieusement les sens. Le génie du Titien est comme ces syrènes des jardins d'Armide qui, sous les grands ombrages des arbres, se jouent dans les tièdes eaux, se poursuivent en riant, soulèvent au-dessus des ondes leurs beaux corps sans voiles, et dont les yeux noyés de langueur remplissent les cœurs de désirs et de séduction.

Le génie de Rubens est plus semblable à la bacchante ivre qui court sur les monts, barbouillée de lie, et dont l'haleine respire toutes les vapeurs de l'orgie.

Rubens, en effet, semble dédaigner les grâces courtisanesques de la peinture vénitienne; lui, à qui le soleil italien n'a pas prodigué la douce influence de sa lumière, il laisse au Titien sa palette d'or; il se livre, sans contrainte, à tous les penchants de son naturalisme ardent, à tous ses rêves de couleur flamboyante, à tous les entraînements de son imagination. Dans les lignes souvent exagérées de son dessin, il fait ruisseler de son pinceau des teintes souvent exagérées aussi, mais dont l'effet est saisissant, irrésistible. Appliqué par un peintre médiocre, ce procédé serait plein de péril, mais le génie de Rubens sauve ce qu'il a de pernicieux et trouve des beautés de la plus grande originalité dans cette brusquerie, cette franchise et cette fierté de touche. Rubens a réalisé en peinture ce genre de style que Montaigne, dans son langage hardi, a si bien caractérisé du nom de *prime-sautier*.

Le tableau de Rubens que l'on voit à Lyon représente, comme je vous l'ai déjà dit, l'Adoration des mages. Le plus âgé d'entr'eux se prosterne pour adorer l'enfant Jésus, et baise ses pieds avec respect, tandis que la suite nombreuse de ces princes se montre empressée de jouir de la vue du divin enfant. Chacun de ces personnages est costumé selon la fantaisie du peintre, qui se montre surtout pleine d'éclat dans le manteau du plus ancien des mages. Ce manteau où Rubens semble avoir voulu lutter de brillant et de richesse avec Le Veronèse, est tenu à son extrémité inférieure par un jeune page, vêtu de velours, et dont les longs cheveux blonds encadrent une tête charmante à voir. Les autres acteurs de cette scène ont, tous, les attitudes les plus variées et même les plus bizarres; c'est ainsi qu'on voit sur le second plan un nègre colossal, espèce de capitan farouche qui, coiffé d'un turban, campé fièrement sur ses jambes, les deux poings sur les hanches, paraît prêter fort peu d'attention à ce qui se passe autour de lui, et regarde le spectateur d'un œil singulièrement insolent.

Vous le voyez! que nous sommes loin des époques de naïveté et de foi! Comparez à cette œuvre l'*Adoration des Mages* de Lucas de Leyde ou du Perugin ; quel bouleversement s'est donc opéré depuis, dans les idées! Est-ce bien un chrétien qui est l'auteur de ce tableau? quoi! pour peindre cette scène d'une si haute poésie, pour montrer tous les princes d'Orient, ces puissants de la terre, venant humilier leurs titres, leurs grandeurs, leurs richesses devant un enfant né dans une crêche; pour exprimer par le pinceau un de ces faits devant lesquels s'abîme toute l'antiquité païenne, un fidèle, un chrétien s'est laissé aller à des caprices d'imagination, à des banalités, à des tours de force en peinture! au lieu de concentrer sur cette œuvre tout ce qu'il pouvait avoir au cœur de pureté, de foi, de candeur, de douces, de naïves émotions; au lieu de représenter une scène pleine de grandeur et de simplicité, de recueillement et de pieux silence, de poésie religieuse et de grâce enfantine, qu'a fait le peintre? il a cherché à étonner le spectateur par la disposition bizarre des groupes, par l'étalage fastueux et brutal de son ardent coloris. Mal à l'aise dans un sujet si calme, il a mis partout la vie exagérée, les gestes impatients, le mouvement désordonné, quelque chose, enfin, de turbulent et d'inquiet. Nulle part il n'a laissé voir la beauté du sujet, la divinité de l'enfant Jésus, le saint amour de la Vierge, la noblesse des mages d'Orient, et tout ce qui émerveille l'imagination dans un tel souvenir.

Que si maintenant on examine cette toile au point de vue de l'art pur, de l'art désintéressé, on retrouvera les qualités déjà signalées du maître : le pinceau étincelant, la fougue victorieuse, le contour hardi, l'allure savante et dégagée de sa pratique.

A côté de ce tableau, et comme contraste, se trouve placé le *saint François d'Assise*, de Ribera, surnommé l'Espagnolet. Selon la légende, le corps du saint, ayant été transporté dans l'église que Grégoire IX lui avait consacrée, on l'a vu longtemps placé dans une grotte, sous le grand autel, où il s'était conservé les yeux ouverts et tournés vers le ciel. C'est dans cette position que le peintre l'a représenté. Lorsqu'on jette les yeux sur ce corps cadavéreux, qui, revêtu de la robe brune du franciscain, se dresse devant vous, comme un fantôme, de toute sa hauteur, on éprouve une impression singulière. On comprend que Ribera n'en a pas agi avec son sujet aussi cavalièrement que Rubens. Il l'a pris au sérieux, il s'en est vivement pénétré, et l'a rendu avec une énergie effrayante. C'est bien là le saint homme d'Assise, rude, âpre, sévère, ayant conservé dans son aspect, même après sa mort, l'empreinte de la rigidité de ses mœurs. Pour peindre un pareil sujet, il fallait réellement la vigueur de ton dont dispose Ribera. Il fallait surtout une âme espagnole du XVIe siècle, sombre et énergique, pour rendre avec cette vérité, l'austérité terrible et l'ascétisme monacal d'un homme qui aurait dû naître dans la patrie de Loyola.

Mais je passe outre, car j'ai hâte d'arriver aux deux ouvrages du musée qui m'ont le plus vivement intéressé. Je veux parler de l'*Ascension*, du Perugin, et du *Couronnement de Maximilien* 1er, d'Albert Durer.

Le tableau du Perugin a une assez grande ressemblance avec celui du couronnement de la Vierge, que Raphaël peignit dans sa première manière, et dont Landon a donné le dessin dans le tome 2 de sa collection ancienne. Les apôtres sont rangés en cercle en face du spectateur, la tête tournée vers le ciel. Dans la partie supérieure du tableau, on voit la sainte Vierge entourée d'anges et tenant une banderolle sur laquelle sont inscrites des légendes : le peintre s'est peint lui-même sous la forme d'un apôtre, placé derrière saint Jean et regardant le spectateur. Le Pérugin peignit cet ouvrage en 1495, à l'âge de 49 ans, pour le maître-autel de Saint-Pierre, dans l'abbaye des moines Noirs, à Pérouse. Vasari assure que de tous les tableaux à l'huile que Le Perugin a laissés dans sa ville natale, celui-ci est sans contredit le meilleur. Il fut enlevé et porté à Paris à l'époque de nos *illustres pillages*, comme dit Paul-Louis Courrier. Rendu en 1815 au pape, son propriétaire, il fut donné aux Lyonnais par Sa Sainteté Pie VII, *in attestato*, porte la lettre d'envoi, *del suo affetto, e della grata sua rimembranza per la città di Lione*.

Le musée possède un autre tableau du Perugin, représentant deux saints. Ce n'est sans doute qu'un volet d'un ouvrage plus considérable. Je ne fais que le mentionner, parce que le musée de Toulouse a une œuvre du même maître, qui, pour les dimensions, le sujet et la valeur, peut vous donner une idée assez nette de celle-ci.

L'*Ascension* suffit pour caractériser la manière de Pietro Perugino. Devant cette toile, à l'ordonnance symétrique, à la disposition calme et religieuse, à l'inspiration naïve, on éprouve une jouissance douce et intime; on assiste à la naissance de l'école romaine, élevée si haut par Raphaël; on voit le germe de cette grâce simple et aimable que le peintre d'Urbin sut associer à tant de grandeur, et l'on se plaît à donner au maître modeste un peu de l'affection que son glorieux élève sait si bien conquérir. Le Perugin fut, en effet, un peintre d'un beau talent; son dessin est un peu maigre, mais il est fin et élancé, son coloris est doux et flatteur à l'œil, les teintes en sont franches et délicates; ses draperies, quoique raides, sont habilement étudiées et d'un bon style; enfin, quoi de plus glorieux pour lui! Raphaël reproduisit exactement sa manière qu'il éleva peu à peu, insensiblement, sans transition brusque, jusqu'à la hauteur que vous savez.

Albert Durer a peint Maximilien 1er et Catherine sa femme à genoux devant la sainte Vierge et l'enfant Jésus, qui posent sur leur tête une couronne enrichie de pierreries et merveilleusement ouvrée; les anges répandent des fleurs à l'entour. Parmi les spectateurs de cette scène, on aperçoit Albert Durer lui-même tenant un rouleau de papier où il a inscrit son nom.

Selon le livret, le portrait de ce maître, gravé par Kilanus, serait copié sur ce tableau.

Cet ouvrage réveille à peu près les mêmes émotions que l'*Ascension*, dont je viens de vous parler. On doit attribuer cette ressemblance aux influences qu'Albert Durer et Le Perugin, vivant à la même époque, ont reçues de leur siècle. L'art, depuis longues années, était sorti de son berceau; il avait rejeté ses langes; il marchait accomplissant ses glorieuses destinées, et se préparant aux splendeurs du grand siècle de Léon X. Encore dans sa première jeunesse, il avait les excellentes qualités de son âge; il en avait aussi les défauts aimables. Il était inexpérimenté, mais cette inexpérience était accompagnée de tant de bonne foi! il était gauche, mais avec une si charmante naïveté! qui oserait lui reprocher son étourderie, mêlée comme elle l'était à tant de candeur ingénue et de grâce adolescente!

Ces caractères de jeunesse ont fait la gloire d'Albert Durer et de Pérugin. La forme, chez eux, est encore étroite, incomplète, la pratique embarrassée, insuffisante; mais le sentiment est empreint de fraîcheur, l'idée vivace, l'imagination heureuse. L'âme perce à travers le masque du visage de leurs personnages, rayonne sur tous les traits, et les couronne d'une auréole pleine d'une douce majesté. De là l'effet attachant qui ressort de leurs œuvres; de là une signification profonde, une impression intime et un langage persuasif que l'on ne saurait trop admirer.

Sans doute, ils eussent gagné, l'un et l'autre, à

fleurir au milieu de l'épanouissement magnifique de l'art au XVIe siècle; à verser leurs idées dans la forme pure, ample, élevée, que les grands génies qui leur succédèrent surent employer. Mais aussi ils eurent le bonheur de ne pas venir trop tard, après le grand siècle, lorsque la pratique se perfectionnait aux dépens de l'idée, et que la peinture, elle aussi, goûtait les fruits de l'arbre de la science, dans lesquels elle trouvait un germe de mort. Par là, ils ont conservé la pureté de leurs intentions et la simplicité de leurs effets; ils ont échappé à ce honteux matérialisme qui ne voit dans la peinture que la représentation du corps, et nullement la représentation de l'âme humaine, c'est-à-dire, du signe de la divinité en nous.

Cependant ne forçons pas les rapports. Si Albert Durer et le Perugin se ressemblent par un côté, ils diffèrent par bien d'autres.

Le Perugin est tout-à-fait italien; dans ses mœurs, dans ses tendances, dans ses affections; il habite le pays où la renaissance s'est développée avec le plus d'éclat; il travaille au milieu des œuvres et des souvenirs de l'antiquité grecque et romaine; c'est là qu'il puise la justesse des proportions, la régularité de la ligne, la netteté du contour; c'est aussi par là qu'il corrige et idéalise les types de beauté, d'après les formes des belles jeunes filles de l'Ombrie.

Albert Durer, lui, est né dans la vieille cité de Nuremberg, loin de l'Italie, et dans une partie de l'Allemagne que la civilisation antique n'avait même pas effleurée. Borné aux productions du génie moderne, aux œuvres gothiques des sculpteurs et des peintres venus avant lui, il s'était tourné vers la nature, qu'il étudiait avec amour et qu'il copiait, comme copient les artistes supérieurs, en donnant à ses œuvres le cachet de sa personnalité. Emerveillé des beautés de la création, il en modulait toutes les harmonies dans ses fonds de tableaux; il y peignait, sous les horizons sereins, les montagnes sinueuses avec leur couronnement de forêts ondoyantes, les vapeurs matinales s'élevant sur les lacs, les prairies verdoyantes et peinturées de fleurs jaunes, les ruisseaux bordés de vieux saules et les mille accidents d'une nature romantique. Ses personnages, il les prenait aussi dans la vie réelle, car le réalisme l'envahissait de toute part. Mais on conçoit que, privé des fragments de l'art antique, il devait rendre faiblement le nu. « Il « fut dans l'impossibilité de faire mieux, dit le Vasari, » dans sa vie de Marc-Antonio de Bologne, parce » qu'il était forcé, quand il abordait le nu, de tra-» vailler d'après des modèles de son pays, qui de-» vaient être mal bâtis comme la plupart des Alle-» mands, bien que beaucoup de ces gens-là aient » une superbe tournure lorsqu'ils sont couverts de » leurs habits. » Boutade bien digne de cet étourdi de Vasari!

Le Perugin fut un ouvrier simple et bon, travailleur actif, qui fit progresser la peinture, et qui accomplit vaillamment sa mission, presque à son insu. Tranquillement établi dans la tradition, il la suivait sans esprit de révolte, sans se douter même qu'elle fût en péril. Il acceptait, avec une entière soumission, les sujets tels que les lui fournissait l'histoire, et il eût sans doute regardé comme une profanation l'idée de les dominer par sa personnalité.

Combien est différent le peintre de Nuremberg ! Artiste infatigable aussi, il a l'esprit inquiet et préoccupé ; ses yeux sont tournés bien plus vers l'avenir que vers le passé ; il rêve déjà le progrès, et il cherche à l'accélérer. Sous sa naïveté perce le besoin de liberté, d'indépendance. Il copie minutieusement la nature, mais en l'interprétant, en lui communiquant quelque chose de la grâce pittoresque de son esprit. Traite-t-il l'histoire, il la modifie selon sa fantaisie ; le plus souvent, il l'enveloppe dans une atmosphère merveilleuse et fantastique.

Par le côté rêveur de son génie, Albert Durer me paraît appartenir au chœur des poëtes de l'Allemagne moderne : il lui appartient aussi par son amour immense de la nature, et, il faut bien le dire, par son panthéisme.

Pour moi, je ne sais rien de plus vaporeux, de plus ravissant, de plus délicieusement romantique, que cette scène du couronnement de Maximilien ! Ces jeunes femmes ne sont pas belles, sans doute ; mais que d'élégance dans ces corps élancés ! et dans ces yeux, que de grâce rêveuse ! quel charme attristé ! quelle mélancolique douceur ! Ainsi que l'adorable Mignon de Goethe, elles semblent regretter *cette terre où les citronniers fleurissent*, ou plutôt, l'on dirait une colonie d'esprits aériens aspirant à s'envoler dans leur poétique demeure. La nature elle-même prend part à leur tristesse, elle épanche son âme dans leurs âmes, elle sourit, en se voilant de pleurs, à leurs langueurs mystérieuses, et, pour les consoler, elle leur envoie de ses verts horizons, ses émanations les plus douces et les plus parfumées. — A genoux, sur le premier plan du tableau et en face du spectateur, un ange ou plutôt une jeune fille semble chanter, en s'accompagnant sur la viole, le cantique de délivrance. Elle déploie ses ailes comme pour s'envoler, transportant cette scène dans son véritable milieu, — dans le pays fantastique des rêves.

Les deux plus grandes toiles du musée, sont : *Les vendeurs chassés du Temple*, de Jouvenet, et l'*Invention des reliques de saint Gervais et de saint Protais*, de Philippe de Champagne. Je crains, mon cher ami, d'être injuste envers ces deux peintres, et cependant faut-il bien que je vous donne mon opinion en toute franchise. Sans cela, à quoi bon cette lettre?

La gravure vous a fait connaître le premier de ces tableaux qui passe pour un des chefs-d'œuvre de l'auteur. Vous avez donc pu juger de l'effet général de la composition. Pour ma part, je trouve qu'il est loin d'être satisfaisant. Les marchands s'enfuient dans un désordre inintelligible que l'art aurait dû corriger et embellir. Jésus-Christ est dénué de la grandeur et de la dignité que commande la situation. La divinité ne se révèle nulle part en lui ; ce n'est pas là notre Dieu, ce n'est qu'un homme en colère. Vous sentez, au surplus, que la noblesse qu'il n'a pas su donner au Christ, le peintre ne l'a pas répandue sur les autres les marchands. Ils sont tous d'une vulgarité choquante et indigne de la majesté de l'art.

J'ai entendu vanter l'âme et le mouvement de ce tableau. Il me semble que c'est précisément l'absence d'âme qui est le défaut le plus capital de l'ouvrage. Jouvenet, élève de l'emphatique Lanfranco, était un des coryphées de ces traditions académiques si froides et si compassées qui étouffent dans le cœur le germe de tout sentiment et de toute poésie. C'est en vain qu'ils multipliaient les gestes et fesaient grimacer leurs figures, selon la recette fournie par Lebrun. Ni le travail, ni la réflexion ne suppléaient à l'inspiration absente, et ne communiquaient à leurs ouvrages une émotion qui n'était pas dans leur cœur. Ces peintres me paraissent avoir traité leur art, comme Lamotte traitait la poésie, lorsque, dans ses odes ridicules, il interrompait ses raisonnements pour s'écrier d'un ton piteux : Où suis-je ? où vais-je ? quel délire m'entraîne ? quel enthousiasme m'égare? — Des deux côtés, style de rhéteur, échauffement à froid, enflure et affectation.

Vous trouvez, peut-être, que je traite fort irrévérencieusement un peintre d'un certain talent. J'aurais désiré pouvoir être un peu plus clément. Mais comment avoir le courage de louer l'emphase, lorsqu'on vient d'admirer les talents si francs d'Albert Durer et du Perugin?

L'Invention des reliques de saint Gervais et de saint

Protais est une immense composition qui se développe sur une toile de près de quatre mètres de haut sur sept de large. C'est là un de ces tableaux où se trouvent représentés le ciel, la terre, les morts, les vivants, des détails infinis d'architecture, et qui n'éveille certainement pas la plus légère émotion ; on dirait que l'artiste a suivi les détestables principes de Jouvenet. Il est juste de dire cependant que l'œuvre de Philippe de Champagne est bien supérieure à celle du peintre de Rouen, sous le rapport de la largeur d'exécution, de la variété de la couleur et même de la noblesse du dessin. On y voit des personnages bien groupés. C'est une belle étude que cette jeune femme dans les bras de sa mère. Mais le peintre a oublié de jeter au milieu de tout cela l'étincelle divine qui anime et vivifie tout. Son œuvre est, comme la jument de Roland, pleine d'excellentes qualités ; elle n'a qu'un défaut, un seul : elle est morte.

Altro difetto in lei non mi dispiace (1).

Une *Cène*, du même auteur, me paraît supérieure au *Saint-Protais*, par son effet calme et expressif ; c'est que l'artiste y a laissé, dit-on, les portraits de quelques solitaires de Port-Royal, et qu'avant tout, Philippe de Champagne était un grand portraitiste, un des plus grands même que l'on puisse citer. — Mais je n'ai eu la révélation complète du talent de ce maî-

---

(1) *Orlando furioso*, cant 36, st. 6.

tre que devant son *Adoration des Bergers*, qui orne la belle galerie de M. le marquis de Montcalm, à Montpellier. L'enfant Jésus est couché sur son berceau ; de son corps s'échappent des rayons lumineux qui traversent le tableau dans toute sa largeur et luttent avec les ombres dont une partie de la toile est obscurcie. Les bergers, la tête découverte et le corps incliné, adorent silencieusement le divin enfant, au milieu des effets magnifiques de clair-obscur. On admire surtout, au premier plan, un berger dont la belle tête se détache vigoureusement sur les flots de lumière qui l'éclairent d'un côté ; et comme si le peintre s'était senti grandir dans l'interprétation d'un si noble sujet, il a déployé une fermeté de touche et une force d'expression qui malheureusement n'étaient pas dans ses habitudes.

Je n'ai pu m'empêcher, à l'occasion d'un grand peintre, de vous faire sortir un moment du musée de Lyon, pour vous conduire dans la galerie de M. de Montcalm. N'ayant pas eu le loisir d'examiner assez attentivement cette galerie pour vous en donner un compte détaillé, j'ai voulu, du moins, vous parler d'un de ses plus beaux tableaux. J'ai été heureux, d'ailleurs, de saisir cette occasion de venger Philippe de Champagne de mes propres critiques.

Rentrons dans le musée de Lyon et au sein de l'école italienne, qui compte un tableau de l'une de ses plus pures gloires. Je veux parler du *Sacrifice d'Abraham*, d'Andréa del Sarto. Vasari rapporte qu'Andréa del Sarto envoya au roi François Ier un tableau représentant Isaac sur le point d'être immolé par son père. Est-ce le tableau du musée de Lyon ? Voilà une question fort grave pour les savants, mais qui m'occupe assez peu, moi qui aime à étudier les tableaux bien moins sous le rapport de leur histoire, que sous le rapport des règles éternelles du beau.

L'ouvrage dont je vous parle me paraît digne du talent de son auteur, qui mérita le titre glorieux de *Senza errori*, sans erreur. Le dessin en est pur et singulièrement gracieux; la composition harmonieuse, les attitudes pleines d'élégance. Le corps du jeune Isaac est peint avec cette finesse de pinceau et cette transparence des teintes qui font d'Andréa del Sarto le premier coloriste de l'école florentine. Dans la douceur de l'expression, on voit, ce me semble, des traces de la mélancolie et de la faiblesse de caractère d'Andréa, qui le rendirent l'esclave malheureux de sa belle et coquette femme, et qui lui firent commettre l'abus de confiance dont François Ier fut la victime, et dont le remords abrégea ses jours.

Au sujet d'Andréa del Sarto, n'admirez-vous pas comme ces anciens peintres italiens acceptaient de bon cœur les surnoms qui leur rappelaient la profession paternelle ? Andréa Vanucchi prenait lui-même le nom *del Sarto*, *fils du Tailleur* ; Giacomo Robusti changeait volontiers le *Robusti* en *Tintoretto*, *fils du Teinturier*. C'est que ces glorieux artistes comprenaient que le génie et l'honnêteté ennoblissent toutes les professions. — Au surplus, les Italiens étaient si enclins à donner à leurs peintres des qualifications étrangères, qu'il en est fort peu dont la célébrité illustre le nom de famille. Le plus souvent, c'est la ville natale qui donne son nom à l'artiste, comme pour étendre au loin la gloire qu'elle en reçoit. Ainsi, pour nous, Pietro Vannucci s'appelle le Pérugin; Antonio Allegri, le Corrége; Giovanni Ricamatore, Jean d'Udine; Daniele Riccirelli, Daniel de Volterre; Giulio Pippi, Jules Romain; Paolo Cagliari, Paul Véronèse; Michel-Angiolo Amerighi, Michel-Ange de Caravage, etc., etc. — Le nom de baptême est le seul qu'aient retenu certains artistes. Parmi les illustres, on peut citer Raphaël Sanzio, Michel-Ange Buonarotti, Giorgione Barbarelli, Titien Vecelli, Dominiquin Zampieri, Guido Reni, etc. Pour quelques autres, c'est une qualité personnelle, une circonstance particulière qui sert à les désigner. Ainsi, Fra, Bartolommeo, le sublime peintre de Saint-Marc est tour à tour appelé *di san Marco*, nom de son couvent, *il frate* (le moine) ou *della porta*, parce qu'il demeurait près d'une des portes de Florence. Le grand Masaccio, mort à 26 ans, selon Vasari, (1) et dont les tableaux furent étudiés et même *pillés* par les plus beaux génies du seizième siècle, doit son nom à la bizarrerie de son caractère distrait et rêveur. Le Guercino était ainsi désigné, parce qu'étant encore au berceau, il éprouva une frayeur, et par suite une commotion nerveuse qui lui dérangea le globe de l'œil

---

(1) Il est vrai que le Baldinucci dit 41.

(Guercio, louche). Le Fattore était, dans son enfance, chargé des commissions de Raphaël. Enfin, pour terminer par la citation la plus gracieuse, Tommaso Corradi fut surnommé *del Ghirlandajo*, « à
» cause, dit Vasari, d'une parure en forme de guir-
» lande, dont il était l'auteur, et dont il fabriqua
» une quantité innombrable pour les jeunes floren-
» tines qui ne trouvaient bien que celles qui pro-
» venaient de sa boutique » (1).

Chez nous, cette habitude des surnoms, qui d'ailleurs n'a jamais été aussi grande qu'en Italie, s'est complétement effacée devant nos mœurs devenues de plus en plus sérieuses. Il y avait cependant quelque chose de touchant et digne d'être conservé, dans l'adoption solennelle qu'une ville fesait de ses plus illustres enfants. L'artiste voyait dans cette récompense future un noble sujet d'émulation, quelquefois il lui devait la révélation de son talent. La cité, d'un autre côté, était fière d'entendre son nom mêlé aux témoignages d'admiration des étrangers, et ce sentiment l'encourageait à la protection des arts.— Songez donc quelle gloire ce serait pour tout notre Midi, et surtout pour Montauban, si cette ville donnait son nom à M. Ingres, le pieux disciple de l'école romaine, et l'heureux continuateur de Raphaël !

Le musée de Lyon a un tableau de ce Guercino, dont je vous parlais tout-à-l'heure, et qui, malgré le

---

(1) Vie de Domenico Ghirlandajo, t. IV, p. 208, trad. de Leclanchi.

vice dont il était atteint dans l'organe le plus essentiel au peintre, fut un des plus brillants coloristes de l'Italie. J'ai admiré, dans sa *Circoncision de l'Enfant Jésus* (1), cette richesse de teintes, cette vigueur de pinceau, et cette science de clair-obscur, si remarquable dans les tableaux de ce maître que possède le musée de Toulouse. Au reste, c'est seulement devant ce tableau que vous pouvez prendre une idée exacte de la beauté qui brille dans sa *Circoncision*.

Que vous dirai-je de l'école vénitienne? Elle se trouve représentée par deux grands noms : Le Tintoret et le Veronèse. Mais leurs tableaux du Musée ne répondent pas à leur talent. Cette Danaë, disgracieusement couchée dans toute sa nudité, et le corps bizarrement couvert de pièces d'or; ces saints réunis dans un même tableau, et peints d'une couleur molle, lâche et blême, sont-ce là des œuvres du Tintoret, le beau coloriste, le fougueux peintre, *la furia di pennello*, comme on disait à Venise? Quant au Veronèse, *son Moïse sauvé des eaux* et *sa Betzabée surprise au bain* ne brillent par aucune qualité bien supérieure. L'*Adoration des rois*, de Carlo Veronèse fils, élève de Paul, a cela de particulier que les rois et les pages sont vêtus à la manière vénitienne, les rois avec bottes larges et montantes, pourpoints tailladés et à bouffantes, toque de velours; et les pages, de leur côté, avec juste-au-corps armoriés devant et

---

(1) Landon en a donné le dessin dans son tom. II, pl. 47, du *musée Napoléon*.

derrière. C'est là un de ces manques de tact pour lesquels nous autres, Français, admettons difficilement d'excuse, mais que les Italiens, plus amoureux de l'art, tolèrent volontiers, pourvu que la peinture soit belle et le costume riche. L'école vénitienne, qui aimait tant l'éclat, le faste, la pompe, s'est surtout complue dans ces violations de la vérité et de la couleur locale. Vous avez admiré au Louvre la belle *Cène*, de Veronèse. Quelle magnifique collection de portraits ! Seulement le spectateur doit oublier le sens de la scène représentée.

Au surplus, que dans un sujet religieux, ces costumes vénitiens si splendides soient une inconvenance, j'en conviens. Mais dans les sujets profanes ils me paraissent moins blâmables. La couleur locale n'est pas, en effet, un des principaux mérites d'une œuvre d'art. Shakspeare fait tirer le canon, dans Hamlet, bien avant la découverte de la poudre ; il met dans la bouche de Thésée, *duc d'Athènes*, le récit des amours de Didon et d'Enée; il place des ports dans la Bohême qui, à coup sûr, est le pays du monde le moins maritime. Shakspeare en est-il moins grand? C'est qu'il y a au-dessus de la vérité locale, la vérité humaine bien autrement importante, bien autrement digne de respect. Si dans ces hommes créés par l'art, je sens le cœur qui palpite, la vie qui circule, l'âme qui parle et me raconte avec émotion ses passions et ses besoins éternels, que m'importe l'habit ou la coiffure ? C'est affaire de tailleur ou de perruquier. — Les personnes qui se montrent trop offusquées de ces puérilités, prouvent combien peu elles ont l'intelligence et le sentiment vrai des arts.

Pour en finir avec l'école vénitienne, je vous signale une *Flagellation*, de Palma le jeune, qui, quoique un peu sombre, est d'une belle et puissante couleur.

Passant aux autres écoles, je vous mentionnerai brièvement un *saint Bruno en prière*, que Lesueur a peint avec le sentiment pieux et recueilli qui le caractérise; une *Assomption* du Guide; un *saint Jérome dans le désert*, de Crayer, qui ne vaut pas son *Job sur le fumier*, de Toulouse; quelques Jordaens plus distingués par la couleur que par le style; le *Mariage de César et de Calpurnie*, de Pietro Bretini, dit le Cortono, qui a fait, dit-on, partie du musée de Toulouse, et que ne recommande aucune qualité remarquable, etc., etc.

Sans doute, j'oublie de vous parler de plusieurs autres toiles. Mais ma lettre se prolongerait outre mesure, si je tentais d'épuiser le catalogue du musée. Je ne puis, cependant, passer sous silence les tableaux de genre, portraits, paysages, etc., avec d'autant plus de raison que quelques-uns sont remarquables et dignes d'examen. Je vais procéder rapidement à cette revue.

Je vous citerai d'abord un paysage de Ruysdaël, couvert d'eau et de verdure, et remarquable par la vérité, le charme, la poésie que l'on connaît à ce grand peintre. Je n'ai pas les mêmes éloges à donner à quatre petites toiles où Jean Breughel, dit de Velours, a peint les quatre éléments sous des formes bizarres, et où sont entassés, d'une manière confuse et désagréable à l'œil, les divers objets qui caractérisent l'eau, l'air, la terre et le feu.

L'Albane a représenté dans de tout petits tableaux une *Prédiction de saint Jean-Baptiste* et un *Baptême de Jésus-Christ.* C'est de la peinture finement traitée; il y a là des enfants pleins de gentillesse, des femmes dont les airs de tête sont charmants. Mais la manière agréable du peintre des amours mythologiques ne suffit pas pour peindre des sujets empreints d'une aussi haute poésie religieuse; il faut pour cela des qualités d'expression, de dessin et de style que ne possédait nullement l'Anacréon de la peinture.

Que je vous cite encore deux tableaux de fleurs, par Seghers, surnommé le Jésuite d'Anvers, très-remarquables par la fermeté des tons et la franchise de la touche; un vase de roses, de tulipes et de pavots, de Van-Huysum, d'une exécution très-distinguée; un portrait de Guillaume III, d'Angleterre, entouré d'une jolie couronne de fleurs et de fruits, par Jean David de Heim; trois portraits de Miereveld, beaux de couleur, etc., etc.

Je termine par deux ouvrages de Terburg et de Teniers. Le premier de ces peintres a représenté une dame assise, lisant une lettre qu'un exprès vient de lui apporter. Ce petit tableau est charmant, et peint avec une délicatesse exquise. Ce n'est pas de la grande peinture, du haut style. C'est tout simplement une œuvre pleine de vérité, de naturel et d'esprit. Combien de peintres ont rempli d'immenses toiles, qui le cèdent en talent à ce petit miniaturiste hollandais !

David Teniers a peint des soldats qui jouent dans un corps-de-garde, tandis qu'un ange délivre Saint-Pierre de la prison. Vous êtes surpris, sans doute, de voir Teniers aux prises avec un sujet de sainteté, et vous doutez de sa réussite. Rassurez-vous ; l'ange et Saint-Pierre sont très accessoires dans ce tableau. Ce qui frappe tout d'abord la vue, ou plutôt la seule chose que l'on voie, c'est le corps-de-garde, — je me trompe, — la taverne emplie de soldats occupés à jouer ; et ces soldats, assurément, n'ont rien de romain. Ce sont des Flamands de bonne race, je le jure, par ces corps rebondis, ces figures empourprées et ces nez camards. Un de ces soldats est assis, sous le vaste manteau de la cheminée, dans une position que Teniers affectionne particulièrement, le dos tourné au spectateur, et la tête appuyée au mur.

J'ai vu beaucoup de tableaux de Teniers ; aucun, peut-être, n'est aussi précieux, aussi distingué par l'exécution. Les armes et armures que les soldats ont déposées sur une chaise, sont du travail le plus minutieux, le plus détaillé, le plus fin. La couleur, qui est quelquefois, chez Teniers, d'une localité un peu sourde, se développe ici sur une gamme de ton élevée et brillante. En vérité, n'était le dessin un peu trivial, le sujet si souvent reproduit n'était surtout le dire assuré des connaisseurs, je douterais que cette toile soit sortie de l'atelier du peintre d'Anvers.

Voilà, mon cher ami, quelle est, en résumé, l'impression produite sur moi par le musée de Lyon. Que si maintenant vous me demandez de formuler une opinion générale, de comparer ce musée à celui de votre ville natale, je vous dirai que la galerie de Lyon est assurément une des plus belles que j'ai vues en province, une des plus belles par son Perugin, son Albert Durer, son Guerchin, son Andrea del Sarto, son Rubens, etc.; je vous dirai que comparée à la galerie ancienne de Toulouse, elle a d'abord l'avantage du nombre, et que si votre *Christ* de Rubens, votre *Job* de Crayer, votre *Marsyas* du Guide peuvent soutenir très avantageusement la comparaison avec les œuvres que ces mêmes maîtres ont à Lyon ; si même votre collection flammande est bien supérieure en nombre, sans être inférieure en qualité, il est certain, d'un autre côté, que le Caravage, le Murillo, le Procaccini, le Lairesse de Toulouse, n'ont pas la valeur artistique de l'Andrea del Sarto, de l'Albert Durer et du Pérugin que j'ai admirés à la galerie de Lyon. Encore Albert Durer et le Pérugin! allez vous dire; ces deux noms arrivent toujours ensemble dans ma lettre, comme un refrain : c'est peut-être une faiblesse, mais j'y tiens.

Adieu, mon cher ami ; dans une prochaine lettre, je vous introduirai, si vous le voulez bien, dans les musées de Nimes et de Montpellier.

LE DANTE.

DE SON ÉLOGE A L'ACADÉMIE DES JEUX FLORAUX.

Onorate l'altissimo poeta.
Infer. Cap. IV.

En donnant pour sujet de discours, l'*Eloge du Dante*, MM. les mainteneurs des Jeux-Floraux ont, sans aucun doute, compris toute la difficulté du sujet qu'ils proposaient. Néanmoins, leur persistance à le remettre trois fois au concours, en triplant le prix, en même temps qu'elle manifestait l'importance qu'ils attachaient au sujet choisi, montrait aussi combien ils étaient confiants dans l'appel adressé par eux à toutes les intelligences préoccupées des intérêts des lettres sérieuses. Si cette confiance n'a pas été entièrement satisfaite, si les Eloges présentés au concours ne se sont pas élevés à ce degré de mérite qui appelle une haute récompense, l'Académie a eu du moins la satisfaction de couronner, dans les discours de MM. Benjamin Alaffre et Maffre de Fontjoie, deux œuvres distinguées et dignes en tous points de l'*Eglantine* et de la *Violette* qu'elle leur a décernées.

Quatorze ouvrages avaient été présentés au concours. Nous ne savons pas, cependant, de sujet d'un accès plus difficile et plus entouré de périls que celui choisi par l'Académie. Pour être pleinement à sa hauteur, que de conditions sont nécessaires! — Connaître profondément l'histoire des 13e et 14e siècles, non pas seulement dans les évolutions des faits, mais surtout dans la philosophie des événements, dans le mouvement des passions, dans l'intimité des mœurs; s'abstraire, par la méditation, de l'époque présente, pour s'environner de l'atmosphère des temps passés; se sentir vivre en eux, les ressusciter par l'intuition qui devine, par l'imagination qui leur restitue leur vrai sens et leur couleur pittoresque; s'asseoir avec des générations passées depuis des siècles, autour de la chaire du haut de laquelle enseignaient Abeilard et Thomas-d'Aquin, Bonaventure ou Pierre Lombard; être initié à la littérature sacrée par les pères de l'Eglise, à la poésie antique par Homère et Virgile, aux lettres contemporaines par les troubadours, Brunetto Latino, Cavalcanti, etc.; savoir de l'histoire littéraire d'Italie tout ce qui se rattache au Dante, par des imitations, des biographies ou des commentaires; être assez versé dans l'étude de la langue italienne, pour en discerner les origines et en apprécier les beautés; posséder enfin en son âme cette foi vive, cette admiration fervente qui perce les mystères d'une poésie mystique, et vous fait asseoir, simple convié, aux festins resplendissants du génie ; — telle est la science, telles sont les qualités qu'on devrait avoir pour compagnes assidues dans une pérégrination au milieu des régions dantesques. Mais quel homme suffirait à une pareille tâche? Lequel pourrait remplir un cercle aussi largement tracé? Le grave théologien, pâli dans les méditations austères, mêlera-t-il ses soupirs à ceux de Francesca dans son chant mélancolique et doux? Les délicats qui trempent leurs lèvres avec délices dans ces fraîches sources de poésie, pèseront-ils d'une main sûre les arguments de saint Pierre au paradis? L'étendue même du sujet indique donc à l'écrivain, le besoin de le circonscrire. Aux littérateurs, c'est surtout par le côté poétique que Dante est accessible.

Le Dante occupe une place à part dans la littérature italienne, la plus haute et la plus enviable assurément. Dans ce chœur brillant de poètes qui compte Pétrarque, l'Arioste et le Tasse, il est le premier par la date, le premier par le génie, *poeta sovrano*. Il peut se montrer à leur tête, l'épée à la main, dans une attitude magistrale, avec tous les signes du commandement, tel que lui-même nous montre Homère dans une sorte d'Elysée payen :

Mira colui con quella spada in mano
Che vien dinanzi ai tre si come sire.

Inf. Cap. IV, v. 86.

Toutes les grâces printanières embellissent à l'envi la poésie de Pétrarque. Poète et amant, le doux charme de ses vers se décore aux reflets de la beauté de sa dame, *la sua donna gentil*; c'est pour Laure, sa muse chaste et attendrie, qu'il verse, dans la forme charmante du sonnet, le flot pur et transparent de sa poésie. En des vers exquis il immortalise un sourire, une larme ou une rose offerte. Aux amours sensuels de l'antiquité, il oppose l'amour purifié au souffle du christianisme et de la chevalerie, et il élève la femme bien-aimée si haut dans son âme, que son adoration, en montant jusqu'à elle, la trouve radieuse au milieu des chœurs célestes.

Au nom seul de l'Arioste, l'imagination aussitôt éveillée évoque le souvenir des *dames*, des *chevaliers*, des *armes* et des *amours* qu'il a chantés. Qui ne connaît le brillant poète de cour, si vif dans sa grâce amoureuse, le voyageur charmant qui s'égaie en si curieuses et si folles excursions dans le pays des chimères et de la fantaisie? Qu'il vous promène, habile magicien, au milieu des fraîches forêts, des châteaux féeriques, des fontaines ombragées, des tournois élégants ou des combats meurtriers, jamais la baguette magique ne lui échappe. Que de créations charmantes en ont été touchées! Avec la même aisance d'allures, il fait apparaître dans ce monde de l'imagination, les empereurs et les bergers, les paladins héroïques et les belles amantes ou les pauvres délaissés. Sur toutes sortes de sujets, il répand les flammes voltigeantes de sa poésie, toujours étincelant dans son rire, ingénieux dans ses récits, brillant dans les jeux de sa verve, curieux, vif, sceptique, gracieux, élégant, et pour tout dire, en un mot, le plus aimable des mondains.

Le Tasse est le grand coloriste de la poésie. La lumière se répand à flots dans son style, et le baigne dans un fluide d'or. Les images s'y épanouissent, heureuses et souriantes, avec un charme de jeunesse et un attrait voluptueux qui font rêver aux pures soirées de Naples ou de Sorrente, par une nuit d'été sereine et étoilée. Le Midi y a versé tous ses enivrements; il avait pénétré le poète de ses molles et douces influences, lorsqu'il notait en mélodies suaves les langueurs délicieuses des climats enchantés. — Poète heureusement doué! sa pensée semble se revêtir d'elle-même, sans effort, d'éclat, de nombre, de sonorité, et d'une main inépuisable il répand perpétuellement autour de lui les trésors de son génie, fleurs et lumière, harmonie et parfums.

Au sein de cette pléïade de poètes, le génie du Dante se dessine en lignes bien caractéristiques ; il s'élève au-dessus d'eux tous, par la profondeur de l'accent, la franchise du style, la sincérité de l'inspiration, le charme pénétrant. Descendu le premier dans le champ de la poésie, Dante y trouvait les conditions les plus favorables au plein essor de ses facultés. L'enfance du peuple italien lui prêtait ses qualités naïves, en même temps que le catholicisme, dans toute sa pompe, en dirigeant les esprits vers l'étude de l'infini, les fortifiait et les élevait dans les régions invisibles. — Les événements, d'ailleurs, de l'histoire contemporaine, par leur complication et leur étrangeté, semblaient appeler hautement la poésie épique.

Au milieu des guerres acharnées que se livraient, au xiiie siècle, les communes italiennes, perçait la tendance des esprits vers cette unité, qui toujours a été pour l'Italie une espérance, et toujours aussi une déception. Etait-ce sous la suzeraineté des empereurs, successeurs de Charlemagne, que devait fleurir la liberté italienne? Fallait-il laisser au chef de la chrétienté le soin de protéger les droits de tous, en organisant dans la société civile, l'harmonie hiérarchique de l'Eglise? Question pleine d'anxiété que Guelphes et Gibelins débattaient dans les larmes et dans le sang ! — Les vents étaient à l'orage. Le mysticisme exalté dans l'abstinence des cloîtres, murmurait des paroles mystérieuses. Il prédisait la fin du monde et les approches du jugement dernier. Les souvenirs du passé ajoutaient à ces terreurs. Les imaginations effrayées se représentaient ces redoutables empereurs d'Allemagne, qui, entourés de leurs barons, versaient dans l'Italie, par toutes les gorges du Tyrol, les lourdes cavaleries de leurs Allemands. Les fables populaires jetaient des lueurs fantastiques sur Frédéric Barberousse, l'intraitable empereur, dont le front portait si fièrement la couronne de fer de Monza, dévastateur de génie, qui ravageait les cités avec une colère impitoyable et une sorte de grandeur farouche. — Quel moment pour la poésie ! Où était la voix sonore qui devait recueillir pour tous, les voix éparses, confuses, inarticulées, flottantes au hasard! Quelle lyre, suspendue sur les abîmes, allait résonner aux souffles qui circulaient de toutes parts dans les airs! A cette heure solennelle de son histoire, il semble que l'Italie dût attendre la venue d'un poète. Alors Dante parut. En lui, l'Italie se reconnut, elle s'admira.

Amant de Béatrix, prieur de Florence, théologien profond, Gibelin proscrit, toutes les circonstances de la vie de Dante concoururent à relever ses hautes facultés poétiques, et aidèrent au développement magnifique de son génie.

Dans la pratique des affaires publiques, son âme ardente trouva l'emploi fécond de son énergie ; le commerce des hommes, en lui donnant le spectacle vivant des luttes des intérêts et des passions, prépara son expérience, et le fit entrer profondément dans la réalité de la vie. Par cette existence, mêlée au sein de la République avec toutes les autres, il participa à la vie intellectuelle et morale de tous. C'est ainsi qu'il fortifia son âme dans une éducation virile qui devait imprimer à sa poésie un caractère si humain et d'une si vive réalité.

Aux lumières de l'expérience, Dante joignit les lumières qui pouvaient jaillir pour lui de la science d'alors. De longues études l'avaient initié aux secrets de la physique, de l'astronomie, de l'histoire et de la plus auguste de toutes les sciences, la théologie. Les temps qui, selon le système de Vico, ramènent les mêmes évolutions de faits dans des époques à peu près identiques, avaient reproduit dans le moyen-âge les caractères des siècles primitifs d'Homère, d'Orphée et de Linus. Les sciences humaines, étroitement liées entr'elles, recevaient les inspirations de la science des choses divines, qui, les empêchant de s'égarer vers leurs tendances terrestres, fesait luire sans cesse au-dessus d'elles les rayons de la vérité incréée.

Alors s'édifiaient ces belles et larges synthèses théologiques qui embrassaient dans une puissante unité les sciences des causes naturelles, élevées, par le souffle du spiritualisme et de la religion, jusqu'à la science de la divinité. « Ces sages primitifs, dit ex-
» cellemment Gravina (1), parlant du Dante et des
» philosophes des premiers âges de la Grèce, ces
» sages unirent toujours la physique à la théologie,
» et ils ne posèrent jamais le pied dans l'obscure et
» épaisse forêt des causes naturelles et des choses
» créées, sans porter avec eux, comme guide,
» quelque flambeau allumé dans la contemplation de
» la substance incorporelle et infinie. » — C'est dans la méditation de ces sujets humains et sacrés que Dante trempa vigoureusement son esprit, et qu'il puisa la force pour la dialectique, l'inspiration et l'idéal pour la poésie.

Mais pour combler les vides de ce grand cœur, ce n'était pas assez des trésors de la science et des agitations de la vie publique. Sa communion avec l'hu-

---

(1) *Della Ragion Poetica*, lib. 2, § 1.

manité était encore imparfaite. Il s'était uni à elle par les sentiments austères ; il devait aussi lui appartenir par les faiblesses permises. Dante aima Béatrix. L'amour humanisa cette âme née pour les passions violentes, et l'inclinant d'une pente facile vers les tendres émotions, il lui enseigna la grâce.

Enfin, comme dernière préparation à la poésie, le Dante reçut la consécration du malheur. Il s'y purifia et s'ennoblit. C'est avec des larmes que sont écrits les beaux vers ; la douleur est le foyer où s'entretiennent les inspirations divines. N'est-ce pas avec des entrailles tordues que les anciens formaient les cordes de leurs lyres? — Dans son douloureux exil, le Dante apprit *combien est amer le pain de l'étranger, et combien on souffre à monter et descendre par l'escalier d'autrui*. Son âme, humiliée dans son orgueil, tantôt s'irrita dans une colère étincelante, tantôt se replia sur elle-même, et faisant un retour vers les jeunes et belles années, murmura des paroles d'une mélancolie adorable, comme depuis il n'a été donné à aucune oreille humaine d'en entendre. C'est au milieu de ces douleurs, de ces angoisses de l'exil, que, dans le Frioul, sur les hautes cimes où soufflaient les vents de la poésie, sous la grotte célèbre de Tolmino, il épanchait son âme dans ce poème de proscrit, si admirable de science, d'exaltation et de foi. Aux alentours de Ravenne, près de cette forêt de pins (*la Pinetta*), que Byron devait plus tard chanter, sous les rameaux qui fleurissent aux étoiles, il écoutait les harmonies de la nuit, où son âme trouvait la révélation des harmonies plus sublimes encore des mondes invisibles.

Ainsi initié aux secrets et aux émotions de la science, de la politique, de l'amour et de la douleur, Dante pouvait faire résonner toutes les cordes de la lyre ; chaque palpitation de son cœur devait trouver des échos retentissants dans l'humanité.

C'est en se dégageant des systèmes préconçus et des idées modernes qu'il faut aborder la Divine-Comédie. L'esprit, pour l'apprécier dignement, doit la replacer dans les temps où elle est née, au milieu des circonstances qui l'ont vue grandir. Elle porte, en effet, partout, les traces de l'Italie contemporaine. Chacune de ses provinces peut y reconnaître des portions de son dialecte, chacune y retrouve les titres de sa grandeur passée. Les monuments des arts, les merveilles de la nature, les mœurs privées ou publiques y revivent avec éclat, par une description pittoresque, ou un vers qui se grave. C'est ainsi que s'offrent à notre souvenir, la tour penchée de Bologne,

> *Qual pare a riguardar la Carisanda*
> *Sotto il chinato, quando un nuval vada*
> *Sovra essa si, ch'ella in contrario penda;*
> *Tal porve Anleo, etc.*
>   *Inf.* Cap. xxxi, v. 136.

la forêt de Ravenne,

> *Tal qual di ramo in ramo si raccoglie*
> *Per la pinetta, in sul lito di Chiassi*
> *Quando Eolo scirocco for discioglie.*
>   *Purg.* Cap. xxviii, v. 19.

le vieux baptistère de St.-Jean rappelé avec une si vive tendresse,

> *Non mi parean meno ampi ne maggiori*
> *Che quei che son nel mio bel san Giovanni.*
> Inf. Cap. xix, v. 17.

le fleuve de l'Entella,

> *Intra Siestri e Chiavari s'adima*
> *Una fiumana bella.*
> Purg. Cap. x, v. 30.

la sainte ville d'Assise, nourrie dans l'extase,

> *Fertile costa d'Alto monte pende.*
> Parad. Cap. xi, v. 45.

En d'autres passages, le poëte rappelle les tournois d'Arezzo, les travaux des Vénitiens dans leur arsenal, les chasses au faucon, qui fournissent à cet oiseleur intrépide de belles comparaisons,

> *Quale falcon ch'uscendo di cappello*
> *Mova la testa, e coll' ali si plaude*
> *Voglia monstrando, e facendosi bello, etc.*
> Parad. Cap. xix, v. 34.

Mais c'est surtout comme expression des mœurs du xiiie siècle que la Divine-Comédie est digne de fixer notre attention. Ce poème est comme les vieilles cathédrales qui portent écrites avec des pierres, l'histoire intime du passé, symbole d'une foi profonde, et d'un spiritualisme élevé qui s'inspire continuellement dans l'infini. Lorsqu'en présence d'une église romane ou gothique, le regard étonné mesure la masse imposante de ces pierres noircies, sculptées par les mains d'une génération depuis des siècles éteintes, l'esprit, comme accablé sous la manifestation de la grandeur de Dieu, se remplit d'anxiété et de terreur. Sur les voussures de la porte d'entrée, l'artiste chrétien a représenté les tourments des pécheurs. Entre deux tours solitaires, sur quelque pignon élevé, un ange que l'air des temps a assombri, les ailes déployées, entonne sur la trompette l'appel redoutable du Jugement dernier. L'âme se sent enveloppée dans une atmosphère de terreur et d'épouvante. — Mais pénétrez sous la grande nef. A votre entrée, les orgues chantent à pleins accords, et se répandent sous les voûtes en ondées sonores. A l'autel, les roses mystiques fleurissent, l'encens s'échappe des vases d'argent en vapeurs blanches et odorantes, les prêtres officient avec pompe, et au milieu des chants des fidèles, l'âme, comme portée sur les ailes des anges, semble voler, immortelle et radieuse, vers les régions d'éternelles béatitudes. — Tel est le divin poème du Dante. Sombres terreurs de la légende, épouvantements de la mort, tourment de l'infini, élancements inextinguibles vers Dieu, pieux désirs, extase rayonnante, accord des harpes dans les saints lieux, toutes les voix, toutes les aspirations, tous les sentiments du moyen-âge vivent et respirent dans cette grande épopée chrétienne. — Suivons le poète dans ses pérégrinations à travers les régions interdites aux vivants. Descendons avec lui dans la cité des larmes, dans les lieux d'interminables douleurs, dans le lugubre séjour des races proscrites, Tous les crimes, tous les vices, tous les péchés sont là, étalant leurs plaies et leur honte. Papes, empereurs, cardinaux, princes, puissants de la terre, grands de l'Eglise, le poète les convoque sans distinction dans les régions maudites. De cercle en cercle, d'abime en abime, de terreur en terreur, dans les plaines qui vomissent les flammes, dans les forêts où la poix bouillonne, il promène son implacable vengeance ou sa terrible impartialité, peuplant ces noires demeures de tourments inouïs, de maux sans nom, sans espérance et sans fin.

Ministre des colères célestes, rien ne peut fléchir cette âme altérée du besoin de justice. Sa tendre affection pour Brunetto Latini, son maître, ne lui épargne cependant pas les douleurs de l'enfer. Cavalcanti, le père de son cher ami, est voué aux tourments éternels. Farinata degli Uberti est placé comme hérésiarque dans un sépulcre qu'un feu ardent rougit à perpétuité. Ce n'est pas seulement ses comtemporains que Dante torture dans l'enfer ; il s'adresse encore à l'antiquité profane, et aux personnages de la fable. Il fait comparaître devant lui Sémiramis, Cléopâtre, Didon, Achille, Brutus, Cassius, Judas, et, les pliant aux caprices de son inflexible volonté, il les mêle fièrement dans ce monde de damnés, au milieu des grincements de dents, des contorsions violentes, des supplices les plus cruels qu'ait pu inventer une imagination exaltée du moyen-âge.

La montagne du Purgatoire ouvre un monde tout

nouveau. La nacelle du poète se balance sur une onde moins agitée. Les anges apparaissent sous les couleurs les plus vaporeuses. Ils déploient leurs ailes pour diriger les esquifs vers des rivages élyséens, où un souffle attiédi voltige et circule. La douleur se console dans l'attente d'un monde meilleur, et la rigueur des tourments est adoucie par l'espérance. De toutes parts les chants sacrés résonnent. Les rayons célestes descendent d'en haut, et de cantique en cantique, de lumière en lumière, le poète est conduit jusqu'au séjour resplendissant où, dans une sérénité ineffable, reposent les âmes des bienheureux.

Tout accent de douleur cesse, les bruits du monde s'appaisent avant de monter dans ces hautes sphères. Un concert d'amour s'élève de toutes parts. A chaque degré de son ascension, le poète entend de nouvelles voix, assiste à de plus merveilleuses apparitions. Les apôtres, les martyrs, tous les saints glorieux de l'Eglise triomphante accueillent le poète et le font participer à la sagesse divine. Dans une création supérieure, rayonnent la vierge et les anges. Enfin, au plus profond des cieux, sous les rayons d'une clarté éblouissante, repose en lui-même le Saint des saints, dont les trois personnes se réfléchissent l'une dans l'autre, au sein d'une même substance, remplissant l'infini dans l'espace et dans la durée de sa force, de son intelligence et de son amour.

Voilà le plan du poème. Mais ce qu'il faudrait dire pour en faire admirer les plus hautes beautés, c'est la foule d'épisodes que le poète sème en chemin, et qu'il offre au lecteur comme un délassement du voyage. C'est *Farinata degli Uberti*, se soulevant sur sa tombe brûlante, et échangeant avec le poète d'implacables paroles et de fiers défis, Cavalcanti demandant avec anxiété des nouvelles de son fils qu'il croit mort ; Ugolin, le crâne de l'archevêque de Pise entre les dents, et racontant cette pathétique histoire pour laquelle les yeux n'ont pas assez de larmes ; c'est la touchante entrevue de Sordello, de Stace ; c'est la rencontre imprévue du musicien Casella chantant sur les bords de la mer, aux frais rayons du matin, au milieu des âmes attentives, la *canzone* qui sur la terre appaisait les désirs tumultueux du poète :

Amor che nella mente mi ragiona.
(*Purg*, Cap. xi, v. 112.)

c'est Mathilde, c'est Lia, c'est Rachel, visions vaporeuses, enchantement de la poésie, créations nées au souffle de la grâce, une fois entrevues dans l'illusion des plus doux songes ; c'est vous surtout, ô Francesca, rêve des âmes tendres, amie des jeunes années dont le front s'éclaire aux reflets d'un rayon si pâle et si doux ; poésie délicieuse que l'âme devrait respirer dans sa fraîcheur, aux clartés de l'aurore, sous les lueurs déjà rougissantes du matin, moins chastes et moins pudiques que le récit naïf de cette histoire, que l'aveu de ce tendre amour !

Ce qui relie entr'eux tous les épisodes, empêche la diffusion de l'ensemble, augmente l'intérêt en le concentrant dans l'unité, c'est Béatrix. Béatrix est l'âme du poème, la forme enchanteresse après laquelle on soupire aux Enfers, qu'on entrevoit au Purgatoire, qu'on admire dans sa gloire au Paradis. « S'il plait à « Celui par qui toutes choses vivent, avait dit Dante » dans sa *Vita-Nuova*, de faire durer ma vie assez » d'années, j'espère dire d'*Elle*, ce qui jamais ne fut » dit d'aucune femme. » Promesse noblement tenue! Lorsque les traces de Béatrix semblaient effacées sur la terre, le poète l'éternisait dans les souvenirs. Il la marquait au front des signes de l'impérissable beauté, et, ravi d'infinis désirs, il s'élançait, d'un merveilleux essor, vers les régions absolues de l'idéal. Il élevait l'ange de ses premières amours au-dessus de cette vie mortelle, et la plaçant au Paradis, dans une vision bienheureuse, enveloppée de flots de lumière, il nous la montrait radieuse, immortelle, transfigurée.

Le commentaire s'est, depuis longtemps, emparé de cette grande création. Dans ses susceptibilités, il a perdu l'intelligence de la poésie dantesque. Que Béatrix soit réellement la femme aimée du Dante, ou bien qu'elle n'apparaisse que comme une personnification de la théologie,—qu'importe? Elle est l'une et l'autre à la fois. C'est le propre des créations profondes de s'offrir au regard sous une multitude d'aspects différents. De même qu'en montant sur les hautes cimes, on découvre de plus larges horizons, la vérité, à mesure qu'elle s'élève vers l'absolu, s'agrandit et contient un plus grand nombre de vérités particulières. Les analogies que les choses terrestres ont entr'elles et les choses divines, se manifestent lorsque le point de vue est pris de haut. Le symbole s'élargit et se prête à une nouvelle série d'applications diverses.

Par Béatrix, Dante a été initié aux merveilles du Paradis chrétien. L'initiation à la poésie antique s'opère par Virgile. C'est Virgile qui lui enseigna les charmes de la poésie, la diction choisie et élégante, la culture polie des lettres, tous les ornements du langage.

Virgile a été le poète bien-aimé du moyen-âge. Il avait gagné ses affections par le caractère religieux de sa poésie. Ce beau génie semble avoir respiré quelques souffles vivifiants du christianisme. Le doux maître n'était-il pas déjà chrétien, par la tendresse d'âme et par le sentiment mélancolique de la nature ? Quoi d'étonnant que Dante, oubliant les amertumes de son cœur, se soit plu à errer sous les feuillages parfumés de son Elysée !

L'empreinte de l'imitation virgilienne se retrouve à chaque pas dans la *Divine-Comédie*. Partout, même au Paradis, on sent dans la chevelure et dans les plis du manteau du poète, quelques parfums détachés du laurier de Virgile. Chez les deux poètes, c'est le même soin de la forme, le même contour serré, arrêté avec précision, nettement sculpté ; la même touche courante de sensibilité, les tristesses de l'âme se fixant dans une même expression juste, sobre, attendrie ; les richesses de la pensée également visibles sous les ondes transparentes de la poésie. On sent que les deux poètes ont un égal respect pour le style, manifestation des sentiments intérieurs, vase d'or sans lequel les parfums s'évaporent, goutte d'ambre qui conserve la pensée et l'éternise. Aussi, écoutez les premières paroles du Dante à Virgile :

> *Or se tu quel Virgilio e quella fonte*
> *Che spande di parlar si largo fiume?*
>
> Inf. Cap. 1, v. 79.

Et, quelques vers plus loin, il remercie Le Mantouan des modèles de style qu'il lui a donnés.

> *Tu se colui da cui io tolsi*
> *Lo bello stile che m'ha fatto onore.*
>
> Id., v. 86.

Il ne faudrait pas cependant penser qu'un génie fier comme le Dante se soit traîné servilement sur les traces de Virgile. Dans un poète aussi érudit, les influences se mêlent, s'entrecroisent, se compliquent de façon à défier les investigations de la critique.

Si les qualités de son style relèvent du Midi par la netteté, la franchise des lignes, par la sonorité du langage, elles semblent quelquefois aussi empruntées au génie plus âpre du Nord; la réflexion, la profondeur, la concentration, attributs des peuples septentrionaux, ont laissé dans son poème des traces ineffaçables qui attestent une influence étrangère à l'Italie.

La Bible a été pour le Dante une source abondante de poésie. Il y a puisé cet éclat sombre, cette majesté inspirée, ces élans de colère sublime, qui étonnent, terrassent et transportent dans les chants d'Isaïe ou d'Ezéchiel. Il y a puisé aussi cette douceur ineffable qui respire dans les livres saints de Ruth et de Tobie. Chose étrange ! ce génie si impétueux, irascible, ardent, dont la voix a souvent des éclats stridents et métalliques, s'attendrit parfois jusqu'aux larmes, et de cette forte poitrine sortent des accents d'une mélancolie, d'un charme, d'une suavité à remplir à la fois l'âme de tristesse, de rêverie et d'admiration.

Quelle a été l'influence de la poésie homérique dans le développement de ce génie merveilleux que nous cherchons à peindre à grands traits? Sans doute, on ne retrouve pas dans la *Divine-Comédie* le calme, la sérénité olympienne de l'Illiade ou de l'Odyssée. Pour emprunter une observation ingénieuse à un critique que nous aimons à citer (1), Homère, qui voulait se mettre en rapport avec le peuple par le sentiment extérieur, réservant pour les sages ses trésors cachés, a développé sa poésie dans un style large, ouvert, répandant ses ondes à pleins bords. Le Dante, au contraire, s'adressant surtout aux savants de l'école, a concentré sa pensée dans un langage contourné, subtil, pénétrant. Et, cependant, les deux poètes font entendre, parfois comme de concert, les mêmes accents. Le Florentin a par moments la *voix argentine* (2) du poète grec. Comme lui, il éveille

---

(1) *Gravina, della ragion poetica*, lib. xi, § 9.
(2) Expression de M. Villemain. — *Littérature du Moyen-Age*, 1er volume.

continuellement sous ses pas cet essaim de comparaisons naïves, champêtres, pittoresquement imagées, où les travaux des champs, les beautés extérieures, les mœurs des animaux se peignent dans une expression qui rend directement la nature.

Par quel art toujours présent, ces imitations choisies, ces influences du dehors, ces éléments divers arrivèrent-ils à l'ordre, à l'harmonie, à l'unité ? C'est dans l'âme du poète qu'il faut surprendre le secret de cette fusion, âme fière, indépendante, qui s'appropriait sans s'abaisser les richesses d'autrui, et qui, par une assimilation vigoureuse, les transformait en la propre substance de son génie. Du creuset où s'épuraient ces transformations mystérieuses est sorti ce style si singulièrement original, profond dans l'expression, pénétrant par l'accent, solide dans sa structure, d'une fierté dédaigneuse, et d'une allure magnifiquement magistrale.

Un critique bien délicat, ami de Fontanes et de Châteaubriand, M. Joubert a écrit : « Il y a des vers
» qui, par leur caractère, semblent appartenir au
» règne minéral ; ils ont de la ductilité et de l'éclat.
» — D'autres au règne végétal ; ils ont de la sève.
» — D'autres, enfin, appartiennent au règne animal
» ou animé, et ils ont de la vie. Les plus beaux sont
» ceux qui ont de l'âme ; ils appartiennent aux trois
» règnes, mais à la muse encore plus. »

Combien cela est vrai du Dante! C'est bien la muse, en effet, qui a dicté les vers du divin poète, cette muse qui, dans les sphères célestes, la chevelure couronnée d'une auréole d'étoiles, attendait, au milieu des cœurs bienheureux, les poétiques évocations du Tasse.

C'est ainsi que, moderne et catholique par l'inspiration, antique par le style, le Dante a élevé, à la gloire de sa patrie, un monument qui ne périra pas. Toutes les nations saluent en lui le père de la poésie moderne. Son influence s'est étendue en Italie sur tous les arts. Giotto le traduisait de son vivant à Avignon, à Assise, à Padoue; L'Orcagna s'en inspirait au Campo-Santo, et l'œuvre entière du glorieux Michel-Ange ne semble être que la réalisation, sur la toile ou sur la pierre, des idées dantesques. En poésie, Michel-Ange encore, Monti, Alfiéri sont là pour attester que l'inspiration du grand Florentin n'a jamais tari.

La France, longtemps rebelle, a dédaigné de placer ce beau génie dans son Panthéon. Ramené au spiritualisme et à la méditation de l'absolu par les idées catholiques, né au milieu des bouleversements qui lui ont donné l'intelligence des grandes crises du passé, notre siècle a mieux pénétré dans l'intimité de cette poésie, il a plus vivement tressailli à ces colères de proscrit qu'il a connues, à ces troubles de l'âme qui l'ont agité, à ces déchirements de la patrie dont il a tant souffert. En s'associant à ce mouvement des esprits vers le Dante, l'Académie des Jeux-Floraux a montré combien elle comprenait la tendance et les besoins de notre époque, en même temps qu'elle a contribué, autant qu'il était en elle, à acquitter les dettes d'un long passé.

Il est regrettable que l'Académie ait été déçue dans son espoir d'élever à Dante un monument durable, et que sur les quatorze discours présentés, il ne s'en soit produit aucun tout-à-fait digne de son sujet. Des œuvres, cependant, de mérite ont été présentées au concours. Aussi l'Académie en a-t-elle adopté d'eux, qu'elle a jugé dignes d'une églantine et d'une violette réservées.

L'églantine a été accordée à l'éloge de Dante-Alighieri, par M. Benjamin Alaffre, professeur de langue italienne au collége royal de notre ville.—Ce travail, remarquable à divers titres, dépose surtout d'une étude approfondie du sujet. On y trouve la preuve que l'écrivain n'est pas entré pour la première fois en communication avec Dante, pour les besoins du concours. Il le connaît de longue main, il l'a pratiqué depuis longtemps ; dans l'œuvre complète et si étendue du poète, tous les détours lui sont familiers. Il ne rétrécit pas le cadre de son sujet, pour s'y tenir étroitement renfermé ; il l'élargit en plusieurs sens, et s'il remonte peu au-delà, comme il eût dû le faire, pour s'abreuver plus abondamment aux sources sacrées, il se développe, du moins, plus largement en-deça du Dante, et il éclaire sa poésie par les lumières que lui fournissent les biographies, les commentaires et les imitations.

Les éléments que M. Alaffre a puisés dans la connaissance profonde de la littérature italienne, ont été répartis par lui sur le corps du travail, l'éloge du Dante, et puis sur des notes nombreuses destinées à compléter toute sa pensée.

Dans son discours, l'écrivain a adopté la forme de la critique biographique. Il prend le poète à sa naissance, et le conduit pas à pas jusqu'à la tombe, à travers la complication de faits, d'incidents, de triomphes ou de malheurs qui composent comme le tissu de son existence. Il ne rejette pas à la fin de sa biographie, selon la méthode ordinaire, l'examen des œuvres de Dante. Il les place à leur date, et, par une simple énonciation ou par un exposé succinct ou développé, il nous fait assister à la naissance de la *Vita-Nuova*, du *Convito*, de la *Monarchie*, de la *Divine-Comédie*, à peu près dans l'ordre dans lequel ces ouvrages se sont produits. — Ce système de critique qui a été appliqué avec bonheur à notre littérature, par un de nos plus fins et de nos plus charmants écrivains, M. Sainte-Beuve, n'est guère possible que dans des conditions toutes spéciales. Lorsque les temps sont assez voisins pour permettre une connaissance intime des faits particuliers à la vie du poète, et des évènements de l'histoire qui se lient à ces faits, on comprend que l'on cherche à expliquer l'œuvre par l'homme. Mais si les temps sont éloignés; si, comme en ce qui concerne le Dante, la tradition n'est arrivée à nous que dégénérée, affaiblie, privée de sa force la plus vitale, comment saisir le rapport de la personne avec l'œuvre ? où trouver dans les détails de la biographie la lumière qui dévoilera quelque coin inexploré de l'âme du poète.—Nous croyons cependant que M. Alaffre aurait pu maintenir le plan de son discours, mais en l'éclairant d'un autre jour, en changeant le point de vue du tableau. Que n'a-t-il développé la vie de Dante sous les clartés de la *Divine-Comédie*? Pourquoi l'intérêt ne naîtrait-il pas du poème, pour se répandre de là sur la biographie ? Chez un poète comme le Dante, c'est l'œuvre qui doit expliquer l'homme. Toute sa vie, toute son âme y sont contenues.

S'il eût suivi le point de vue que nous proposons, M. Alaffre eût évité de donner au récit des faits historiques cette longueur et cette monotonie qui lui ont été reprochées assez vivement par le spirituel rapporteur, M. de Panat. Les faits se déploient lentement dans un style dépouillé de vie et de couleur, qui ne peint pas suffisamment le mouvement intime de ces époques troublées. L'écrivain se relève dans l'appréciation du poème. Les flammes de cette poésie ont communiqué de leur chaleur à son langage qui s'anime, se colore, prend du nombre et de l'harmonie. Si l'écrivain ne sonde pas bien vigoureusement l'âme du Dante en ses profondeurs émues, s'il ne dévoile pas suffisamment le mysticisme sombre et exalté qui circule dans les veines de cette poésie, il apprécie, du moins, dignement et avec amour, chez le Dante, les beautés de style, les grâces du génie, et cette richesse d'imagination, cette vigueur de pensée qui empreignent la *Divine-Comédie* d'un cachet profond et original.

L'exorde et la péroraison sont les deux parties de ce discours qui nous ont paru le plus remarquablement écrits. La pensée en est large, élevée, et communique au style de la vigueur, de la fermeté, du mouvement et un tour tout-à-fait oratoire. Nous regrettons que le défaut d'espace nous empêche d'en extraire quelques citations.

Les notes qui complètent le discours sont nettes, exactes, savantes. Le Dante s'y trouve examiné de nouveau, et pris en sous-œuvre, pour ainsi dire. Des citations nombreuses, accompagnées de commentaires, donnent une plus vive intelligence de la poésie dantesque. Les biographes, les glossateurs, les critiques sont mis à contribution, depuis Boccace et Bevenuto d'Imola, jusqu'à Ginguené, Fauriel, Artaud, Villemain. L'écrivain analyse les tercets du poème, il en scande les vers pour saisir leur mécanisme, et il en recherche curieusement les imitations dans les poésies de Pétrarque, du Tasse, de l'Arioste, de Monti et d'Alfieri.

Malgré l'exactitude ordinaire de ces notes, nous pourrions peut-être y relever quelques indications erronées ou incomplètes. Ainsi, le relevé, donné par l'auteur, des éditions de la *Divine-Comédie* qui ont paru dans les derniers siècles, diffère légèrement de celui indiqué par M. Gamba dans sa série de *Testi di lingua italiana*. — Dans la même note il est dit que Dante avait commencé son poème en latin, et les trois premiers vers en sont rapportés d'après Boccace. M. Alaffre a oublié de dire que Fontanini avait découvert quatre chants de la *Divine-Comédie* écrits en vers latins. Crescimbeni en parle dans son *Histoire de la poésie italienne*, ainsi que Pelli dans ses *Mémoires sur le Dante*, et ils ont été imprimés dans l'édition donnée en 1823, à Udine, par Viviani, d'après la leçon du code Bartoliniano. — Dans la note 42, on lit : « Dante est tour à tour le plus énergique et le plus doux des peintres; il a la puissance de Michel-Ange et la douceur de Raphaël. » Pourquoi faire intervenir Raphaël? Nous aimons peu ce mélange de styles. Michel-Ange est assez grand pour faire à lui seul les frais de la comparaison. M. Alaffre ne se souvient-il pas de cette Eve de la Sixine qui, comme dit Lanzi (1), naissant à la lumière, se tourne vers son créateur et le remercie avec un si beau geste, œuvre d'une grâce si charmante?

Maintenant, faisant taire ces observations, ces critiques, et nous en tenant à l'examen le plus général, nous aimons à reconnaître que l'œuvre de M. Alaffre est une étude consciencieuse, forte, remarquable, et qui sera consultée avec fruit par tous ceux qui auront à écrire sur le Dante.

M. Maffre de Fontjoie, avocat, a obtenu dans ce concours la violette réservée. Son discours trahit un peu l'insuffisance de ses notions sur Dante. Il l'aborde timidement, par les côtés obliques et ne prend pas bien pleinement possession de son sujet. Il ne le

---

(1) *Storia pittorica*, lib. 1º, epoca seconda.

presse pas assez vivement pour en extraire la poésie; Il reste un peu trop dans le vague des idées générales et manque aussi de précision. Ce défaut doit être mis en grande partie sur le compte du genre dans lequel cette étude a dû être écrite. C'est surtout au style académique qu'il faut appliquer ce que, dans son beau discours de réception à l'Académie-Française, Buffon disait du style noble. Il consiste, selon lui, à ne nommer les choses que par les termes les plus généraux. De là, un certain effort pour se tenir constamment dans les lieux élevés ; de là, une ampleur de formes que la pensée est impuissante à remplir. L'esprit, contraint à habiter les régions des généralités et des abstractions, ne se replie pas assez étroitement autour du sujet; il ne pénètre pas suffisamment dans les sinuosités, dans les détours de l'âme et de l'œuvre du poète. Ce défaut, auquel M. Alaffre a échappé par ses notes détaillées et minutieuses, se fait aisément sentir dans le travail de M. Maffre.

Ce travail nous force à reproduire des observations déjà faites au sujet de M. Alaffre. Les évènements de l'histoire italienne au xiiie siècle sont racontés sans chaleur, sans nerf, d'un style émoussé. Le récit tout nu des faits ne constitue pas plus l'histoire qu'un squelette le corps humain. Un seul trait coloré et pittoresque nous ferait mieux pénétrer dans ces temps reculés que ces pages entières détachées de Sismondi.

Nous adressons d'autant plus volontiers ces critiques à M. Maffre, que son discours nous est la preuve qu'il eût pu ne pas les mériter. On y trouve, en effet, toutes les qualités qui donnent au langage de l'intérêt et de la couleur. Dès qu'il touche à la philosophie ou à la poésie, l'auteur prend ses avantages, et il en parle avec goût et agrément. C'est ainsi qu'il nous montre le Dante dans ses amours avec Béatrix, dans ses relations avec les musiciens et les artistes contemporains, dans ses études philologiques, poétiques et sacrées. Puis, après avoir fait connaître les préparations du Dante à la poésie, il aborde la Divine Epopée qu'il étudie successivement dans ses relations avec le christianisme, l'humanité et la poésie.

M. Maffre, s'il ne descend pas assez avant dans les détails de l'œuvre de Dante, compense ce défaut par les qualités qui naissent de sa manière. Il porte haut sa pensée et la maintient toujours à l'élévation qu'il a choisie. Rempli, à ce qu'il semble, de la lecture des livres saints, tournant volontiers son esprit vers les méditations religieuses, il fait descendre des sommités de la morale chrétienne des réflexions, heureusement semées dans son discours, qui lui donnent un charme doux et tranquille. Il anime son éloge par des interprétations ingénieuses, par des rapprochements judicieux, et, mettant en regard le Dante, tour à tour avec Milton et Michel-Ange, il caractérise plus nettement, en d'excellents termes, le poète qu'il étudie.

Toujours, d'après sa méthode de généralisation, il glisse trop légèrement sur le style de Dante. Trois ou quatre phrases disséminées n'en donnent pas une idée assez claire. Il ne suffit pas de dire qu'il a « la concision de Tacite, portée sur les ailes de la poésie. » Tacite, d'ailleurs, est assez mal venu dans ce passage. Cet écrivain, déjà de la décadence, d'une concision pénible et affectée, n'a pas de point de contact avec Dante, plus libre, ce nous semble, dans ses mouvements, et d'une brièveté qui naît moins d'un parti pris et de l'affectation que de la nature propre de son génie.

Le style de M. Maffre est clair, correct, élégant ; il décèle une imagination d'artiste qui se préoccupe vivement du beau et qui l'interprète brillamment. Les ornements qui le décorent sont choisis avec goût, et si le style de M. Alaffre est supérieur en quelques passages, celui de M. Maffre, dans sa grâce voilée, est plus égal, plus uni, plus soutenu.

Nous résumant maintenant sur ce concours de prose, nous dirons que si l'Académie, sous l'influence de la haute idée qu'elle s'était formée de l'importance du sujet, s'est montrée plus sévère que de coutume en réservant le prix, elle ne doit cependant pas regarder comme stérile un concours qui a donné naissance à des productions aussi distinguées que celles des deux lauréats.

Juin 1847.

M. DE CHATEAUBRIAND.

L'art, dans son expression la plus haute, est la manifestation complète et harmonieuse des besoins, des désirs, des aspirations de l'humanité. A toutes les époques, il s'est mêlé aux sentiments humains pour les fixer et leur donner une consécration définitive. Par une loi remarquable, lorsqu'une idée dominante a cherché à se faire jour, les hommes de génie ne lui ont jamais manqué. Dans les beaux siècles, cette mission a été remplie par un cortége de grands hommes qui ont célébré les gloires du présent et exprimé les merveilles de leur civilisation: ainsi dans les siècles de Periclés, d'Auguste, de Léon X, et dans ce grand siècle pour nous plus facilement accessible de Louis XIV, Racine, Molière,

Sévigné, Bossuet, chantent un hymne perpétuel à la royauté. Ils mènent triomphalement le chœur du grand règne ; ils en accompagnent la majesté. Ils en furent la décoration brillante, ils en seront la gloire éternelle.

Quelquefois, aux époques moins richement dotées, c'est à un homme seul qu'il a été donné de dominer sur toute une littérature, de résumer les besoins de son temps, et d'exprimer avec éclat les idées et les sentiments contemporains, vrais rois par le génie, qui gouvernent, de leur sceptre d'or, le domaine de l'intelligence. Tel fut Pétrarque, par les formes exquises de sa poésie ; Voltaire, par les jeux si brillants d'un esprit incomparable. Tels furent de nos jours, Byron et Goethe, dans leur pays ; M. de Châteaubriand chez nous. Poète, chevalier et pélerin, chantre inspiré des pompes lumineuses du catholicisme, interprète éloquent des joies et des douleurs humaines, M. de Châteaubriand, a été l'organe harmonieux de toutes les âmes qui croient, souffrent et espèrent. En chantant les désirs éternels du cœur, il les a idéalisés. En redisant nos vœux et nos espérances, il les a ennoblis. Grave et mélancolique figure, dont on ne peut approcher sans admiration et sans respect, poète noblement tourmenté qui sut chercher dans la foi l'appaisement des troubles intérieurs, et que notre siècle revendique comme son expression la plus éclatante, la plus glorieuse.

François-Auguste de Châteaubriand, naquit en 1769, à St.-Malo, d'une antique famille qui se rattachait aux premiers comtes, puis ducs de Bretagne. Gentilhomme, il puisa dans l'antiquité de sa race, l'inspiration de sa poésie chevaleresque et religieuse; breton, les impressions du pays natal donnèrent à son imagination toutes les mélancolies de cette région solitaire, triste, orageuse, enveloppée de brouillards, couverte de nuages, où le bruit des vents et des flots est éternel.

C'est à Saint-Malo que M. de Châteaubriand passa ses premières années, jouant avec les vagues et avec les enfants, écoutant les récits des anciennes légendes et recueillant en sa jeune âme, cette poésie mystérieuse de la mer et des vieux temps. Entré au collége de Dol, il y fait sa première communion. Il continue ses études au collége de Rennes, où il trouve Moreau pour condisciple, et où il hérite du lit du chevalier de Parny. — Ainsi, sur cet oreiller plein de songes, après le poëte des voluptés et des plaisirs faciles, devait se poser le front rêveur du chantre des chrétiennes amours.

Les études finies, M. de Châteaubriand est appelé au château paternel, à Combourg : — Vieux manoir, grands bois, vastes bruyères, au loin la mer couronnant l'âpre paysage et battant la grève de son flot monotone et sourd. C'est au noble poëte qu'il appartient de nous parler, dans son incomparable langage, de son vieux père, grand seigneur, sévère, taciturne, imposant, recevant ses hôtes devant la grande porte, tête nue par la pluie ou la bise, d'une façon toute seigneuriale ; de sa mère, triste et silencieuse, contrainte devant son mari ; de ces soirées d'automne où Mme de Châteaubriand et ses enfants, blottis sous l'immense cheminée, causaient à voix basse, pendant que d'un pas solennel, le vieux seigneur promenait gravement dans la vaste salle, et, s'arrêtant parfois devant la cheminée, interrompait le groupe effrayé et réduit au silence par cette brusque interrogation : que dit-on? Puis, onze heures venues, une fois le père redouté monté dans sa chambre, c'étaient des cris de joie, des jeux folâtres et les histoires de chevalerie pleines de traits d'héroïsme, et les contes de revenants avec leurs délicieuses terreurs.

Cependant, l'enfance s'était écoulée pour M. de Châteaubriand, pour lui arrivaient les heures troublées de la jeunesse. « C'est le moment où Dieu
» devient l'immense génie, dont l'adolescent se sent
» tout-à-coup tourmenté. » Les puissances de la nature agitaient cette âme orageuse de René où les passions grondaient. Le sentiment de l'infini s'était emparé de ce cœur malade, et son âme s'abîmait dans une tristesse qu'il *tenait de Dieu ou de sa mère.*
« Mon humeur était impétueuse, mon caractère inégal.
» Tour-à-tour bruyant et joyeux, silencieux et triste,
» je rassemblais autour de moi mes jeunes compa-
» gnons ; puis, les abandonnant tout-à-coup, j'allais
» m'asseoir à l'écart pour contempler la nue fugitive
» ou entendre la pluie tomber sur le feuillage. » Un jour, inquiet, troublé de cette surabondance de vie qui s'agitait en lui, exalté par la solitude et la rêverie, il se décida à mourir. Seul, dans les bois, le fusil

chargé de trois balles, il allait mettre fin à ses jours lorsqu'un garde du château qui passait l'interrompit. Il en fit une maladie mortelle. Mais Dieu voulut conserver à la France, à l'humanité, ce jeune homme qu'attendaient des destinées supérieures.

Voué à l'état ecclésiastique par sa mère, M. de Châteaubriand, qu'entrainent d'autres instincts, obtient un brevet de sous-lieutenant au régiment de Navarre, et part pour Paris où son frère aîné venait d'épouser la petite-fille de Malesherbes. On était en 89. Dans ces jours de renouvellement, au sein de la génération survenante, parmi ces jeunes gens qui rêvaient la gloire, on aurait pu trouver aussi à Paris, rapprochement singulier, un autre sous-lieutenant, pauvre gentilhomme qui, poussé par le souffle de la fortune, se préparait aux grands jours d'Arcole et de Marengo.

A la veille de la tempête révolutionnaire, M. de Châteaubriand dépensait sa jeune verve en élégies. Il se mêlait timidement au groupe des littérateurs de l'époque, — Fontanes qui allait s'unir à lui d'une si noble amitié, Champfort qu'il comparait alors aux sages de la Grèce, Parny, « poète et créole, à qui il » ne fallait que le ciel de l'Inde, une fontaine, une » femme et un palmier; » le philosophe Delille de Salles qui tous les ans « faisait en Allemagne ses remontes d'idées; » Flins, que le jeune sous-lieutenant appelle le célèbre Flins, grande célébrité du jour en effet, parfaitement inconnue du lendemain. Puis viennent Laharpe, et Ginguené et Bertin et Lebrun. Le poète qui va écrire Atala est plein d'humilité et d'admiration devant ces génies si supérieurs au sien, comme chacun sait. Grâce à la protection de l'un d'entr'eux, à force d'intrigues et de soucis, il parvint à la gloire de faire insérer dans l'*Almanach des Muses* une idylle *(l'Amour de la campagne)* dont l'apparition, dit-il, le pensa faire mourir de crainte et d'espérance.

De la ville, il passe à la cour, il vit avec la noblesse ; il voit Versailles, monte dans les carosses du roi, prend part aux chasses royales. Mais toutes ces frivolités de l'étiquette ne pouvaient satisfaire cette imagination remplie déjà de bien d'autres merveilles.

Accablé de la fatigue qui pèse sur une société vieillie, le XVIIIe siècle expirant détournait les yeux du spectacle de sa décadence. Il rêvait des mondes nouveaux. J.-J. Rousseau enflammait les imaginations en peignant les douceurs de la vie sauvage. La nature tropicale s'embellissait de couleurs rajeunies et de mille parfums sous le pinceau charmé de Bernardin de St-Pierre. La guerre de l'indépendance américaine ravivait les idées de liberté et le goût des voyages lointains. Quoi d'étonnant que M. de Châteaubriand cédât, avec l'entraînement de sa poétique nature, aux séductions de ces nouveautés.

Une idée fixe s'était emparée de son esprit. Il ne prétendait à rien moins qu'à découvrir le passage nord-ouest du continent américain : projet bien vaste dans sa hardiesse, entrepris avec une ardeur et une facilité toutes juvéniles ; apparence de gravité que se donnait à lui-même, pour se déguiser, son goût, des hasards et des aventures. C'étaient les facultés impatientes qui demandaient l'espace. A vrai dire, il était attiré par les forêts vierges, les lacs et les cataractes.

Embarqué à St.-Malo, au printemps de 1791, il arrive après une longue traversée à Baltimore. A Philadelphie, il a une entrevue avec Washingthon qui l'accueille avec bonté et daigne lui donner des conseils pour la réalisation de ses projets. Puis on le voit passant de Philadelphie à New-Iorck, de New-Iorck à Boston ; il visite le champ de bataille de Livingthon, se rend à Albany ; il s'enfonce enfin avec ravissement dans les forêts du nouveau monde pour y rêver à loisir. Cette fois, le passage du Cap-Nord est bien oublié, et, vraiment, le poète avait mieux à faire. N'a-t-il pas là-bas qui l'attendent les vastes solitudes et Atala et les Savanes et le Meschacébé ? Exalté par le sentiment de l'indépendance, il s'enivre de la poésie des déserts et de la mélancolie des nuits étoilées. Les Sachems le reçoivent dans leurs cabanes sous des tulipiers ou des magnolias en fleur. Il s'arrête amusé devant les oiseaux-moqueurs, les couleuvres d'or et d'azur, ou les colombes de Virginie. Il écoute la mélodie des eaux et des vents dans la profondeur des bois, et les mélodies non moins divines qui chantent dans son âme. Il admire, il tressaille, il pleure ; ce sont des rêveries sans fin.

Les songes descendent sur son front avec les parfums des pins aromatiques,

Foliis sub omnibus hœrent.

Heures délicieuses, jours bénis, admirables folies des jeunes prédestinés, que la vieillesse se rappelle avec larmes et qui décorent des plus doux reflets le charme des souvenirs !

Cependant, un soir, s'étant approché des défrichements américains, il reçoit l'hospitalité dans une pauvre ferme. Un journal Anglais, trouvé par hasard, qu'il lit à la flamme du foyer, lui annonce la fuite de Louis XVI et son arrestation à Varennes. Gentilhomme, il n'hésita pas. Il crut entendre la voix de l'honneur, et quitta aussitôt l'Amérique. « Un simple
» démêlé entre moi et ma conscience, dit M. de
» Châteaubriand, me ramena sur le théâtre du
» monde. J'aurais pu faire ce que j'aurais voulu,
» puisque j'étais le seul témoin du débat ; mais de
» tous les témoins, c'est celui aux yeux duquel je
» craindrais le plus de rougir. » (1).

M. de Châteaubriand rentre donc en France ; il suit son frère dans l'émigration, et va joindre l'armée qui était déjà en campagne. Les émigrés le regardèrent comme un traînard. Sans l'intercession d'un de ses cousins, ils ne l'eussent pas reçu. Il avait beau dire qu'il arrivait tout exprès de la cataracte du Niagara, on ne voulait rien entendre, et il fut sur le point de se battre pour obtenir l'honneur de porter un havre-sac. Blessé au siège de Thionville, atteint, dans la retraite, de cette dyssenterie qu'on appelait la

---

(1) *Voyage en Amérique.*

maladie des Prussiens, une affreuse petite vérole vint compliquer ses maux. On le crut mort ; on l'abandonna dans un fossé, où, donnant encore quelques signes de vie, il fut secouru par les gens du prince de Ligne qui le jetèrent dans un fourgon ; ils le mirent à terre sous les remparts de Namur, et il traversa la ville en se traînant sur les mains, de porte en porte. On osait à peine penser sa blessure à cause de la contagion de sa double maladie.

Le noble émigré crut pourtant n'avoir pas suffisamment payé sa dette de fidélité. Il voulut aller joindre à Jersey les royalistes de la Bretagne. Mais ses forces épuisées trahirent son courage. Le gros temps obligea la barque qui le portait à relâcher à Guernesey. « Comme j'étais près d'expirer, dit l'illustre écrivain,
» on me descendit à terre et on m'assit contre un
» mur, le visage tourné vers le soleil pour rendre
» le dernier soupir. La femme d'un marinier vint à
» passer ; elle eut pitié de moi. Elle appela son
» mari qui, aidé de deux ou trois autres matelots
» anglais, me transporta dans une maison de pê-
» cheurs où je fus mis dans un bon lit ; c'est vrai-
» semblablement à cet acte de charité que je dois
» la vie. » (1).

Au printemps de 1793, M. de Châteaubriand part pour Londres où il espère trouver une direction des princes. Mais dans cette ville, qui devait plus tard le revoir écrivain admiré et brillant ambassadeur, l'at-

---

(1) Préface de l'*Essai Historique*.

tendaient toutes les horreurs de la misère. Malade de la poitrine, condamné par les médecins qui ne lui accordent que quelques mois d'existence, il doit le pain de tous les jours à un travail assidu dans son grenier : il donne des leçons de français, il traduit pour les libraires. Hors d'état de tenir l'épée pour son roi, il prend la plume, il écrit l'*Essai historique*. C'est là le commencement de cette longue carrière de gloire littéraire. Marquons en le point de départ.

Montrer la permanence des passions humaines sous les modifications des formes sociales, le renouvellement perpétuel des mêmes lois historiques, les espérances jamais lassées suivies de déceptions toujours renaissantes, les révolutions effaçant les abus anciens pour créer des maux nouveaux, l'humanité soumise sans cesse aux mêmes conditions de misère, de doute, de désillusion : telle est l'inspiration élevée qui anime l'*Essai historique*. A travers l'exposé un peu confus des nombreuses révolutions qui ont agité les peuples anciens et modernes, l'écrivain développe cette pensée sceptique avec une jeune verve de style qui fait pressentir la grandeur future, et une érudition qui étonne, chez un jeune homme de 27 ans. Chaque page laisse percer les émotions douloureuses de souffrances présentes, et si le doute est entré dans l'âme de ce jeune homme qui écrit sous les coups d'un arrêt de mort, ce scepticisme n'a rien de frivole; c'est un souffle glacé, une impression de malheur, le désenchantement amer de la vie. L'espérance d'ailleurs lui sourit par moment : il y a des alternatives de foi et de doute ; les évangiles sont là avec leurs consolations, à côté de l'invective philosophique contre les moines ou la cour de Rome. L'écrivain s'arrête un moment en plein XVIIIe siècle, mais ce n'est qu'un port, d'où son génie va s'élancer, à pleines voiles, vers la grande mer et les hauts horizons.

La nature droite et sérieuse de M. de Châteaubriand ne pouvait marcher, en effet, dans les voies étroites du scepticisme. Elle ne les traversa que pour s'y fortifier. Toute grande conviction naît d'une grande lutte. M. de Châteaubriand lutta, et se releva pleinement vainqueur.

Sa mère, après avoir été jetée, à 72 ans, dans des cachots où elle avait vu périr une partie de ses enfants, était morte sur un grabat. « Le souvenir de
» mes égarements répandit sur ses derniers jours
» une grande amertume. Elle chargea, en mourant,
» une de mes sœurs de me rappeler à cette religion
» dans laquelle j'avais été élevé. Ma sœur me manda
» les derniers vœux de ma mère ; quand la lettre
» me parvint au-delà des mers, ma sœur elle-même
» n'existait plus. Elle était morte aussi des suites de
» son emprisonnement. Ces deux voix sorties du
» tombeau, cette mort qui servait d'interprète à la
» mort, m'ont frappé : je suis devenu chrétien ; je
» n'ai point cédé, je l'avoue, à de grandes lumières ;
» ma conviction est sortie du cœur : j'ai pleuré, et
» j'ai cru. » (1).

---

(1) Préface de la 1ʳᵉ édition du *Génie du Christianisme*.

Le *Génie du Christianisme* allait porter au monde entier le témoignage de ces croyances affermies.

De retour de l'exil, en 1801, M. de Châteaubriand signala sa rentrée en France par la publication d'un chef-d'œuvre. *Atala* parut.

Ce fut dans toute l'Europe un long cri d'étonnement et d'admiration. On respira avec délices cette fleur des Savanes, cueillie avec tous ses parfums dans la solitude. Le récit du vieux Sachem, aveugle, enchanta les imaginations. Les femmes surtout et les jeunes gens furent ravis.

Que de séductions, en effet, pour les âmes facilement émues! Une nature prodigue de merveilles, le désert avec ses fleurs et ses brises, les bords embaumés du vieux Meschacébé formaient une magnifique décoration à ce récit émouvant, mouillé de larmes, sur lequel le poète avait versé les trésors d'un cœur trop plein et d'une éloquence enivrée. Le lyrisme, à peine contenu, s'échappe sans cesse de cette œuvre de jeunesse. Il déborde de toutes parts, et dans les descriptions splendides, et dans les discours du père Aubry, et dans les tendresses de Chactas. Au moment qui marque le plus haut période de cet amour, lorsqu'au milieu du désert, sous les éclats de la tempête, à la lueur des éclairs et des forêts embrasées, Chactas tient son épouse dans ses bras, en présence de l'Eternel, — hymne étincelante, pompe du style, éloquence orageuse, images enflammées, toutes les puissances déchaînées de l'imagination se confondent dans une harmonie mugissante au milieu des notes les plus éclatantes de la passion.

Et la nouveauté du talent répondait à la nouveauté de la scène. C'étaient bien les éclairs orageux de Jean-Jacques, mais sillonnant un ciel chrétien. Julie d'Etanges avait eu ces accents passionnés ; mais sans la belle figure du prêtre catholique, du père Aubry, qui vient tout sanctifier à propos dans une conclusion qui appaise. On aimait à retrouver sur le front d'Atala la grâce pure de Virginie, mais combien plus de magnificence !

Si M. de Châteaubriand dût à *Atala* un succès inouï de vogue, par le *Génie du Christianisme*, il entra d'un coup dans l'immortalité. L'apparition de cet ouvrage marque d'une date ineffaçable et comme sacrée l'année 1802.

Le moment était bien choisi. L'orage révolutionnaire venait de passer. Les prêtres étaient rappelés de l'exil, les temples réouverts. On respirait à l'aise sous le pouvoir réparateur du premier consul. — Le *Génie du Christianisme* vint inaugurer avec éclat cette restauration religieuse et fêter la dédicace nouvelle des autels relevés.

C'est par la séduction et le charme, bien plus que par les preuves rigoureuses que M. de Châteaubriand voulut ramener les âmes égarées à la foi des ancêtres. Il ne prit pas l'épée flamboyante du lévite, mais la harpe sacrée : il voulut moins convaincre que persuader. M. de Châteaubriand n'est pas théologien, il est poète ; il ne raisonne pas, il enchante.

Ce grand esprit savait que le syllogisme n'explique pas toutes choses, que l'on ne peut séparer l'imagination des perceptions abstraites, et que la vérité ne s'obtient que par un appel fait à toutes les facultés du cœur et de l'esprit. D'autres avaient par la raison victorieusement démontré le christianisme; il voulut, lui, en célébrer, par l'imagination, la grandeur, la beauté et la poésie.

Le cœur, dit admirablement Pascal, a ses raisons que la raison ne connait pas. (1) Combien d'autres secrets, la raison réduite à elle-même n'est-elle pas impuissante à dévoiler! c'est en remontant à Dieu par l'inspiration et la foi que M. de Châteaubriand pénétra tous ces mystères. En s'épanchant de si haut, sa parole porte partout la fécondité et la vie. Dieu, l'homme, la nature ne sont plus des énigmes qui forcent au doute la raison. Le catholicisme, en les renfermant dans son lumineux symbole, dévoile leurs rapports et leurs harmonies ; et ce symbole contient si bien la vérité, que ce n'est que dans le christianisme que l'esprit, le cœur, l'imagination de l'homme trouvent leur satisfaction et leur complet développement.

Cette thèse, de quelle splendeur M. de Châteaubriand ne l'a-t-il pas revêtue ! Quelles pages admirables ! La grâce, la force, la simplicité, la richesse, la grandeur ou l'élégance s'y disputent sans cesse la place et l'occupent tour-à-tour. Quelles riches couleurs répandues sur toute la création ! Quelle grandeur mélancolique !

---

(1) *Pensées*, Chap. XXVIII.

Et quelle vive intelligence de la poésie, quel goût exquis dans cette question rajeunie des *Anciens et des Modernes* où le grand écrivain reprend avec génie la thèse de Pradon contre Racine et Boileau !

M. de Châteaubriand se prend à toutes choses par le côté brillant, fécond, animé. Les sables arides ne lui plaisent pas ; dans le désert, il veut des fleurs et des abeilles. Il n'est pas chrétien selon l'ascétisme de St-François d'Assise, ou la sombre doctrine de Port-Royal. Son catholicisme plus accessible, est pompeux, expansif, ami des fêtes et des arts, — le catholicisme fleuri de Raphaël et de Léon X.

La langue du XVIIIe siècle ne résista pas plus que sa philosophie au triomphe de M. de Châteaubriand. Cette langue, incolore, analytique, raisonneuse, écourtée, privée d'air ne pouvait contenir la sève et la vie du catholicisme. En remontant par des études profondes et un sentiment exquis de l'art antique aux époques reculées, l'illustre écrivain retrouvait les belles formes du style du XVIIe siècle, la construction grecque et latine, le langage flottant et cadencé. Sa phrase s'emplit parfois d'accords mystérieux qui, par la seule harmonie, expriment les désirs les plus vagues de l'âme ; c'est plus que la forme, c'est le son même de la pensée. On dirait les brises du désert ou les flots lointains du Meschacebé. Ces impressions du nouveau monde se marquent en plus d'un endroit dans les écrits de M. de Châteaubriand, par la liberté de l'allure, et le goût des images audacieuses. Du sein des forêts-vierges, le voyageur a rapporté le bouquet odorant de fleurs sauvages.

Cependant, malgré l'innovation réelle, M. de Châteaubriand demeure surtout antique. Il cherche moins la précision que la grâce, la simplicité que la grandeur des lignes, la fermeté que l'épanouissement. Chez lui, la phrase, comme un marbre grec, a le dessin large, les inflexions solennelles, et les contours arrêtés, mais adoucis dans les reflets dorés d'une belle lumière.

Aux esprits romanesques que ne pouvaient satisfaire des pages admirables de description et de rêverie, le *Génie du Christianisme* dans un de ces épisodes, offrit le poëme de *René*. Vrai poëme, en effet, et d'une beauté achevée, poëme des cœurs souffrants qui s'agitent dans le vide, des existences tourmentées par les rêves impossibles, des imaginations richement douées que dévorent leurs propres forces. Ces tourments d'Oberman et de Werther, ce mal de *l'infini* qui s'attache aux plus hautes intelligences, comme la foudre aux plus hautes cimes, René en est atteint; mais avec quelle grandeur! L'orage qui gronde sans cesse dans son âme n'altère pas la beauté de ses traits. Le feu du ciel en tombant sur son front y a laissé l'empreinte ineffaçable de sa divine origine. Noble et puissante figure qu'à touchée un rayon de génie et qui du haut de son piédestal s'offre à l'admiration comme un type à jamais impérissable, à jamais consacré!

Le *Génie du Christianisme* était dédié au premier consul; Bonaparte ne fut pas insensible à cet hommage. L'écrivain désormais illustre fut nommé premier secrétaire de l'ambassade de France à Rome, puis plénipotentiaire dans le Valais. Il n'eut pas le temps d'occuper ce dernier poste. Le 21 mars 1804 le duc d'Enghien tombait fusillé dans les fossés de Vincennes : le soir même, M. de Châteaubriand envoya sa démission.

Napoléon avait cruellement ressenti l'outrage. Il dut cependant concevoir en lui-même une haute idée de ce caractère qui savait tout sacrifier à l'honneur. Il tenta une réconciliation. Il le fit nommer au fauteuil académique vacant par la mort de Marie-Joseph Chénier. On sait l'histoire de ce fameux discours de réception dans lequel M. de Châteaubriand osait flétrir le vote du 21 janvier, discours que l'Académie refusa d'entendre parce que l'auteur refusa de le modifier.

La guerre, ainsi déclarée, rendait M. de Châteaubriand à la littérature qui allait ajouter encore à l'illustration de son nom. Le *Génie du Christianisme* demandait un complément. Après avoir soutenu que le merveilleux chrétien est plus favorable à la poésie épique que la mythologie grecque, il fallait le démontrer par l'exemple. M. de Châteaubriand conçut le poème des *Martyrs*.

Le triomphe du christianisme au IVe siècle par le sang des premiers fidèles, la vocation des Gentils par le sacrifice d'une prêtresse des muses : telle fut la donnée première de l'ouvrage. C'était tout un monde de poésie. D'un côté la Grèce pleine de riantes fictions et de souvenirs homériques ; Rome, dégradée mais colossale, étalant des vices aussi éclatants que le furent autrefois ses vertus, toutes les merveilles des fables antiques. D'un autre côté, l'Orient consacré par des miracles, la Judée, la Palestine, les peuples barbares des Gaules, les catacombes, les saints confesseurs et les martyrs.

Ce fut sur les lieux mêmes qu'il devait chanter que, nouvel Homère, M. de Châteaubriand voulut recueillir des émotions directes et des renseignements exacts. Il partit en 1806; il fit le tour de la Méditerranée, retrouvant Sparte, passant à Athènes, saluant Jérusalem, admirant Alexandrie, signalant Carthage et se reposant du spectacle de tant de ruines dans les ruines de l'Alhambra.

Retiré à Aulnay, dans la Vallée-aux-Loups, M. de Châteaubriand écrivit son *Itinéraire de Paris à Jérusalem*, beau livre d'un style simple, grave, orné avec modération; la tragédie de *Moïse* où de belles inspirations triomphent quelquefois d'un vers à qui manquent les ailes d'or; et son grand poème des *Martyrs*.

Il ne paraît pas que les *Martyrs* aient eu d'abord un de ces succès auxquels M. de Châteaubriand était accoutumé. Cependant, quelle belle évocation du monde antique! Avec quelle puissance d'imagination le poète fait renaître à la vie ces peuples éteints! Comme il sait retrouver leurs passions, leurs langues, leurs monuments et leurs mœurs! Ce monde païen qui s'en va, ce monde chrétien qui s'élève, tout s'anime au souffle de son inspiration. En promenant ses pas dans ces siècles passés, il éveille autour de lui, comme par enchantement, les sons, les parfums et les images. Les douceurs souveraines de la poésie grecque s'unissent, en son style, aux austérités de livres saints, et il passe tour-à-tour, avec un charme soutenu, des sons efféminés de la flûte de Pan aux mâles accords de la harpe de David, des solitudes de la Thébaïde aux paysages heureux de la Messenie, des palmiers de la Judée aux lauriers-rose de l'Eurotas, des libations de Jupiter aux saintes eaux du baptême, de la ceinture de Vénus à la blanche tunique des catéchumènes, des danses voluptueuses de l'Ionie à l'humilité des confesseurs et à la gloire des martyrs. Et l'unité ne se perd jamais dans cette diversité de chants. Elle subsiste toujours; sans cesse on l'a retrouve, au sein même du sujet, dans les saintes amours d'Eudore et de Cymodocée, du chrétien s'offrant en holocauste avec la prêtresse des muses régénérée, au milieu du colysée où viennent se confondre les souvenirs de la grandeur romaine et des triomphes bien plus éclatants de la croix.

Au point de vue purement littéraire, ce qu'on ne peut assez admirer dans les *Martyrs*, c'est l'amour passionné de la forme, du beau, le culte ennobli du style, le rajeunissement heureux de la langue, le retour brillant aux rhytmes antiques. M. de Châteaubriand a le sentiment filial de l'art grec; il le reproduit avec éclat, liberté et largeur. Fénélon avait imprégné son génie français des parfums des fleurs athéniennes. André Chénier avait pris surtout de l'antiquité le délicat, le tendre et le gracieux. M. de Châteaubriand s'est abreuvé plus directement aux hautes sources;

en remontant jusqu'à Sophocle et Homère il a retrouvé sa parenté. Comme eux, il a sérénité, puissance, grandeur. Il affectionne ces vieillards homériques (les Chactas, les Demodocus, les père Aubry) qui ont les grâces des cheveux blancs, la voix paternelle et émue, le cœur tendre et bienveillant, avec l'autorité des sages. Il aime, à la manière antique, les horizons lointains et lumineux, les tableaux simples, harmonieux de la nature. *Atala* s'encadre dans une riche bordure de descriptions épiques; les soupirs de René se perdent dans la voix du flamant qui, retiré dans les roseaux du Meschacebé, annonce l'orage; et dans les *Martyrs* (1), le chaste aveu de Cymodocée se mêle au chœur lointain des lupercales, qui, dans ce paysage charmant, donne au cri de la félicité les accents voilés de la mélancolie.

Cependant, malgré le retour fréquent vers le beau style de la Grèce, M. de Châteaubriand appartient bien au monde moderne tel que le christianisme l'a fait. Il en a toutes les passions, toutes les tendances, toutes les ardeurs. Mais, comme André Chénier, il voulut préserver la langue de toute fadeur en la rajeunissant par la libre imitation de l'antique. C'est tout un système littéraire, — l'alliance des idées nouvelles et des anciennes images, la pensée chrétienne versée dans la pure forme grecque, le sourire de la grâce antique décorant le front de la muse moderne.

---

(1) Livre XII.

Le poème des *Martyrs* clot la période exclusivement littéraire de l'auteur du *Génie du Christianisme* et nous amène à 1814. Napoléon tombe et M. de Châteaubriand, à qui l'empereur avait donné le droit d'être injuste, publie son âcre et vigoureux pamphlet de *Buonaparte et les Bourbons*, qui, selon l'expression de Louis XVIII, lui valut une armée de cent mille hommes. Pendant les cent-jours, il est à Gand avec le roi où il exerce son influence dans le sens le plus généreux et le plus loyal. A la rentrée de Louis XVIII, il est successivement nommé pair de France, ambassadeur à Berlin, puis à Londres. Il représente la France au congrès de Vérone. Appelé en 1821 à remplacer M. de Montmorency aux affaires étrangères, s'apercevant que la légitimité se mourait faute de victoires « après la transaction qui l'avait déshonorée » (1), il prend l'initiative de la guerre d'Espagne. Son passage au ministère fut rapide. Jalousé par ses collègues, peu aimé de Louis XVIII qui lui enviait sa gloire littéraire (2), *il fut chassé*, pour nous servir de ses expressions, *comme un valet qui aurait volé la montre du roi sur sa cheminée.*

M. de Châteaubriand a toujours trouvé peu de sympathie chez les rois et chez les partisans aveugles des royautés absolues. A leurs yeux, il était coupable d'un trop grand amour de la liberté. Son cœur géné-

---

(1) Congrès de Vérone, tom. 1, chap. XIX.
(2) Congrès de Vérone, tom. 2, chap. XXXVI.

reux s'était attaché à cette noble cause qu'il ne séparait pas des intérêts de la dynastie des Bourbons. Ce fut là son rêve persistant; il le poursuivit dans la *Monarchie selon la Charte*, beau livre que saluèrent tant d'espérances, jeunes espérances si tôt déçues. Toutes les inspirations de sa vie politique, il les puisa dans son cœur. C'est à ce foyer intérieur qu'il entretint, comme une flamme sacrée, l'énergie du sens moral aujourd'hui si affaibli. Cette faculté de dévouement spontané à ses convictions, d'indignation vertueuse, de désintéressement absolu, il la conserva toujours palpitante au milieu de la décadence des caractères et des volontés usées. Son honneur fut la divinité mortelle qui reçut tous ses sacrifices et qu'il ne sacrifia jamais. Avec la fierté des races antiques, il le porta toujours bien haut, et il ne plia sa noble tête qu'aux pieds des autels, devant son Dieu.

Habitué aux hautes méditations, et à ne considérer les choses de ce monde que par leurs côtés les plus élevés, M. de Châteaubriand ne resta aux affaires que par devoir et à contre-cœur. Les chaînes n'allaient pas à cette fière indépendance. Entouré, d'ailleurs, de ces esprits dits *positifs* parce qu'ils vivent au jour le jour, sans souci du lendemain, et sans lever la tête vers le ciel pour consulter les secrets desseins de Dieu, il conçut un profond dédain pour le génie politique ordinaire; *tout commis est un aigle sur cette taupinée* (1). Il pensait, sans doute, avec quelque

---

(1) Congrès de Vérone, tom. 2, chap. III.

raison, qu'il est plus facile d'ordonner un budget que d'écrire les *Martyrs*; il avait la conscience d'être un peu plus qu'un ministre vulgaire : il était en effet l'écrivain immortel.

M. de Châteaubriand fut toujours dominé au sein même de la politique par ses instincts de poète et d'artiste. En 1803, il adressait de Rome à M. de Fontanes ses lettres si connues sur l'Italie. Pendant son ambassade à Londres, il écrit les *Quatre-Stuart*. Représentant de la France à Rome sous le ministère Martignac, il rêve dans la ville éternelle, fait des fouilles à Torre-Vergata, et élève un mausolée au Poussin.

Ainsi, le poète se retrouve sans cesse sous le diplomate. C'est pour lui un besoin constant de fixer sa pensée dans une forme durable, d'exprimer ses sentiments avec éclat et saillie. Ce goût de grand style il l'apporte jusque dans les dépêches qu'il rédige lui-même, et dans le journalisme qui lui doit les plus belles pages de la presse du XIXe siècle. Les œuvres d'imagination trouvent même leur place au milieu des sérieuses préoccupations. Il met au jour *le dernier des Abencérages*, fine perle d'Orient, ramassée dans la cour des Zengris sous les mille arabesques de l'Alhambra, et les *Natchez*, ouvrage de jeunesse, où les merveilles du style ne couvrent pas les défauts d'un plan classique avec tout son appareil encombrant de machines et de fictions.

La poésie avait entouré M. de Châteaubriand de

respect et d'admiration ; la popularité s'attacha à cette belle gloire nationale. On sait comment, en 1830, à la chute de la monarchie qu'il venait de prophétiser, M. de Châteaubriand, accouru pour sauver le roi, fut reconnu du peuple ; et comment, salué par mille acclamations, le poète de la cause vaincue fut promené en triomphe par les vainqueurs, dans les rues sillonnées par la mitraille. M. de Châteaubriand résigna à la chambre des pairs, titres, fonctions, moyens d'existence, jusqu'au dernier jour fidèle au malheur, et, comme on l'a dit (1), balançant seul à l'exemple de l'illustre Romain les dieux et la fortune.

Les *Etudes historiques*, parues en 1831, vinrent attester, au milieu des agitations de la vie publique, les prédilections de M. de Châteaubriand pour les méditations élevées. Bossuet, avec une autorité sans égale, avait montré le genre humain, s'agitant sous les yeux de Dieu, et tournant sans cesse sur lui-même dans un cercle inflexible. Ce cercle, M. de Châteaubriand l'a agrandi ; il a cru, d'une foi vive au progrès, à l'avenir ; et pour lui le triomphe de la vérité religieuse est aussi celui de l'affranchissement des hommes et du perfectionnement de l'humanité. C'est là la pensée qui, entrevue dans la préface, chef-d'œuvre de style et d'érudition, se développe dans le cours de l'ouvrage dont elle éclaire le corps imposant. La sagacité historique qui s'était fait jour par la poli-

---

(1) M. de Carné, *Dictionnaire de la Conversation.*

tique dans bien des pages de l'*Essai*, par la poésie dans les *Martyrs*, se retrempe aux sources de la religion dans les *Etudes* où elle se produit avec sa complète maturité.

M. de Châteaubriand passa les dernières années de sa vie, entouré des plus nobles amitiés, et de l'admiration de l'Europe entière. La vieillesse, en amenant les années déshéritées, lui laissa, comme pour nourrir ses tristesses, toutes les grâces de l'imagination. Jusqu'à ses dernières heures, la poésie demeura l'hôte mystérieux de son âme; en s'exhalant à l'entour, elle répandait le charme. Dans les écrits venus les derniers, — le *Congrès de Vérone,* la *Vie de Rancé*, — elle embellit à souhait l'histoire de négociations diplomatiques, et la biographie du réformateur de la Trappe. Cette main fleurit tout ce qu'elle touche. Ce style donne à la pensée un tour définitif, et en quelque sorte sacré. Comme un baume divin, il conserve et éternise. Dans ses œuvres de vieillesse, le grand écrivain dévoile des portions encore inconnues de son génie. Sa phrase simple, courte, négligemment jetée, se couronne discrètement de fleurs. A l'envi, s'y jouent les sourires aimables, les finesses de goût, les ironies charmantes; il a, lui aussi, les légéretés et les grâces.

A cette touche fraîche et délicieuse, à ces senteurs de printemps, qui ne dirait la jeunesse? L'imagination du poète en évoque les doux fantômes, il sourit aux chimères, joue avec les songes, et, inconsolable, se reprend sans cesse aux souvenirs enchantés. Mais quelque retour mélancolique relève bientôt cette nature grandiose de René, et, par quelque image de la mort, grave et éloquente, il revient à sa grande harmonie plaintive comme celle de l'Océan.

Ces tristesses de l'âme, ces regrets du passé, ces inquiétudes éternelles, M. de Châteaubriand les calmait dans le sein de la religion. La piété le consolait des rêves trop chéris de la poésie. Le christianisme, en récompense de ses chants, avait donné l'illustration à sa jeunesse ; il répandit sur ses vieux ans le charme de ses bienfaits. Cette mort qu'il invoquait avec tant d'éloquence, répondit enfin à son appel ; il la reçut avec les témoignages de la foi la plus vive. En s'exhalant, cette grande âme murmurait, dit-on, ces paroles suprêmes : « C'est le Christ qui sauvera le « société : Voilà mon Roi, voilà mon Dieu ! »

Ainsi s'est éteint un des plus grands écrivains qu'ait eus la France, le plus grand, à coup sûr, dont ce siècle puisse s'énorgueillir. Sa puissance ne fut pas seulement dans son génie, elle fut aussi dans la noblesse de sa cause. Il ne dépensa pas follement les trésors qui lui étaient confiés : c'est au ciel qu'il fit hommage des dons qu'il tenait du ciel. La religion le soutint par la discipline, par la règle contre les dangers d'une imagination facilement entraînée. Comme le père Aubry à côté d'Atala, ou le père Souel derrière René, il reçut près de lui une conseillère vigilante, une mère immortelle, la Religion qui inspira ses chants, apaisa les troubles de son cœur, et lui a donné la gloire d'un trépas chrétien. Que cette impression religieuse soit la dernière qui nous reste d'une si belle vie : conservons-là avec recueillement, et ne troublons pas plus longtemps de nos vains éloges cette âme qui repose bienheureuse dans l'éternité.

Septembre 1848.

LETTRES SUR L'ITALIE.

GÈNES.

11 Mars 1852.

Me voilà enfin en Italie, heureux de ce que je vois, rêvant aux merveilles qui m'attendent. Je le comprends déjà, un voyage dans ces contrées fortunées ne ressemble à aucun autre. Dans tous les pays du monde la curiosité peut trouver à se satisfaire ; ici seulement elle s'exerce sur des objets pleins de grandeur et de poésie. La beauté de la nature, l'éclat des arts, la splendeur des monuments s'emparent tellement de l'imagination que l'âme a peine à suffire à des impressions si vives et si multipliées. On voudrait tout voir, tout comprendre, tout admirer. On ne se lasse pas de sentir les caresses de cette tiède atmosphère, d'entendre les accents si mélodieux de ce doux idiome, de vivre par la pensée au milieu des souvenirs que tout, à l'entour, rappelle. Y a-t-il dans l'âme humaine assez de ressort pour résister à des émotions si rapides et si variées? L'admiration n'a-t-elle pas à la longue ses défaillances? Le charme, en se prolongeant, ne s'affaiblit-il pas? Je permets de le croire à ces touristes qui n'apportent avec eux, pour tout bagage, qu'une curiosité banale et un esprit désœuvré. Pour ceux qui ont le goût vif des arts et de toutes les jouissances de l'esprit ; pour ceux qui aiment l'Italie avec tendresse, même avant de l'avoir connue; pour ceux là le doute serait déjà une injure. Non, pour eux l'admiration ne saurait tarir.

C'est le samedi, 16 mars, vers les cinq heures du soir, que je me suis embarqué à Marseille à bord du bâteau à vapeur le *Lombardo*. Bientôt après le capitaine donnait le signal du départ, et nous traversions doucement les eaux dormantes du port. Une colonie pressée de touristes couvre le pont; des dames élégantes dirigent leurs lorgnettes sur tous les points de la rive ; il semble en vérité que l'on va découvrir des terres inconnues. Cependant nous entrons en pleine mer. Les lames arrivent courtes, vives, pressées ; le bâteau les fend impétueusement comme poussé par des muscles d'acier ; il précipite sa course au mouvement cadencé du tangage et du roulis. C'est le moment critique pour nous tous, marins peu expérimentés. Mieux que la plupart des passagers, j'ai supporté la redoutable épreuve. La nuit venue, je m'enveloppai dans mon manteau, et malgré la pluie qui tombait par ondées, je me couchai sur le pont au milieu des vagues qui parfois jaillissaient en colère jusqu'à mes pieds.

De grand matin, tout le monde valide était sur le pont. Le soleil se levait radieux, éclairant de ses feux adoucis les côtes que nous longions à peu de distance et dont nous pouvions suivre tous les accidents. Ces côtes qui, de Marseille à Toulon, se montrent hérissées de rocs nus et stériles, prennent un aspect charmant dès qu'on entre en Italie. Les petites villes, les villages se succèdent sans interruption, tantôt s'élevant en amphithéâtre, tantôt développées le long de quelque jolie anse, quelquefois se dérobant à demi dans les plis des côteaux. Les maisons, d'un blanc que l'on prendrait pour celui du marbre, se dessinent ou plutôt se peignent dans cette blancheur, au sein des bois touffus d'oliviers, de chênes-verts ou d'arbres fruitiers. De temps en temps les collines se rapprochent par leur base et encadrent de leur verdure les flancs neigeux des montagnes plus reculées. Tel est le panorama que nous avons eu sous les yeux pendant plusieurs heures et que fesait encore ressortir le beau soleil qui nous éclairait. C'est ainsi que nous avons vu successivement San-Remo, Oneglia, Albenga, Noli, Savone, — Gênes enfin qui nous est apparue dans l'éclat de sa beauté, triomphalement assise au centre de son immense rade, fière de ses palais de

8

marbre étagés sur la montagne, entourée de villas magnifiques et couronnée par les longues lignes de ses fortifications. Je ne connais pas de plus superbe spectacle.

Nous sommes débarqués à Gênes vers les deux heures du soir. A peine installés à l'hôtel, je sortais avec plusieurs de mes compagnons du *Lombardo*, et nous voilà parcourant curieusement la ville, tout entiers à notre ardeur de touristes. En ce jour de dimanche, toute la population est sur pied; on se presse à la porte des églises. Les Génoises coquettent sous leur mezzaro bariolé de vives couleurs; les bersaglieri, avec leurs chapeaux à larges bords qu'ombragent des flots de plumes de coq, se croisent avec des moines au costume pittoresque; les officiers font briller au soleil leurs doubles épaulettes qu'on dirait d'or massif; la langue italienne résonne avec douceur à nos oreilles. Tout ce que nous voyons, tout ce que nous entendons nous charme; car tout a pour nous l'attrait piquant de la nouveauté.

Gênes n'est pas une belle ville, au sens moderne du mot, c'est-à-dire qu'elle n'a pas de ces longues et larges rues, compassées dans leur alignement sévère, bordées de maisons bourgeoises fraîchement rafraîchies et qui, très appropriées, je l'avoue, à une circulation facile, offrent l'aspect le plus banal et le moins pittoresque du monde. Gênes a une beauté plus élevée et plus noble qu'elle doit à ses palais répandus à profusion dans son sein. Ils embellissent principalement trois rues célèbres; mais on en trouve encore dans les rues les plus étroites, les plus tortueuses, dans les quartiers les plus reculés. Ils sont d'une architecture grandiose, monumentale, qui étonne. Leur élévation, l'éclat de leur style, l'abondance des sculptures qui les décorent, le marbre blanc exclusivement employé à leur construction, leur donnent l'aspect imposant d'autant d'édifices publics. Le soir, les portes en restent généralement ouvertes et un grand lustre éclaire les vestibules ornés de magnifiques colonnades et d'escaliers somptueux.

Cette magnificence de Gênes est toute moderne ; elle ne remonte pas au-delà du XVIe siècle. Pendant le moyen âge, les Génois, unissant au génie du négoce le goût des entreprises chevaleresques, livrent des combats acharnés tour-à-tour aux infidèles, aux Vénitiens et aux Pisans. Intrépides navigateurs, ils se lancent dans des expéditions aventureuses qui conduisent l'un d'eux à la découverte d'un nouveau monde. La prépondérance qu'ils acquièrent dans la Méditerranée leur donne le monopole de son commerce et fait affluer chez eux les richesses du Levant. Ce fut la période la plus élevée de leur puissance politique et commerciale. Lorsque le XVIe siècle ouvrit, pour l'Italie, l'ère brillante des arts, ils consacrèrent leurs immenses richesses à l'érection de ces masses architecturales destinées à perpétuer les souvenirs de leur grandeur. Ils appelèrent au milieu d'eux un illustre architecte de Perouse, Galeazzo Alessi qui, par ses innombrables travaux, renouvela l'aspect de la ville. Il ouvrit et bâtit presque à lui seul la Strada-Nuova, cette rue sans pareille au monde, bordée dans toute sa longueur des plus riches palais. Accomodant, avec une rare intelligence, ses idées aux mœurs et aux affections locales, à la position de la ville, à la richesse des matériaux, il imprima à tous ces édifices un style magistral, brillant, plein d'apparat, de faste et d'une pompe théâtrale.

J'ai visité quelques-uns de ces palais dus aux talents d'Alessi et de ses imitateurs : le palais Durazzo habité par le roi de Sardaigne dans les séjours qu'il fait à Gênes; le palais ducal avec son immense salle où se tenaient les séances du grand conseil, et veuf des statues des Génois illustres stupidement renversées par les démagogues de 1797; le palais Serra, dont le célèbre salon tout couvert de fresques, de stucs, de bas-reliefs, d'or, de jaspe, de Lapis-Lazuli est d'une magnificence éblouissante. Un million, dit-on, a été consacré à ce salon fastueux. On s'entretient encore à Gênes d'une fête qui y a été donnée ce carnaval, et qui fait époque dans le monde Génois. — Au palais de l'université, l'œil demeure ébloui de la blancheur éclatante des colonnes qui ornent le vestibule, s'élèvent en quatre rangées sur un immense escalier qu'elles divisent en trois parties, et puis de la cour, où l'on arrive ainsi, s'étagent encore le long de deux escaliers extérieurs se joignant au sommet et aboutissant à une splendide colonnade qui couronne cet ensemble féerique. Le soleil en tombant sur ces colonnes produit des effets surprenants de lumière qui ajoutent encore à l'enchantement de la perspective et à la pompe de la décoration.

Plusieurs de ces palais ont des galeries de tableaux. La plus remarquable était au palais-royal ; elle a été depuis peu transportée à Turin. Les palais Philippe Durazzo, Pallavicini, Grimaldi, Brignole, etc., renferment des collections précieuses où ne brillent guère que des peintres étrangers, Guerchin, Titien, Paris Bordone, Rubens, etc. Au palais Brignole, un jeune marquis de cette famille a été peint à cheval par Van-Dyck, habillé de noir, la mine fière, aristocratique et charmante, la moustache finement retroussée, il salue de la toque, le bras droit étendu, dans un geste plein d'élégance. Placé à la salle d'entrée, il semble souhaiter la bienvenue aux hôtes de son palais.

Si l'on veut voir l'ouvrage de peinture le plus remarquable qui soit à Gênes, c'est au palais d'Andréa Doria qu'il faut aller. Tout le monde connaît l'histoire de cet illustre génois, qui fut tour-à-tour amiral du pape, de Charles-Quint, de François Ier et de sa patrie, et qui défit les flottes turques avec les galères qu'il avait équipées à ses frais. Une longue inscription d'une seule ligne, gravée sur l'entablement des croisées, rappelle ces exploits. Le palais est situé sur les bords de la mer que l'on domine de ses belles terrasses. Il est aujourd'hui complètement abandonné ; les salles en sont démeublées, tristes, sombres et cependant on est par moments ébloui du rayonnement de quelques-unes de ces belles fresques dont les couvrit un des plus grands artistes de l'Italie, le Florentin

Perino del Vaga, disciple de Raphaël. J'aurais voulu m'arrêter longtemps devant ces peintures d'ornementations, devant cet admirable plafond représentant la guerre des géants où Jupiter, entouré des divinités de l'Olympe, foudroie les Titans étendus à ses pieds. Mais les moments étaient comptés, nous avions peu de temps à rester à Gênes, et nous étions obligés de passer en courant devant un des chefs-d'œuvre de l'art italien.

Afin de ne pas nous égarer dans le dédale des rues et pour économiser un temps précieux, nous avions pris le matin un cicérone. Après notre visite aux palais, il nous a conduits dans les églises les plus remarquables. Ces églises de Gênes sont un des grands étonnements du voyageur qui arrive en Italie. Nos vieilles cathédrales, en France, ont un aspect d'une merveilleuse majesté; elles sont admirables par l'immensité de leurs proportions, par l'ornementation architecturale qui couvre leur extérieur de détails infinis : sous les grandes nefs, où pénètre un demi-jour tamisé par les vitraux coloriés, on éprouve un sentiment d'apaisement intérieur, et l'âme se livre d'elle-même au recueillement et à la piété. Les églises italiennes ont un tout autre caractère. Les pénombres mystérieuses ne vont pas à ces imaginations méridionales. Elles aiment les temples inondés de lumière, le soleil resplendissant sous les voûtes décorées de peintures, se jouant sur les statues, les bas-reliefs, l'or, le marbre, les pierres précieuses, et faisant éclater dans toute sa magnificence le luxe d'un catholicisme ouvert, expansif et riant.

La cathédrale Saint-Laurent a une belle façade, dans le style gothique, composée de marbres alternativement blancs et noirs et disposés comme les cases d'un damier. L'intérieur est richement orné. On admire surtout la chapelle de Saint-Jean-Baptiste, dont l'autel, dessiné et sculpté par Jacques della Porta, est d'un si beau style et que décorent des statues, chefs-d'œuvre de Civitali et du Sansovino. Un noble génois, le marquis de ***, a fait placer récemment devant la chapelle une balustrade du plus beau marbre de Carrare, et a couvert le pavé d'une mosaïque pleine de richesse.

Nous n'avons pu voir à Saint-Laurent le fameux *Sacro Catino*, jadis si vénéré des Génois qu'on ne le montrait qu'une fois l'an, dans un endroit élevé, tenu par un prêtre et gardé par des chevaliers armés. Une loi du XVe siècle punissait de mort ceux qui osaient le toucher. Aujourd'hui ce plat de verre a beaucoup perdu de son prestige. Tout le monde reconnaît qu'il n'est pas en émeraude, mais en verre de couleur ; qu'il n'a pas été donné à Salomon par la reine de Saba, et qu'il n'a point servi à Notre-Seigneur pour la Cène. Mais il ne rappelle pas moins l'intrépidité des Génois, de ces républicains chrétiens du moyen âge qui, arrivés devant Cesarée, après avoir reçu la communion, escaladèrent les remparts de la ville avec les seules échelles de leurs galères, sans attendre les machines de siége, et emportèrent comme trophée ce vase de verre, souvenir précieux de bravoure, de gloire et de religion.

Les patriciens génois n'ont pas seulement élevé des palais; ils ont donné quelquefois à leur fortune une destination plus désintéressée en la consacrant à la fondation d'édifices religieux. C'est ainsi que l'Annonciade, si éblouissante de richesses, doit sa magnificence aux Lomellini. Les Doria ont une chapelle qui renferme les tombeaux des membres de cette illustre famille ; on regarde avec respect, suspendue à la voûte du chœur, la grande épée d'Andréa Doria qui lui fut envoyée par le pape Paul III et que les combats, livrés aux infidèles par ce héros, ont rendue comme sacrée. L'Assomption de Carignan, bâtie sur le plan primitif que Michel-Ange avait donné de St-Pierre et où l'on admire un Saint-Sébastien, chef-d'œuvre de notre Puget, est une propriété de la famille Sauli.

Pour arriver à cette église, bâtie sur une élévation, les Sauli ont fait construire un pont gigantesque qui joint deux collines et sous lequel il y a des rues avec des maisons de sept étages. Hier soir, à la nuit, errant à l'aventure, nous nous sommes trouvés par hasard sur ce pont. Des sentinelles y étaient placées, de distance en distance, pour prévenir des suicides que l'on y dit fréquents. La mer brillait au loin sous les clartés tremblantes de la lune. Du fond des rues étendues à nos pieds, sous le pont, mille cris joyeux d'enfant montaient jusqu'à nous, mêlés au bruit des chansons lointaines; c'était comme une brillante éclosion du printemps, s'éveillant dans ces beaux climats méridionaux.

Non loin de là, nous vîmes la foule entrer par une porte mal éclairée, dans un édifice de mesquine apparence. Nous entrâmes à la suite ; nous étions au théâtre Santo-Agostino. On y représentait la *Donna del Popolo*, comédie du cru, jouée par des acteurs très médiocres et fort applaudis. Comme mes compagnons de voyage ne comprenaient pas un seul mot de la pièce, après avoir jeté un coup-d'œil sur la salle, qui est fort terne et fort mal éclairée, nous sommes sortis à la fin du premier acte. Nous voulions aller au théâtre Carlo-Felice récemment construit en marbre blanc de Carrare et qui passe pour un des plus beaux de l'Italie. Mais il y avait ce jour-la relâche et nous ne pûmes ainsi entendre une cantatrice à laquelle les Génois décernent les éloges les plus emphatiques.

J'aurais encore bien des descriptions à vous faire, j'aurais surtout bien des choses à voir ; mais le temps presse. Nous venons de rentrer à l'hôtel Feder où nous sommes logés. Il est sept heures du soir : de la chambre où je termine ma lettre, j'aperçois le *Lombardo* qui vomit des tourbillons de fumée et se prépare au départ. Nous allons de nouveau *braver* les flots de la Méditerranée. Ma première lettre vous parviendra de Naples.

NAPLES.

22 Mars.

Notre Odyssée est terminée ; depuis jeudi nous sommes à Naples. Plus heureux que le fameux roi d'Ithaque, nous n'avons pas erré bien longtemps sur les flots de la Méditerranée. La navigation à la vapeur, si elle brise le corps, a du moins l'avantage d'une précision mathématique et, à quelques minutes près, les heures d'arrivée ne sont pas moins fixes que celles du départ.

Nous n'avons voyagé que de nuit ; aussi ne vous dirai-je rien de l'aspect des côtes : je ne puis vous parler que des ports où nous avons relâché.

Oh! la vilaine ville que Livourne avec ses affreuses belles rues, tirées au cordeau, ses magasins encombrés de marchands et son commerce de Juif! Est-ce bien là l'Italie! Je cherche le luxe de ses églises, de ses palais, de ses musées, et je ne trouve, au milieu des ballots et des pièces de bois étendus sur une immense place à l'aspect désolé, qu'une mauvaise statue de Ferdinand Ier aux pieds de laquelle sont enchaînés quatre esclaves qui ont au moins quelque beauté.

A peine arrivé, je prends un convoi du chemin de fer et je vais chercher à Pise les émotions de l'art et de la poésie.

Cette ville jadis si florissante, rivale de Venise et de Gênes, est aujourd'hui bien déchue. Des 120,000 habitants qu'elle comptait au temps de sa prospérité, elle est réduite à environ vingt mille. Au milieu des guerres qu'elle soutenait avec acharnement contre Gênes, elle finit par succomber vers la fin du XIIIe siècle. Les Génois, dans la sanglante bataille de la Meloria, abattirent sa puissance maritime; ils détruisirent sa flotte, et l'on voit encore suspendu à une des portes des vieux remparts de Gênes un fragment de la chaîne du port qu'ils emportèrent triomphalement. Cet échec fut mortel pour les Pisans; ils ne s'en sont plus relevés. Aussi quelle tristesse dans cette pauvre Pise! L'herbe croît dans ses rues; quelques malades, attirés par la douceur du climat, s'y promènent silencieusement; l'Arno coule des flots jaunis le long de ses grands quais déserts; mais il lui reste, comme témoignage de son ancienne splendeur, quelques édifices réunis à une extrémité déserte de la ville et qui ont un aspect bien mélancolique dans leur beauté.

Ce sont la tour penchée, le Campo-Santo, le Baptistère et la cathédrale.

La tour penchée, célèbre dans le monde entier par son inclinaison, est surtout remarquable par l'aspect élégant qu'offrent ses 207 colonnes de marbre blanc, disposées en huit étages circulaires. Nous avons escaladé les 296 marches qui conduisent à son sommet. On jouit, de là, d'une vue très étendue. Mais on est assez mal à l'aise à cette hauteur, surtout lorsqu'on vient de voyager sur mer et que le balancement du vaisseau que l'on sent encore s'ajoute à l'inclinaison de la tour pour donner l'émotion d'une chute qu'on dirait imminente. Ajoutez à cela qu'étant à l'étage supérieur, cinq grosses cloches furent mises en branle et sonnèrent à toute volée, ce qui produisait un vacarme assourdissant et un tremblement général qui n'était peut-être que dans notre imagination, mais peu fait, en tout cas, pour nous rassurer.

L'inclinaison de la tour est d'environ quatre mètres. Est-elle le résultat d'un caprice bizarre de ses architectes Guillaume d'Inspruck et Bonano de Pise, ou bien faut-il n'y voir qu'un accident produit par la nature du terrain? Vous comprenez qu'on ne visite pas la tour, sans disserter à perte de vue sur cette question. Pour moi, la seconde opinion me paraît la seule admissible; elle a pour elle une raison décisive, c'est que les trous pratiqués pour les échafaudages de construction présentent la même inclinaison que le reste du monument. Il est évident, d'après cela, qu'une fois terminé, un affaissement de terrain l'a fait pencher, comme on en voit tant d'autres exemples en Italie et, tout près même de la tour, à la façade de la cathédrale dont deux arcades sont visiblement inclinées.

Le Campo-Santo, magnifique cimetière en forme de cloître, est une des nombreuses créations de Jean de Pise. Il atteste non seulement le génie de l'architecte, mais encore la foi et la grandeur de ce peuple qui envoyait cinquante galères vers Jérusalem pour recueillir dans les lieux saints la terre destinée à ensevelir ses morts. Aujourd'hui, le Campo-Santo n'est guère plus qu'un musée où l'artiste peut étudier de beaux fragments de sculptures antiques et surtout ces immenses peintures murales dont Giotto, Orcagna, Laurati, Gozzoli ont orné les façades intérieures du cloître. Elles offrent un monument très intéressant de l'art aux xive et xve siècles, et c'est avec une bien vive curiosité que je les ai étudiées.

Dans le Baptistère, élégant, orné, original, on admire la chaire sculptée avec une rare perfection par Nicolas de Pise, le père de l'architecte du Campo-Santo et un des grands noms de l'art italien.

La cathédrale a été élevée dans ces années du xie et xiie siècles, qui, au milieu de la barbarie de tant d'autres peuples, virent à Pise une civilisation si florissante. Par son aspect mâle et grandiose, il complète bien l'ensemble de ces édifices réunis dans un coin reculé de la ville, comme dans la solitude d'un autre Pompéi.

Mais ce n'est pas là seulement que l'imagination

retrouve une sorte d'apparition du moyen âge. Il faut voir sur les bords de l'Arno cette petite église de Notre-Dame della Spina, d'un style gothique, coquet, brillant, vrai bijou finement taillé dans le marbre, merveille de grâce et de légèreté. Entrez encore dans l'église des Chevaliers, vous verrez suspendus à la voûte ces vieux drapeaux enlevés aux Musulmans ; ils vous attesteront avec éloquence les inspirations chevaleresques et religieuses qui animaient les cœurs dans ces vieilles et glorieuses républiques d'Italie.

C'est près de cette église des Chevaliers que l'on recherche avec curiosité les traces de la tour d'Ugolin. Mais les archéologues ont beau s'évertuer, son emplacement même n'est pas connu. De ce drame lugubre il ne reste, et c'est bien assez pour nous consoler, que l'épisode du Dante et la terrible imprécation qui le couronne :

> Ahi Pisa, vituperio delle genti
> Del bel paese là dove il sì suona ;
> Poiche i vicini a te punir son lenti,
> Muovansi la Capraia e la Gorgona,
> E faccian siepe ad Arno in su la foce,
> Si ch'egli annieghi in te ogni persona.
> *Inferno.* Canto XXXIII.

Caprée et la Gorgone sont restées à leur place, mais le temps, en détruisant la puissance pisane, ne s'est que trop chargé de la punition.

Non moins que le Dante, Galilée est un des grands souvenirs de Pise, où il est né. C'est du haut de la tour penchée qu'il se livrait à ses célèbres expériences sur la chute des corps graves, et j'ai vu dans l'intérieur de la cathédrale la lampe dont les oscillations lui firent découvrir les lois du pendule. Ce n'est qu'en Italie que les recherches de la science se lient si poétiquement aux monuments des arts et de la religion.

Nous n'avions eu que quelques heures pour voir Pise. Le soir, vers les cinq heures, nous rentrions dans Livourne sa prosaïque voisine, et nous allions prendre le *Lombardo* prêt à partir. Je ne vous dirai rien de Cività-Vecchia où nous avons relâché le 13. Dans la soirée nous avons continué notre route vers Naples.

Quelle n'était pas notre impatience de voir apparaître la cité poétique, la séduisante Parthenope ? Nous nous fesions une fête de cette première apparition. Nous la rêvions telle que les poètes la dépeignent et que nous l'avons si souvent admirée depuis, couchée, la belle indolente, au fond de son golfe splendide, au milieu de cette magnifique décoration que lui font ses îles et le Vésuve, respirant avec la fraîcheur des brises de la mer les parfums des orangers de Sorrente et s'élevant en amphithéâtre comme pour assister plus commodément à la fête perpétuelle que lui donne la nature.

Ces rêves se sont tristement envolés devant la réalité. Nous sommes arrivés à l'improviste, de grand matin. Le jour paraissait à peine, des brouillards s'élevaient de toute part ne laissant voir que les formes vagues des objets les plus rapprochés. Ce n'est que dans l'intérieur du port que nous nous sommes aperçus que nous arrivions.

Après avoir échappé à l'inquisition odieuse de la douane, nous nous sommes fait conduire à l'hôtel du Commerce. Cet hôtel est tenu par un français, M. Martin, ancien militaire, homme gros et court, à la mine de sanglier, à la voix grondante, mais qui dans l'occasion épouse chaudement les intérêts de ses hôtes, ainsi qu'il nous le prouva tout d'abord. Une nuée de facchini s'étaient emparés de nos effets qu'ils s'étaient partagés de manière à ce que chacun eût sa part, si petite qu'elle fût. Arrivés à l'hôtel, un de nous eut une altercation avec un de ces facchini, mécontent du salaire. M. Martin fut appelé pour vider le débat ; il arriva grondant, s'empara d'une de nos cannes et en fit pleuvoir une grêle de coups sur le dos de ce pauvre diable de lazzarone qui, cédant à des arguments si vigoureux, descendit les escaliers quatre à quatre, tenant à la main son bonnet de laine, et plein de déférence pour un homme qui le rossait si bien. Nous trouvâmes que cela ne manquait pas de couleur locale.

Naples est, après Londres et Paris, la plus grande capitale de l'Europe ; elle compte environ 400,000 habitants. *C'est un grand village*, nous disait pendant la traversée un russe chamarré de décorations et qui y avait longtemps exercé les fonctions de consul. Il est difficile, en effet, de n'être pas frappé de la malpropreté de la plupart de ses rues, de ses *viccoli* fangeux où se promènent toutes sortes d'animaux domestiques et qu'encombrent des ânes, des mulets et une pauvre population. Il faut dire cependant qu'il y a d'assez brillantes exceptions et que la fameuse rue de Tolède peut rivaliser avec les plus belles de nos grandes villes. Les maisons en sont vastes, élevées, mais sans caractère, sans style, sans architecture, — des maisons de riches bourgeois. C'est à la rue de Tolède qu'est le centre du mouvement de toute la ville. Aussi, quel bruit! Quelle agitation! Les voitures circulent sur quatre ou cinq rangs, se mêlent, s'entrecroisent, menées grand train par des cochers, hommes habiles en vérité, car dans cette foule ils n'accrochent jamais; en revanche, ils se disputent toujours.

Ce bruit, cette animation, cette existence en plein air semblent nécessaires aux Napolitains. Aussi, la plupart de leurs maisons ont-elles des balcons; plusieurs sont couronnées de terrasses : les artisans travaillent au milieu de la rue. Un de ces soirs, nous dirigeant vers le théâtre du Fondo, où une troupe française donne des représentations, nous nous engageâmes dans une longue rue encombrée de monde. Eclairées par des lanternes, des boutiques ambulantes, rangées en deux longues lignes, offraient aux acheteurs des fruits, des légumes, de la viande, du poisson. Sur de vastes fourneaux en plein vent cuisaient, au feu embrasé du charbon, je ne sais quelles affreuses préparations dont l'odeur était suffocante; cuisine diabolique qui trouvait cependant de nombreux amateurs. Chacun criait, gesticulait, vantait sa marchandise, et je vous prie de croire que les termes les plus pompeux, les superlatifs les plus hyperboliques n'étaient pas épargnés. Nous saisissions là sur le fait quelques traits des mœurs de cette population impressionnable, mobile, passionnée, qui ne sort de son inaction et de son indolence habituelles que pour se livrer à une activité turbulente et à la vivacité extrême de ses impressions. L'air qu'elle respire tour-à-tour l'adoucit ou l'enflamme, et l'on reconnaît dans ses mœurs l'empreinte visible de cette nature qui l'entoure, à la fois douce et violente, caressante et emportée.

Les lazzaroni ont perdu quelque chose de l'originalité qui les a rendus célèbres. Leur costume n'a pas le pittoresque d'autrefois; ils ne vivent plus dans ces paniers d'osier qui leur servaient d'habitation, jour et nuit. La civilisation a un peu adouci ces formes d'un état à demi-sauvage. Ils ont cependant conservé leurs goûts de paresse, de gourmandise et de poésie. On les rencontre souvent sur les quais, dormant au soleil ou mangeant leur macaroni, ou quelquefois encore, rangés en cercle autour d'un improvisateur qu'ils écoutent avidement, l'oreille tendue, la physionomie toujours en éveil : tant est grande sur ces organisations du midi la puissance de l'imagination !

Non moins que le lazzarone, le pulcinella est un produit original du pays. Là seulement il est bien à sa place. Quelle vivacité ! Quelle verve ! Quelle chaleur ! J'ajouterais volontiers quel esprit, si je comprenais son patois napolitain et s'il m'était donné de l'apprécier autrement que par sa pantomime et par les transports d'hilarité qu'il excite. Au théâtre des

Fiorentini, où l'on joue le drame et la comédie, le bouffon débite aussi ses meilleures plaisanteries dans le dialecte napolitain. L'acteur chargé de ce rôle, gros, joufflu, à la face joviale, obtient de grands succès. *Il est de la bonne école*, me disait hier soir mon voisin de salle, napolitain de bonne souche, *il récite son rôle tellement vite que le souffleur a peine à le suivre.* Le théâtre San-Carlo parle un langage plus clair et que tout le monde comprend ; on y joue l'opéra et on y danse des ballets. La salle est la plus vaste et peut-être la plus riche d'Italie. Les loges, brillantes de dorures, sont disposées les unes au-dessus des autres, sur le même plan, ce qui a valu à la salle le nom de *colombier doré*. Ces loges, ordinairement peu garnies pendant le carême, sont un lieu de conversation pour la société napolitaine. J'y ai vu quelques femmes remarquables par leur beauté ; mais c'est la très petite exception. Les napolitaines n'auraient rien à envier à aucun pays si, avec leurs beaux yeux ardents et leurs cheveux d'un noir jais, elles avaient des nez moins grands et un teint moins fiévreux. Au théâtre, leur moindre occupation est d'écouter l'opéra. Il faut dire aussi que la troupe est assez médiocre. On chante Médéa, Nabucco, i due Foscari : cette musique de Verdi et de Mercadante, tendue, monotone, nous fait regretter l'éclat et le brillant incomparables de Rossini, ou les tendres cantilènes de Bellini et de Donizetti.

Naples n'a pas à montrer de somptueux palais comme Gênes, ou de beaux monuments du moyen âge comme Pise ; mais elle a son musée degli Studj où sont renfermées tant de belles toiles et de si curieuses collections d'antiquité. Le musée est divisé en une foule de salles qui ont chacune leur portier, et chaque portier attend son salaire. Il faut payer pour voir les peintures de Pompéi, payer pour les statues en marbre, payer pour les statues en bronze. Voulez-vous entrer dans la salle des Camées, ouvrez votre bourse : voici les vases de Nola, donnez un carlin : voilà les ustensiles de Pompéi, le gardien se recommande à votre générosité. Cela se continue ainsi de salle en salle. Je ne connais pas d'exploitation mieux entendue et qui impatiente plus le visiteur. Malgré cela, il n'est presque pas de jour où je n'aille admirer les toiles de Raphaël, du Corrège, du Dominiquin, de Schidone, de Titien ; une foule de statues merveilleuses, — l'Aristide, la Vénus de Capoue, l'Apollon au cygne, la Flore, le Mercure au repos, le Faune ivre, l'Hercule et le taureau Farnèse, etc.; les camées antiques si finement gravés ; les vases de Nola aux formes et aux peintures si élégantes ; les ustensiles de Pompéi qui jettent un nouveau jour sur la vie domestique des anciens, et tant d'autres curiosités dont la nomenclature seule exigerait des volumes. Je ne veux pas marcher, même de fort loin, sur les traces de ce Monsignor Bajardi dont parle Barthélemy dans ses mémoires. Ce prélat romain, d'une érudition vraiment effrayante, avait été chargé par le roi de Naples d'expliquer les antiquités découvertes à Herculanum. Il préluda par un catalogue général en un volume in-folio, et comme les gravures qui devaient représenter les monuments n'étaient pas encore prêtes, il obtint du roi la permission de placer à la tête du commentaire une préface. Il en publia le commencement en sept volumes in-4º. Il n'avait pas encore, dit Barthélemy, entamé son sujet.

Il me serait presque aussi impossible de vous énumérer les églises de Naples, qui sont au nombre d'environ quatre cents. Chaque rue a pour ainsi dire la sienne ; quelquefois elles se touchent : sur une petite place j'en ai compté jusqu'à trois. A la cathédrale se trouve la chapelle du Trésor couverte de tableaux et de fresques de Stanzioni, de l'Espagnolet et du Dominiquin. C'est là que dans un tombeau, décoré de riches sculptures en argent massif, repose le corps de saint Janvier, et que s'opère tous les ans le miracle du sang. Dans la sacristie de St-Dominique majeur, l'on voit élevés sur une galerie circulaire les tombeaux des princes d'Aragon. Les tombes de la maison d'Anjou se trouvent dans l'élégante église de Sainte-Claire qui sert aussi de sépulture à la famille régnante. Les restes du jeune et malheureux Conradin sont déposés à Sainte-Marie-del-Carmine. Ces mausolées et bien d'autres, répandus dans les églises, racontent éloquemment toutes les révolutions dont a été si longtemps tourmenté le royaume de Naples.

De toutes ces églises, la plus somptueuse est celle de la chartreuse de Saint-Martin. Des marbres du plus grand prix marient leurs riches couleurs sur les autels, sur les pilastres, sur les arcs de voûte des chapelles, sur le pavé entier où ils dessinent à profusion les arabesques et les fleurs. Des pierres précieuses sont incrustées sur les balustrades du chœur, finement brodées à jour dans un marbre éclatant de blancheur. Les stucs, les bas-reliefs, les statues enrichissent de toutes parts la décoration, et les places que les marbres, les dorures, les mosaïques ont laissées libres sont couvertes de peintures dues au pinceau de quelques grands maîtres, Stanzioni, le Guide, l'Espagnolet. Un de ces tableaux, une *déposition de croix*, de Stanzioni, est célèbre dans l'histoire de l'art. L'Espagnolet, qui, par ses menaces, par ses fureurs, avait éloigné de Naples le Guide et Dominiquin, jaloux du tableau de Stanzioni, conseilla aux moines de le nettoyer. Il mêla dans l'eau quelques substances corrosives qui l'altérèrent, ainsi qu'on le voit encore aujourd'hui; car Stanzioni, indigné, refusa de retoucher sa peinture, afin qu'un pareil acte de perfidie déshonorât à jamais son rival. L'Espagnolet aurait pu se dispenser d'employer de pareils moyens : son talent était assez grand pour suffire à lui seul à la rivalité. Ses douze prophètes, au-dessus des lunettes des chapelles, sont vraiment admirables ; quant à sa *déposition de croix*, elle est d'une telle beauté, d'une telle expression, d'un tel pathétique, que l'œil ne peut s'en détacher, et qu'il suffit de l'avoir vue une fois pour la conserver gravée à jamais dans le souvenir.

Les églises de Naples, quelques multipliées qu'elles soient, ne sont jamais désertes; à toute heure on y trouve de nombreux fidèles pieusement agenouillés.

Cette dévotion des Napolitains n'est pas, comme chez nous, grave et réfléchie; elle est naïve, ardente et passionnée. La nature extérieure est pour eux si prodigue de ses dons, qu'elle leur rend sans cesse visible la présence d'une divinité bienveillante et protectrice, devant laquelle ils se prosternent avec amour. C'est surtout à la sainte Vierge que ces imaginations vives adressent leurs actions de grâce, dans un culte pieux et attendri. Les images de la Madone sont placées dans des niches à tous les coins de rue. Chaque magasin a la sienne devant laquelle brûle une lampe soigneusement entretenue; car si elle venait à s'éteindre, ce serait pour la famille le présage de quelque malheur. Le soir, aux dernières clartés du jour, il m'arrive souvent d'entrer dans quelque église. Dans toutes, l'aspect est invariablement le même. Au milieu des ténèbres qui commencent à envahir la nef, une chapelle resplendit de lumières. Sur l'autel, la Madone, richement parée, est entourée de fleurs et d'une foule d'*ex-voto* précieux. Des gens du monde, des paysans, des jeunes filles du peuple sont prosternés à genoux; ils confient, avec abandon, à la Madone leurs peines, leurs douleurs, ou ils lui adressent familièrement des vœux pour leurs plus chères espérances.

Chez ces populations passionnées, que les ardeurs du climat et la domination espagnole ont marquées d'une si profonde empreinte, bien d'autres traits de mœurs seraient encore à noter. Pour les saisir sur le fait, le plus court séjour, l'observation la plus superficielle peuvent suffire. Que de singularités, que de bizarreries, que de contrastes j'aurais ainsi à signaler ! Mais ma lettre se prolongerait outre mesure. D'ailleurs, mes amis sont là, autour de moi, qui m'attendent. Nous allons faire une excursion dans les environs de Naples, au milieu de ces beaux paysages que jusqu'à présent nous n'avons guère admirés que de loin.

---

5 Avril.

Dans ma dernière lettre, je ne vous ai entretenu que de la ville de Naples ; et cependant ce ne sont pas les productions de l'art, les œuvres de l'homme que l'ont vient ici contempler. La ville a pour moi peu de charme ; mais ce que je ne puis me lasser de voir, d'aimer, d'admirer, c'est le paysage merveilleux qui la décore, c'est ce ciel si pur, cette atmosphère si limpide, c'est cette mer d'azur au sein de laquelle l'imagination rêve les sirènes, c'est surtout cette côte de Castellamare et de Sorrente que le ciel a dotée d'une incomparable beauté, et où, pour que rien ne manquât à ces bords fortunés, il a placé le berceau du Tasse. C'est bien au milieu de cette poétique nature que devait naître le chantre des jardins d'Armide. Le paysage et le poète s'expliquent et se complètent l'un par l'autre. Je retrouve dans la poésie brillante du Tasse, l'éclat, la splendeur, les molles voluptés du ciel napolitain ; le soleil, qui inonde la campagne, semble avoir doré le front de Clorinde ou d'Herminie ; comme aussi, il est dans la *Jérusalem délivrée*, telle stance si mollement cadencée, et d'une si suave harmonie qu'on la dirait improvisée en nacelle, dans le golfe tranquille, au milieu des enchantements d'une nuit sereine et étoilée.

La nature s'est vraiment montrée bien prodigue de faveurs envers Naples. Ce n'était pas assez de l'avoir entourée du plus gracieux mélange de terre et d'eau que l'imagination puisse rêver. Pour que rien ne manquât au tableau, elle a fait surgir le Vésuve qui complète à merveille le magnifique panorama. Il n'est pas jusqu'au désastre d'Herculanum et de Pompéi qui n'ait contribué à lui donner le plus singulier des spectacles, celui de deux villes mortes qui livrent à la curiosité moderne tous les secrets de la vie antique.

Cette diversité d'aspects que présente le paysage est un des grands agréments de Naples. Lorsqu'on est fatigué du bruit, de l'agitation de la ville, on va chercher les solitudes et les sites désolés du Vésuve. Après avoir admiré la beauté des arts dans le musée, on court respirer un air pur sous les ombrages de Capo-di-Monte ou de Caserte. A côté de Pompéi et de ses ruines, on trouve avec charme les orangers de Sorrente et l'aspect enchanté de la mer. Voilà la vie que je mène depuis une quinzaine de jours, toujours variée et toujours délicieuse, regrettant de ne pouvoir consacrer plus de temps à un pays si plein d'intérêt, où le charme se renouvelle sans cesse, sans jamais s'épuiser.

C'est surtout vers Sorrente que le regard et l'imagination se tournent avec complaisance. Assise aux bords de la mer en face de Naples, on l'aperçoit de toutes parts, non seulement du haut des coteaux, mais de Naples même, de sa charmante promenade la Villa-Reale, dont la terrasse qui avance dans la mer présente un si beau point de vue. Mais, c'est de plus près que j'ai voulu voir la patrie du Tasse. Un de ces jours, j'avais pris un bateau à vapeur qui, après avoir conduit les voyageurs à Capri, où l'on va visiter la grotte d'azur, rentre à Naples en fesant le tour du golfe. Le ciel était serein et promettait une belle journée; mais peu à peu le temps se couvrit, la pluie commença à tomber, le vent souffla avec violence et la mer devint si agitée que notre petit bateau se balançait comme une coquille de noix, et que je partageai le sort de la plupart des passagers qui payèrent leur tribut bien involontaire à la Méditerranée. Ce n'est pas tout, arrivés à Capri, le capitaine dirigea le bateau vers la grotte d'azur, non pour nous y faire entrer, mais pour nous montrer que l'accès en était impossible. La mer se jetait avec fureur sur les rochers du rivage, et il aurait fallu de la bonne volonté pour y reconnaître quelque apparence de grotte. Nous nous dirigeâmes alors vers Sorrente où je m'empressai de débarquer, trop heureux de quitter cette mer à l'aspect si engageant, et ce jour là si inhospitalière. En entrant à Sorrente, j'allais me faire indiquer la maison du Tasse, lorsqu'elle s'offrit à mes yeux, ornée de cette belle inscription en français : *Maison du Tasse, appartements à louer.* Vous comprenez que tous les rêves poétiques s'envolèrent, et je m'enfuis au plus vite, indigné de cet industrialisme qui s'attaque ainsi aux plus nobles souvenirs. En compagnie d'un jeune parisien qui, comme moi, avait abandonné le bateau, je pris une voiture découverte pour Castellamare et toutes mes tribulations furent bientôt oubliées dans la contemplation de ce paysage incomparable. La route de Sorrente à Castellamare suit, le long de la mer qu'elle domine, toutes les sinuosités des nombreuses petites baies qui dessinent les bords du golfe. Elle serpente ainsi au milieu des bois d'oliviers et des bosquets d'orangers, dans un paysage toujours changeant, sans cesse renouvelé. Le soleil s'était levé clair et luisant; il donnait mille reflets variés à cette belle Méditerranée tout-à-l'heure si inhumaine, maintenant calme et limpide, qui se teignait du plus bel azur en approchant du rivage sur lequel elle venait mourir en se bordant d'une frange d'argent. Au loin, le point de vue variait sans cesse. Naples assise en amphithéâtre au centre de son golfe, Ischia avec ses hautes crêtes de montagnes, Procida, Capri, Sorrente, paraissaient ou disparaissaient tour à tour selon les contours que nous décrivions; et, pour ajouter à la variété du spectacle, ce panorama mobile tantôt nous apparaissait dans toute son étendue, du haut de la pointe de quelque petit cap, tantôt, quand nous rentrions au fond des baies, il se montrait par fragments, encadré dans les oliviers ou les orangers à fruit d'or qui croissent dans les abris du rivage. C'est ainsi que je suis arrivé, après deux heures délicieuses, à Castellamare, où le beau temps et la poésie m'ont abandonnés ; j'ai pris le chemin de fer et une demi-heure après, par une pluie battante, je rentrais à Naples.

Le lendemain j'allais chercher des souvenirs non moins poétiques au tombeau de Virgile, que le ciel, par un rapprochement heureux, a placé sur ces mêmes bords qui virent naître le Tasse. A l'extrémité de la Villa-Reale et de la belle rue de Chiaja s'ouvre la grotte du Pausilype, long tunnel percé dans la montagne, que traversent sans cesse dans l'obscurité, au milieu de la poussière, de nombreuses voitures pêle-mêle avec des piétons et des troupeaux de moutons. C'est au-dessus de l'entrée de la grotte, à une hauteur où expirent les bruits de la foule, qu'est pittoresquement situé le tombeau de Virgile, dans les anfractuosités de la colline couverte de rochers et d'arbustes que broutent les chèvres. Le grand poète n'eût pu rêver un site plus en harmonie avec son génie. Le tombeau, d'une grande simplicité, a la forme d'un colombarium voûté. Il n'est plus ombragé des lauriers qu'y avaient plantés Pétrarque et Casimir Delavigne ; mais les acanthes étendent à l'entour leur beau feuillage vert. Du haut de la petite terrasse qui surmonte le tombeau, on aperçoit un coin de la mer et de cette Parthénope que le poète aimait :

Illo Virgilium me tempore dulcis alebat
Parthenope.

Mais est-ce bien là que Virgile repose ? Boccace, Dante (1), Pétrarque et tant d'autres illustres qui y sont venus en pélerinage l'ont cru. Malgré l'incertitude de la tradition, on aime à penser que le grand poète de la nature dort de son sommeil mortel sur ce rivage si plein de repos et de magnificence, et dont le silence n'est troublé depuis des siècles que par le concert d'hommages qu'y apportent tant de pieux admirateurs.

Si en descendant du tombeau de Virgile, on traverse le Pausilype, on rencontre encore bien des souvenirs antiques et virgiliens sur les bords de ce golfe de Baïa, que les poètes ont à l'envi chantés.

Nullus in orbe sinus Bajis prælucet amœnis,

disait Horace. Virgile y conduit son héros; Cicéron y avait une maison de campagne, ainsi que Marius, Pompée et César. Les empereurs et les patriciens romains se plaisaient sur ces rivages mal famés de Baïa, où les attendaient toutes les voluptés, et que Sénèque appelait le réceptacle de tous les vices. Combien ces lieux sont changés ! Quelques temples, un amphithéâtre, le célèbre pont de Caligula y étalent encore de belles ruines. Mais où sont les délices de cette contrée si vantée ! Les tremblements de terre, en bouleversant le sol, l'ont rendue méconnaissable.

---

(1)   *Lo corpo (di Virgilio)............*
   Napoli l'have, e da Brandizio e tolto.
         Purg. Cap. III.

Le lac Lucrin n'est plus qu'une petite mare où l'on fait rouir le chanvre ; le lac Averne, sur les bords duquel Enée alla consulter la sybille, n'a de poétique que ce souvenir. Si l'on demande où sont les Champs-Elysées, on vous montre un pays de vignobles. Seul, entre tous ces lieux, l'Achéron devenu le lac Fusaro a malgré son nom sinistre un aspect charmant, et les huîtres qu'il produit sont excellentes.

On ne saurait dire la nuée de ciceroni, gardiens, custodi qui, sur cette côte de Pouzzoles et de Baïa, se tiennent à l'affût du voyageur pour lui soutirer quelques carlins. Il n'est pas de débris de muraille qu'ils n'affublent de noms pompeux, pas de colline qu'ils ne veuillent vous faire escalader, pas de trou, de creux, de semblant de grotte où, suivant eux, on ne doive entrer. Chacun vous attend posté sur le bord du chemin. Dès qu'on met le pied sur ces rivages funestes, on devient leur chose, leur proie ; on leur appartient. « Signori, il tempio di Diana ! » s'écrie l'un ; « Il tempio di venere ! » exclame le second ; un troisième vous offre, au diapazon le plus élevé de sa voix, « Il tempio celeberrimo di Mercurio. » Et le moyen de résister à leurs importunités ! Ils vous poursuivent avec tant de gestes, tant de cris, tant d'acharnement que, pour s'en débarrasser, on finit souvent par se rendre. — Mais de tous les appas offerts à la curiosité des touristes, celui des grottes est le plus insidieux, celui dont il faut le plus se méfier. Sur les bords de ce joli lac Agnano qu'entourent une si verte pelouse et des montagnes si agrestes, la grotte du Chien montre au voyageur sensible un pauvre animal, innocente victime que l'on asphyxie et ressuscite tout le long du jour pour le plus grand amusement des visiteurs qui se présentent. Au lac Averne, vous n'avez pas fait quelques pas, que deux ou trois hommes, à la face basanée, se présentent, vous enlèvent sur leurs épaules et, sous prétexte de grotte, vous emportent dans un souterrain long, noir, marécageux. *C'est la grotte de la Sybille*, vous disent-ils. C'est possible, mais l'on n'y voit absolument rien, si ce n'est qu'on est la dupe un peu trop naïve de ces aimables industriels. Cependant, rien de cela ne peut se comparer aux Stuffe di Nerone. Il me semble voir encore ce féroce custode perché sur des rochers qui avoisinent la route où, comme un des nécromanciens de l'Arioste, il tend ses piéges aux passants. Il eut beau prendre sa voix la plus insinuante, nous vanter les merveilles de ses Stuffe, outre que ce mot en lui-même n'a rien de rassurant, nous étions avertis et nous ne cédâmes pas aux séductions de ses fallacieuses promesses. La veille, quelques-uns de nos compagnons de voyage s'étaient aventurés dans ces lieux. Peu prudents, ils s'étaient livrés au perfide custode. Celui-ci les fait entrer dans une petite ouverture donnant accès à un passage qui conduit, dit-on, sous la mer. Ils s'engagent dans un couloir bas, étroit, où ils avancent lentement, un à un, dans une obscurité profonde. Peu à peu l'air devient rare, la respiration est gênée, la chaleur va toujours en augmentant; des vapeurs tièdes et humides se déposent sur les parois du roc, le chemin en est tout détrempé. Nos amis n'eurent pas la force d'aller jusqu'au bout. Hâletants, à demi-suffoqués, ils se retirèrent aussi vite qu'ils le purent, jurant, mais un peu tard, qu'on ne les y prendrait plus. A leur sortie, ils ne se reconnaissaient pas les uns les autres; ils étaient dans le plus piteux état. Leurs pieds étaient couverts de boue, leurs vêtements faisaient mal à voir; un d'eux avait laissé son chapeau à la bataille. Ils se promirent bien, dans un sentiment louable d'humanité, de raconter leur mésaventure, — et voilà comment nous n'entrâmes pas dans les Stuffe di Nerone.

Si l'on veut trouver aux environs de Naples des antiquités plus respectables, des antiquités du plus haut intérêt, on l'a déjà deviné, c'est à Herculanum et à Pompéi qu'il faut aller les chercher.

Herculanum est aux portes mêmes de Naples. En sortant de la ville, du côté de Castellamare, on traverse d'abord Portici qui n'est, sur les bords de la mer, qu'un faubourg de Naples, puis Résine qui continue Portici. Arrivé au milieu de Résine, on s'arrête, on descend un escalier en plein air sur les bords de la rue; un guide se présente à une porte grillée, il prend un flambeau, en distribue à tous les visiteurs, et l'on s'engage dans un sombre escalier, aux parois noires et luisantes comme la houille; c'est la lave. On se croirait dans une mine. Après avoir descendu une cinquantaine de marches, arrivé au bas de l'escalier, on s'arrête, on est au théâtre. Ce théâtre d'Herculanum a été découvert, dans les premières années du

XVIIIe siècle, par des ouvriers occupés à creuser un puits. En extrayant péniblement la lave on a fini par retrouver les escaliers, les murs, les galeries. On voit la scène, l'orchestre, les loges des acteurs; mais comme tout cela n'est pas en plein air et se trouve recouvert d'une épaisse couche de lave, il est assez difficile, dans ces ténèbres, de se rendre compte au premier abord de la disposition de la salle. Nous l'avons parcourue dans tous les sens, nous promenant sur la scène, montant par les escaliers, allant de galerie en galerie. Elle ne manque pas de pittoresque cette promenade aux flambeaux, au milieu des sifflements des chauve-souris, dans ces souterrains de 80 pieds de profondeur, avec l'accompagnement sourd et prolongé des voitures qui roulent sur votre tête dans les rues de Résine !

D'admirables statues ont été trouvées dans ce théâtre ; elles donnent une haute idée de l'importance qu'avait Herculanum. Que de beautés, de trésors, de merveilles dont la lave jalouse garde encore le secret ! Elle ne le livrera pas de longtemps. Dans cette matière résistante, le travail est long, pénible, dispendieux; et puis, pour retrouver Herculanum, ne faudrait-il pas commencer par détruire Résine bâtie sur ses ruines ?....

Pompéi est comme Herculanum au pied du Vésuve, qui les ensevelit le même jour dans l'éruption célèbre de l'an 79 de notre ère. Mais, tandis qu'Herculanum est enchâssée dans les flots solidifiés de la lave, c'est une pluie de cendres qui a enfoui Pompéi. Ces cendres ne forment pas une couche très épaisse ; on les enlève avec facilité, et les maisons ainsi dégagées se présentent de loin avec l'aspect d'une ville moderne.

Quelle destinée étrange que celle de Pompéi ! Voilà une ville, une colonie romaine célèbre dans l'antiquité; elle est ensevelie dans cette éruption où Pline l'Ancien trouva la mort et dont tous les historiens du temps ont parlé. Eh bien ! cette ville, qui a ainsi un rôle dans l'histoire, à peine couverte de quelques pieds de cendre, est aussitôt morte qu'oubliée. Les générations se succèdent à l'entour sans autrement s'en occuper. Bientôt son emplacement même n'est plus connu. Ce n'est pas tout, dans le XVIIe siècle, si je ne me trompe, on creuse un canal qui traverse Pompéi et que l'on voit encore aujourd'hui conduisant à Naples les eaux des montagnes de Nocera. Ces travaux, qui ont dû se heurter contre une foule de ruines, n'amènent pas encore à la découverte de Pompéi. Ce n'est que depuis une centaine d'années qu'a commencé la résurrection de cette ville étrange, conservée à notre curiosité par l'effet même du désastre qui l'avait enfouie. Aujourd'hui un tiers de la ville environ a été mis à nu, et à en juger par la lenteur des travaux, ils ne se termineront pas de longtemps.

C'est avec un vif sentiment de curiosité et avec émotion que l'on entre dans Pompéi. L'antiquité semble se redresser vivante devant vous. Les rues étroites, tortueuses, bordées de trottoirs, conservent encore la trace des roues. Les maisons n'ont qu'un rez-de-chaussée ; elles sont ouvertes et les toits ont disparu ; mais la disposition intérieure en est parfaitement conservée. Le vestibule est généralement pavé en mosaïque ; autour du parterre et de la cour sont disposés des portiques sur lesquels donnent de petites pièces sans fenêtres. Des peintures, transportées pour la plupart au musée de Naples, couvraient les murs ; elles représentent des sujets mythologiques, comme l'admirable *Thésée terrassant le Centaure*, des scènes de mœurs et de comédie, telles que le *Marché d'Amour* ou la *Toilette d'une Dame*, œuvres pleines de grâce, ou des sujets de fantaisie, comme les charmantes *Danseuses de Pompéi* et cette jolie peinture du perroquet trainant un char conduit par une cigale.

Nous visitons curieusement toutes les parties de la ville. Nous nous promenons au forum décoré des temples de Vénus et de Jupiter, du Panthéon, de la Basilique. Nous allons au forum triangulaire d'où la vue s'étend sur la mer. Nous nous asseyons sur les gradins du théâtre, de l'Odéon, de l'amphithéâtre. Chaque maison un peu célèbre, celle du Faune, celle de Salluste, celle de Diomède la plus vaste de toutes, reçoit tour-à-tour notre visite.

Quel singulier spectacle ! et l'excellente leçon d'antiquité ! Les temples, les arènes, les arcs de triomphe que les Romains ont laissé dans tant de villes, nous fesaient connaitre le côté solennel, pompeux, officiel de leur civilisation. Ici, ce sont les détails de leur vie familière qui se révèlent à nous ; on pénètre intimement dans les secrets de leur existence, on saisit sur le fait leurs mœurs, leurs habitudes ; on vit presque au milieu d'eux. — Entrons dans cette boutique de boulanger : le four, en tout semblable aux nôtres, pourrait encore servir; trois meules en pierre, placées au milieu de la boutique, ont le mécanisme de nos moulins à café; les pains ont la forme d'un pâté rond et portent l'empreinte du cachet de l'édile. Plus loin est la maison du chirurgien garnie de ses instruments. Voici l'école de Verna avec la chaire en pierre d'où le pédagogue régentait d'un côté les petits garçons, de l'autre les petites filles. La maison du teinturier nous initie à la connaissance de l'industrie des anciens. Çà et là, mille objets curieux ont été trouvés : des instruments d'agriculture, des ustensiles de cuisine dont quelques-uns très ingénieux, des mesures qu'on prendrait pour notre double décalitre, des fruits, parmi lesquels des olives dans toute leur fraicheur et *très bonnes à manger*, nous disait un savant qui, lors de leur découverte, avait été admis à les goûter. Quelques objets pourraient parer nos plus élégantes : des anneaux, des boucles d'oreille, des bracelets. A côté sont des fuseaux, des dés à coudre, des peignes, des miroirs métalliques, du fard.

Pompéi n'a pas seulement l'intérêt d'un musée, on y trouve l'intérêt plein d'émotion que donne le spectacle d'une grande catastrophe. On assiste en quelque sorte à son agonie; on saisit l'instant où la mort s'est appesantie sur elle. Nous la voyons dans le désordre de ses derniers moments, dans l'attitude même où elle a été surprise, au milieu des occupations ordinaires de chaque jour, lorsque la vie pour elle s'est subitement interrompue. Les amphores sont rangées en ligne dans les caves; cette farine va être pétrie; ces fruits serviront au repas du soir. Un billet de spectacle annonce la représentation d'une tragédie d'Eschyle. Sur ce mur de la maison de Diomède, voyez l'empreinte du corps d'une femme, elle fuyait une bourse à la main. Dans la prison, derrière la basilique, des squelettes enchaînés ont été trouvés. Aux portes de la ville, une sentinelle est morte à son poste; un casque de fer emprisonne encore le crâne. — Que d'aliments à la curiosité insatiable de l'esprit! Quelles étranges révélations du passé! Et combien l'imagination rêva de drames touchants et lugubres dans chaque maison, dans chaque rue, dans chaque coin de cette ville si cruellement frappée!

C'est dimanche dernier que nous faisions cette visite à Pompéi; hier nous avons voulu voir de près son terrible ennemi, le Vésuve. Le ciel était très pur; aussi la montagne se couvrait-elle d'une foule de visiteurs. Nous avons pris un guide et des chevaux à Résine, et nous avons commencé l'ascension. Au pied du Vésuve on traverse les vignobles célèbres qui produisent le Lacryma-Christi. Mais, à mesure qu'on s'élève, la végétation devient de plus en plus rare, les arbres se montrent rabougris, la vie s'éteint par degrés. Elle semble se ranimer aux environs de l'hermitage où l'on s'arrête un moment; mais c'est là son dernier effort. Un peu plus loin, et l'on habite les régions de la mort. Plus de végétation; les oiseaux et les insectes ne font plus entendre leurs chants; la lave montre ses flots solidifiés sur lesquels les chevaux avancent avec peine; partout les images de la destruction. Arrivés au pied du cône, on descend de cheval et l'on gravit les flancs escarpés de la montagne. Ce n'est pas la partie agréable de l'expédition, car la côte est à pic et l'on marche sur des monceaux de lave, semblables à des scories de forges, qui fuient parfois sous le pied. Une heure d'efforts pénibles et nous voilà sur le sommet. Nous avons sous les yeux les deux cratères, l'un récemment formé, plus petit, où le regard pénètre facilement; l'autre, vaste, sombre, effrayant; les rocs, qui d'un côté forment les parois de l'ouverture, s'enfoncent verticalement, tous enduits de dépôts sulfureux jaunes et rouges. En face de ces rocs l'ouverture du cratère présente une pente fortement inclinée, mais pourtant accessible. Enfoncés dans l'épaisse couche de cendres qui la recouvre, on descend sans péril jusqu'à un rocher en saillie d'où l'œil plonge dans des profondeurs sillonnées de lueurs rougeâtres et qu'enveloppent des masses noires de vapeurs : on dirait une vision de l'enfer. Nous nous sommes empressés de regagner le sommet. L'on n'y est pas moins asphyxié par la fumée sulfureuse que le vent vous jette par grosses bouffées sur la figure. Cela ne nous a pas empêchés de faire une légère collation sur les bords les plus élevés du cratère, avec du pain, du vin du cru et des œufs cuits au feu du volcan. Assis sur la cendre, les jambes pendantes vers Pompéi, coupant notre pain avec une espèce de serpe, au milieu d'une atroce fumée qui nous fesait tousser, et du bruit de la montagne qui crépitait de toutes parts, comme du feuillage de buis dans un four, nous ne ressemblions pas mal à quelque divinité infernale de ces lieux désolés.

Cependant, il était tard et nous ne voulions pas être surpris par la nuit. Nous sommes descendus à travers les couches de cendre qui bordent les masses de lave par où nous étions montés. Comme on s'enfonce à mi-jambe dans cette cendre, on peut courir sans danger ; aussi, dans moins de dix minutes avions-nous descendu cette côte que nous avions mis une heure à gravir.

Au pied du cône nous retrouvons nos montures et nous reprenons le chemin de Résine par une de ces soirées resplendissantes qui ne sont connues que de ces heureuses contrées. Vous dirai-je les charmes infinis de cette délicieuse soirée de printemps?

Le soleil à son déclin éclaire la côte de Sorrente. Naples s'étend, mollement couchée sur le sein de Pausilype. Au loin Ischia, Procida, Capri, Misène élèvent leurs monts au-dessus des flots appaisés, mélange charmant de la terre et de l'eau. Cette admirable mer se déploie lente et paresseuse. Mille petites baies étendent gracieusement leurs bras autour d'elle, comme pour se prêter plus tendrement à ses caresses. — Le soleil baisse à l'horizon, variant à l'infini les teintes répandues sur les cieux et sur les flots. Les molles clartés du jour, les ténèbres adoucies de la nuit traversent légèrement le paysage et se mêlent dans un spectacle magique, enchanteur. Partout le repos : les flots sont calmés, les vents se taisent ; la nature entière est silencieuse. Qu'a-t-elle besoin de faire entendre sa voix ! La beauté dont elle est parée ne parle-t-elle pas assez à l'âme, et n'a-t-elle pas assez de délices pour tous les sens ! — Le soleil est couché. Le ciel se constelle d'étoiles ; elles se lèvent, l'une après l'autre, radieuses, fesant leur entrée dans le ciel bleu comme en un chœur divin. Les strophes ailées du Tasse et de Lamartine me prêtent alors leur langage ; car il n'appartient qu'à la poésie seule d'exprimer les enchantements de cette nature méridionale, lorsqu'elle se décore ainsi de toutes ses splendeurs.

Et cependant il faut les quitter ces beaux rivages ! A la veille du départ, est-ce un dernier adieu que nous adresse la nature ! Veut-elle se faire plus belle pour rendre nos regrets plus vifs ! Qui n'aimerait à s'arrêter pour toujours dans ces climats ! Mais le touriste s'appartient-il ! Son itinéraire est tracé d'une main inflexible : il faut partir. Ce soir nous quittons Naples ; demain nous serons à Rome où nous attendent les graves impressions et les vastes souvenirs.

ROME.

20 Avril.

Vous le dirais-je? Ce n'est pas sans émotion que je vous écris de Rome. Il y a dans ce nom auguste, dans les idées qui y sont attachées, dans les souvenirs qu'il rappelle, une puissance telle, que l'imagination en est toute ébranlée. Je ne puis m'habituer à cette idée que je suis dans la ville éternelle, au milieu des débris de la splendeur du peuple roi, foulant aux pieds ce sol sur lequel se sont passées de si grandes choses et qu'ont arrosé de leur sang tant de martyrs. A ces impressions du passé se joignent celles que le présent fait naître. Dans la Rome papale, héritière de la grandeur de la Rome antique, le chef suprême de la catholicité, entouré des princes de l'Eglise et du clergé romain, vient de célébrer, dans le plus beau temple du monde, les plus hautes solennités de notre religion, celles de la Semaine Sainte. Ainsi l'Eglise victorieuse chante ses hymnes de deuil ou de triomphe aux lieux mêmes de sa persécution, dans la ville des Césars, au milieu des souvenirs les plus merveilleux de l'histoire. Quoi de plus grandiose ! Où trouver de telles sources d'intérêt et d'émotion !

Mon arrivée à Rome n'a été marquée que par quelques-uns de ces incidents vulgaires et peu agréables qui ne font jamais défaut aux voyageurs. Débarqués à Civita-Vecchia dans la matinée du 3, nous pouvions trouver place dans la diligence qui, dans six ou sept heures, nous eut amenés à Rome. Sur les conseils de mon ami L. que j'avais rencontré à Naples, nous préférâmes prendre un vetturino, et nous voilà encagés, au nombre de six, dont quatre inconnus, dans une voiture délabrée traînée par des chevaux plus délabrés encore. Tout d'abord, nous n'augurâmes rien de bon de notre triste équipage. Nos craintes ne furent que trop justifiées. Gioacchino, notre cocher, avait beau multiplier les coups de fouet, les chevaux éreintés n'en allaient pas plus vite. Rossinante, dit l'histoire, galoppa une fois dans sa vie ; les nôtres, moins ardents, ne connaissaient pas même le trot. Nous avancions ainsi, toujours au pas, dans des chemins qui s'étendaient à perte de vue en ligne droite. Des charrettes pesamment chargées nous passaient devant et se perdaient peu à peu dans l'horizon lointain. Après quelques heures d'une locomotion si pénible, nous demandions à Gioacchino si nous apercevrions Rome avant la nuit. *Oh signori! oh signori!* s'écriait-il d'un air étonné, *non è possibile;* et comme nos gestes et nos propos devenaient assez menaçants, il nous promettait d'arriver dans la soirée....du lendemain. Notre irritation était grande. Partir avec l'espoir d'être à Rome le soir même, et se voir traîné, à pas de bœuf, dans des chemins déserts, au milieu d'une campagne qu'on dirait abandonnée, frappée de la peste ; se sentir le jouet d'un voiturin et la dupe des belles promesses qu'il nous avait faites au départ, il y avait bien là de quoi être furieux : nous l'étions tous. Si, au lieu du domestique qui nous conduisait, nous avions eu le *padrone*, je crois que nous lui eussions fait un mauvais parti.

La nuit venue, notre voiturin s'arrête à Palo, sur les bords de la mer, dans une hôtellerie entourée de fortifications; lieu sinistre s'il en fût, espèce de château de Ravenswood, contre lequel les flots battent sans cesse. Nous nous mettons à table dans une immense salle, devant un de ces repas comme on les sert invariablement dans la campagne romaine, — du vin blanc et d'énormes tranches de bœuf grillées jusqu'au noir, que bordent des artichauts en friture. Tout-à-coup, dans les corridors, des pas retentissants se font entendre, mêlés à un cliquetis d'armes et aux aboiements des chiens. Quatre individus couverts de larges sombreros, de vêtements en désordre et de grandes guêtres de cuir, font leur apparition dans la salle, tenant chacun un fusil à la main. Sous cet accoutrement leur mine était peu rassurante. Un d'eux fait l'inspection de la table et se dirigeant vers mon ami L. il lui frappe familièrement sur l'épaule en l'interpellant par son nom. Tout s'explique; nous étions en pays de connaissance. C'était un jeune homme de cette famille Cerny qui, sortie d'un des villages des environs de Limoux, a fondé à Rome un hôtel princier, où ne descendent guère que les grands personnages et qui a une réputation européenne. Parti pour une expédition de chasse, il venait, avec ses amis, chercher un gîte à Palo. Cette rencontre étrange fait diversion à nos ennuis de la journée. Après l'avoir solennisée de notre mieux, à table, nous allons chercher un peu de repos dans ces immenses lits carrés qui, en Italie, paraissent un meuble classique et obligé des hôtels que les touristes n'ont pas encore civilisés.

De grand matin, Gioacchino nous éveillait bruyamment, annonçant que les chevaux étaient à la voiture. — Deux heures venaient à peine de sonner. Le temps était affreux, la nuit des plus noires; la pluie tombait avec bruit sur les vitres des croisées; le vent soufflait avec violence et la mer se jetait en colère contre les rochers sur lesquels notre hôtellerie est bâtie. Par un temps pareil, nous jugeâmes imprudent de nous aventurer dans des routes désertes et peut-être peu sûres : nous ne partîmes que vers les quatre heures.

De Palo à Rome, la campagne, atteinte sans doute de la malaria, est comme abandonnée. A peine deux ou trois villages apparaissent-ils de loin en loin sur l'horizon des collines. Pas une seule maison de campagne, pas une figure humaine ; partout de vastes pâturages qu'enceignent de longues lignes de palissades. Dans ces immenses clôtures paissent des troupeaux de bœufs aux longues cornes dressées verticalement sur leur tête. Ils nous regardent passer de leur air grave et étonné. Lorsque le soleil apparaît au milieu de quelque légère ondée, le paysage nous montre des sites agrestes et charmants. Le terrain, onduleux, se revêt des tendres nuances de l'herbe nouvelle ; les asphodèles élèvent en foule leurs blancs panicules légèrement rosés ; les genêts commencent à développer leurs fleurs d'or, et lorsque les bœufs dans leur marche en froissent les tiges, ils éveillent autour d'eux de vives senteurs que nous respirons avec délices à travers l'air adouci.

Ces impressions de la nature, en son printemps, nous font prendre en patience la lenteur toujours croissante de notre misérable équipage. Cependant, vers les onze heures, le vetturino, charmé au milieu de ses mésaventures de nous annoncer une bonne nouvelle, s'écrie : Roma ! Roma ! Nous nous levons tous comme électrisés par ce nom magique. La ville est cachée derrière les collines ; mais le dôme de Saint-Pierre, seul édifice encore apparent, s'élève au loin dans toute sa majesté, comme le symbole de la suprématie du catholicisme. Le génie de Michel-Ange se mêle ainsi à tout jamais au souvenir de la grandeur moderne de la ville des papes.

Nous approchons lentement, dévorés d'impatience. Rome n'apparaît pas encore ; nous ne la voyons, pour ainsi dire, que lorsque nous sommes dans ses murs. Je la salue des beaux vers que le Tasse a consacrés à l'arrivée des Croisés devant Jérusalem :

> Ecco apparir Gerusalem si vede,
> Ecco additar Gerusalem si scorge,
> Etc, etc.

Hélas ! la poésie disparaît bientôt au bureau des passe-ports. Les formalités à remplir ne se bornent pas là. Malgré la pluie qui tombe à torrents, malgré nos réclamations, malgré des arguments à la Basile, on nous envoie à la douane, au centre de la ville. C'est sous cette détestable impression que nous longeons la colonnade de la place St-Pierre, que nous traversons le pont Saint-Ange. Notre voiture s'arrête enfin, nous descendons; nous avons devant les yeux la première antiquité que nous ait offert Rome : c'est l'Hôtel de la Douane. Il occupe l'emplacement d'un temple dont douze belles colonnes cannelées de marbre blanc sont à demi-engagées dans le mur de la façade. Où voit-on, ailleurs qu'à Rome, des douaniers logés dans les temples des dieux !

Mes compagnons de voyage, les formalités de la douane une fois remplies, se dispersent, et je vais chercher, à l'hôtel de la Minerve, un gîte que l'affluence des voyageurs me fait craindre de ne pas trouver. Me voilà errant tout seul, par une pluie battante, dans un dédale de rues. Renseigné par des soldats français, je passe devant la colonne Antonine, devant le Panthéon, mais dans une disposition d'esprit peu propre à l'admiration. Je m'installe enfin à la Minerve, où je rencontre mes amis du *Lombardo*, qui avaient quitté Naples quelques jours avant moi, et avec lesquels nous formons aussitôt des projets pour le lendemain.

On dort peu la première nuit que l'on passe à Rome. Tant d'émotions vous assiégent! On est si heureux et si fier d'être dans la ville éternelle! N'est-ce pas là un des grands événements de la vie! Longtemps rêvés, avec quel bonheur on les réalise!

Le matin, mes amis viennent me prendre; nous allons voir la première merveille de Rome, celle que tout d'abord désire l'imagination : vous avez nommé Saint-Pierre. Nous traversons le pont Saint-Ange; en face est le môle gigantesque d'Adrien, fastueux tombeau que s'était construit le César-architecte, et qui dans le moyen-âge, changeant de destination, devint une forteresse où, depuis Bélisaire, se sont livrés bien des combats. Aujourd'hui des travaux formidables de fortification l'entourent; destiné à servir d'asile au pape en cas de péril, une étroite galerie, portée sur les toits et traversant les rues, lui sert de communication avec le Vatican.

Du fort St-Ange, on arrive par une longue rue à Saint-Pierre. D'après les plans de Michel-Ange, une immense avenue, sur deux rangs de colonnes, devait remplir ce vaste espace et réunir les deux monuments; projet grandiose, trop grandiose peut-être, car Saint-Pierre lui-même eût pu en être amoindri. La place actuelle, dont le Bernin a fourni le modèle, suffit bien à sa destination; avec son antique obélisque, ses riches fontaines, avec ses quatre rangs de colonnes disposées de deux côtés en vaste demi-cercle et qui supportent de belles terrasses, elle forme une pompeuse introduction qui prépare bien à la magnificence du temple. Cette place, qui s'élève d'abord insensiblement, puis en larges gradins, aboutit à la façade, œuvre de Charles Maderne, dont l'effet théâtral est bien éloigné de la mâle simplicité rêvée par Michel-Ange. Le portique intérieur, qui a toute la largeur de la façade, est plein de richesse en sa grande étendue; au-dessus de la porte d'entrée est la célèbre *Navicella* de Giotto, mosaïque étonnante par la vérité des attitudes, la justesse de l'agencement, la variété de l'expression et digne des plus belles époques de l'art. Aux deux extrémités du portique sont placées les statues équestres de Charlemagne et de Constantin.

En entrant dans Saint-Pierre, j'ai éprouvé d'abord l'impression qu'en reçoivent toutes les personnes qui y entrent pour la première fois; il ne paraît pas grand. Cependant, lorsqu'après après l'avoir visité dans ses détails, on s'est assuré que ses statues, qu'on dirait de grandeur naturelle, sont colossales; que l'inscription qui entoure la base de la coupole et qui rappelle la magnifique promesse faite à Saint-Pierre *Tu es Petrus et super hanc petram, etc.*, a cinq pieds de haut, tandis qu'elle paraît tracée en caractères ordinaires; lorsque surtout on a fait le tour des chapelles et qu'on se trouve comme perdu dans leurs énormes dimensions, alors on se fait une idée exacte des proportions de cet édifice, le plus vaste et le plus beau que les hommes aient élevé à la Divinité. Fiers à juste titre de leur œuvre, les architectes ont tracé sur le marbre du pavé, de distance en distance, des lignes expliquées par des inscriptions qui donnent ironiquement la longueur des plus grands édifices religieux de la chrétienté. Dans ce même sentiment d'orgueil national, le Borromini a élevé sur le Quirinal une curieuse église, celle de Saint-Charles-aux-quatre-Fontaines, qui n'occupe que l'espace d'un des quatre piliers de la coupole de Saint-Pierre.

Les plus illustres architectes des temps modernes ont travaillé à l'édification de Saint-Pierre, Bramante, les deux San-Gallo, Peruzzi, Raphaël, Michel-Ange enfin, qui l'a couronné de son audacieuse coupole. C'est à leurs travaux que St-Pierre doit son caractère si imposant de grandeur et de majesté; il n'a pas tenu aux architectes venus après eux, dans le xviie siècle, que cet ensemble magnifique ne fût gâté par leur système d'ornementation théâtrale et maniérée. Le Bernin, le Borromini et leurs élèves s'y sont en effet livrés à de véritables désordres d'imagination. Ils ont couvert l'intérieur de l'église d'une foule de mausolées d'un goût bizarre, contourné; leurs statues grimacent, les draperies chiffonnées s'agitent comme sous le souffle du vent, les lignes serpentent et flamboient. Tout cela, il faut le reconnaître, a dans l'ensemble quelque grandeur; mais quel effet autrement beau ne produirait pas une suite de monuments comme le mausolée de Paul III, par Guillaume della Porta, dont la statue de la *Justice* est d'une si admirable beauté, ou encore comme le monument Rezzonico de Canova, avec ses deux lions couchés, vraiment dantesques !

Au reste, ces monuments, cachés derrière les piliers, dans les nefs latérales, ne s'aperçoivent pas tout d'abord. La grande nef, qui absorbe le regard dès qu'on entre, est sobrement ornée et sa richesse n'exclut pas la simplicité. Des pilastres et des murs revêtus de stucs ou de marbres clairs parsemés de médaillons, un plafond à caissons dorés, un pavé de marbre, pas de tableaux, mais quelques belles mosaïques copies impérissables des chefs-d'œuvre de la peinture, le somptueux baldaquin qui s'élève au-dessus des corps de saint Pierre et de saint Paul, supporté par quatre colonnes torses en bronze, tel est l'aspect sous lequel apparaît au premier abord l'intérieur de Saint-Pierre. Il est impossible de n'être pas frappé de l'étendue, de l'élévation, du grandiose de l'ensemble. Vers le soir surtout, lorsque les ombres de la nuit commencent à lutter sous les arcades, dans les nefs latérales avec les dernières clartés du jour, que quelques cierges brillent seuls dans le lointain du chœur ou des chapelles, l'admirable monument se développe au regard dans toute l'étendue de ses vastes dimensions ; il emprunte alors à l'obscurité qui l'envahit peu à peu ce caractère mystérieux qu'on aime tant dans nos vieilles cathédrales et qui lui manque trop dans le jour, avec la belle lumière qui l'inonde.

Grâce à la permission dont un de nous était porteur, nous avons pu, dès le premier jour, monter au dôme de Michel-Ange. On arrive sur la toiture de Saint-Pierre, non par un escalier à degrés, mais par un plan incliné qui tourne sur lui-même dans un grand cercle et avec une pente si douce que l'ascension pourrait peut-être se faire en voiture. Cette toiture de Saint-Pierre est comme un petit monde dont nous n'avons vu qu'une faible partie. Elle a des escaliers, des couloirs, des conduits pour les eaux; on s'y perd au milieu de la multitude des dômes, et une fontaine y verse perpétuellement une eau excellente pour l'usage de cette population d'ouvriers, les Sanpietrini, qui habitent sous les combles, occupés sans relâche aux réparations de l'édifice.

De la toiture de Saint-Pierre, on monte aisément jusqu'à la lanterne qui surmonte le dôme; mais l'ascension devient plus difficile lorsqu'on veut arriver jusqu'à la boule placée sur la lanterne. Ici on est obligé de se livrer à de véritables exercices de gymnastique. On grimpe par une échelle en fer placée verticalement et dans un cercle si étroit qu'on dirait un tuyau de cheminée; à la partie supérieure surtout, c'est à peine si le corps peut trouver passage, et je connais bien des personnes à qui la boule de St-Pierre est à tout jamais interdite. Pour la consolation de celles-là, je m'empresse de dire qu'une fois dans la boule, le point de vue que l'on cherche est tout-à-fait manqué; on a seulement la satisfaction de se convaincre que cette fameuse boule, dans laquelle nous nous sommes trouvés au nombre de six, peut contenir plus de douze personnes et qu'il y règne une température qui, à midi, ne doit pas être tolérable.

A côté de Saint-Pierre est placé le Vatican. Le palais papal ne tonne plus aujourd'hui comme aux temps de Grégoire VII et d'Innocent III; ses foudres se taisent dans les mains des pieux et saints pontifes qui, depuis une si longue série d'années, illustrent la chaire de Saint-Pierre. La mission civilisatrice, que dans une époque à demi-barbare les papes devaient remplir à l'aide de la terreur morale, ils l'accomplissent aujourd'hui par leurs vertus; certes, le saint caractère des derniers pontifes aide plus efficacement au triomphe du catholicisme et de la vraie civilisation, que ne pourrait le faire le plus vaste développement de leur puissance temporelle.

Le Vatican n'est pas seulement un immense palais qui compte deux cents escaliers et onze mille salles; il n'est pas seulement la résidence du chef suprême de l'Eglise, il est encore le plus magnifique des musées; de vastes salles, de longs corridors renferment d'admirables collections. Je ne vous parlerai pas de la bibliothèque, célèbre par ses précieux manuscrits et que fonda un grand pape, Nicolas V, protecteur si magnifique des lettres et des arts; je passe en courant devant les tapisseries exécutées sur les cartons de Raphaël, devant les grandes cartes géographiques du père Danti, peintes sur les murs d'un beau corridor, devant le musée Gregoriano consacré à l'art étrusque. Mais comment ne pas s'arrêter un instant à admirer quelques-unes des innombrables statues que le zèle des saints pontifes s'est plu à rassembler en ce lieu! La forme humaine s'y montre interprétée sous tous ses aspects par cet art antique si amoureux du beau, et qui le traduisait avec une simplicité si large et si harmonieuse dans ces merveilleuses statues créées à la fois pour l'enchantement de l'esprit et du regard. Les dieux y sont représentés dans leur noblesse et leur solennité, les déesses dans leur grâce idéale, les muses sourient avec charme, les héros se reposent dans un calme majestueux, l'orgueil de la puissance respire sur la figure des empereurs; tous les sentiments, tous les caractères, toutes les passions sont là, exprimés dans leur forme la plus générale; c'est la vie humaine traduite par le marbre et retrouvant toute sa dignité dans cette représentation solennelle et ennoblie. Pour ne parler que des œuvres tout-à-fait supérieures, quelle image poétique, idéale de la douleur physique dans ce groupe du *Laocoon* se débattant sous les étreintes du serpent qui l'enlace de ses mille nœuds! La joie du triomphe, la colère frémissante du vainqueur n'anime-t-elle pas cet *Apollon du Belvedère*, que l'artiste a revêtu d'une si céleste beauté! Quoi de plus frais en sa jeunesse, de plus charmant dans ses purs contours que ce *Mercure* regardé longtemps comme un *Antinoüs!* Et quelle largeur de ciseau, quel art suprême dans ce *Torse du Belvedère* que Michel-Ange aveugle allait palper d'une main tremblante de vieillesse et d'émotion!

Quelque grande que soit la sculpture au Vatican, la peinture n'y est pas moins glorieusement représentée. La galerie n'a peut-être pas cent tableaux, mais quels chefs-d'œuvre ! La *Vierge de Foligno*, la *Communion de saint Jérôme*, la *Transfiguration!* Ces noms sont à eux seuls un éloge suffisant et disent assez éloquemment leur radieuse beauté. Et cependant ce n'est là qu'une partie des richesses du Vatican. Il faut aller voir à la chapelle Sixtine les fresques de Michel-Ange, de cet artiste prodigieux qui excella dans les trois arts du dessin, architecte qui peignit le *Jugement dernier*, peintre qui fit la statue de Moïse, sculpteur qui éleva la coupole de St-Pierre. Dès l'année 1507, il avait exécuté, par ordre de Jules II, les compartiments de l'immense voûte de la Sixtine où, sous le souffle de l'inspiration biblique, il avait peint ces figures grandioses de prophète que, suivant les hymnes de l'Eglise, il avait mêlées aux images des sibylles, *teste David cum sibyllâ*. Quelques années plus tard, le pape Paul III, informé que Michel-Ange avait préparé les esquisses d'un *Jugement dernier*, se rendit chez lui, assisté de dix cardinaux, pour le prier d'exécuter l'œuvre qu'il méditait. Ce fut en 1541, après huit ans de travaux, que fut livré au public cette page sublime qui est comme un résumé de la pensée religieuse du moyen-âge et l'expression la plus complète de la science et de l'inspiration de Michel-Ange.

Non moins grand que son rival, Raphaël a aussi laissé sur les murs du Vatican les traces de son divin génie. Les *Loges*, qu'il a illustrées de ses peintures, forment une longue galerie dont les treize arcades, autrefois ouvertes, aujourd'hui fermées de vitrages, donnent sur la cour d'entrée du palais. A chacune de ces arcades correspond au plafond une petite voûte dont les pendentifs retombent jusqu'au plancher, en piliers à peine saillants sur le mur. C'est l'épaisseur de ces piliers, la surface des trumeaux, le fond du mur que Raphaël fut chargé de décorer. Rien de plus charmant que le système d'ornementation qu'il imagina. Des arabesques du goût le plus délicat s'enroulent avec finesse en capricieux ornements, les fleurs aux couleurs éclatantes se mêlent aux fruits mûrs, les oiseaux becquettent des épis de blé ou boivent dans les corolles épanouies; ça et là des médaillons en stuc reproduisent la grâce des bas-reliefs antiques. A la voûte de chaque travée, quatre fresques représentent des sujets bibliques; cinquante-deux tableaux sont peints ainsi dans les treize travées de la galerie; ils sont célèbres sous le nom de *Bible de Raphaël*.

Les Loges, qui portent une empreinte si vive du goût ingénieux et poétique de Raphaël, ont été peintes sur les dessins et sous la direction du maître par ses plus brillants élèves, Jules Romain, Perino del Vaga, Jean d'Udine, etc. Mais Raphaël tout entier se retrouve dans les *Chambres*, les *Camere* du Vatican. C'est là qu'est son triomphe ou plutôt le triomphe de la peinture; jamais, en effet, ce grand art ne s'éleva à de telles hauteurs. Qui ne connaît la *Dispute du St-Sacrement*, l'*École d'Athènes*, le *Parnasse*, l'*Heliodore*, l'*Attila aux portes de Rome*, l'*Incendie de Borgo Vecchio*, ces immortels chefs-d'œuvre que le pinceau et le burin ont à l'envi reproduits ! Dans ces merveilleuses compositions, les sujets les plus compliqués, les thèmes les plus abstrus, les allégories les plus ingrates, interprétés par ce grand esprit, arrivent sans effort à l'ordre, à la clarté, à la poésie, à la suprême beauté. Il mêle l'antiquité au moyen-âge, les choses du ciel à celles de la terre, les docteurs de notre religion aux sages du paganisme, sans que ces vastes pensées, ces gigantesques images troublent en rien la sérénité de son génie. De la sphère supérieure qu'il habite, il renoue avec aisance la chaîne des temps ; il trouve dans les siècles écoulés l'histoire présente; sous les emblêmes du passé, il célèbre la grandeur pontificale de Jules II et de Léon X, et dans ces pages sublimes, consacrées aux papes ses protecteurs, l'âme du peintre respire avec une telle émotion, une réflexion puissante s'y allie d'une manière si poétique avec une imagination enchantée, que l'on oublie, en les contemplant, le sentiment d'adulation qui les a inspirées, pour ne songer qu'à leur grandeur magistrale et à l'art immortel.

Afin que rien ne manquât à la décoration de ces salles, Raphaël, dont la haute intelligence veillait à tout, appela à Rome Fra Giovanni de Verone, qui orna de marqueterie les lambris; Luca della Robbia vint de Florence exécuter les pavés ; Gian Barile sculpta les portes, et Polydore de Caravage peignit en grisaille les cariatides qui forment les soubassements des murs. Ainsi s'accomplit cette œuvre unique, ensemble merveilleux qui est comme le sanctuaire de la peinture et du génie de Raphaël. On ne se lasserait pas de contempler de pareils chefs-d'œuvre, et l'idée que je vais m'en éloigner, peut-être pour toujours, me rend triste et me fait mal.

Le Mont Vatican, sur lequel Saint-Pierre et le palais des Papes sont construits, le Janicule, d'où les Français, en 1849, ont assiégé la ville, et le Pincio, sur lequel est une belle promenade, création de Napoléon, sont les trois collines modernes de Rome. Si, de la place du Peuple, située entre le Pincio et le Vatican, on suit la rue du Corso, la plus belle de la ville par sa longueur, son alignement, ses palais et le mouvement qui l'anime, on arrive par sa partie méridionale à la Rome antique et à la plus glorieuse des collines, au Mont Capitolin.

On serait bien désillusionné si l'on cherchait au Capitole moderne autre chose que de beaux tableaux, d'admirables statues et des souvenirs. Sans doute, il y a de la grandeur dans l'aspect de ce long escalier en plein air, de cette terrasse élevée que décorent les statues de Castor et de Pollux, les trophées de Marius, la statue équestre de Marc-Aurèle et qu'entourent le palais du conservateur et ses deux ailes. Mais cela remplace-t-il cet ancien Capitole, reconstruit par Domitien et dont les seules dorures coûtèrent soixante millions, ce qui faisait dire à Martial que Jupiter en vendant son Olympe n'en aurait pu payer la vingtième partie ! L'édifice moderne, quoique Michel-Ange y ait mis la main, est d'une assez mesquine apparence, et il est encore écrasé par les souvenirs que les lieux rappellent. Comme on peut le penser, le sénat actuel ne brille pas davantage en présence du sénat antique ; son autorité est fort insignifiante, et le glorieux S. P. Q. R *(Senatus Populusque Romanus)* qui, gravé sur les étendards romains, apparut aux yeux de tant de peuples conquis, n'est plus qu'un insigne sans valeur, qui ne fait que mieux ressortir, par le contraste, la hauteur d'où les Romains sont tombés. Ceux-ci, eux-mêmes l'ont bien compris lorsque, pour tout mettre en harmonie, ils ont changé ce nom illustre de Capitole, qui les humiliait de son éclat, en celui vulgaire et malséant de Campid'oglio (champ d'huile).

Après avoir visité le Capitole et admiré sa collection de statues, presque aussi belles qu'au Vatican, nous avons demandé avec empressement la roche Tarpéienne ; c'est un souvenir inséparable de celui du Capitole. Un enfant nous a conduit devant une maison bourgeoise de pauvre apparence ; nous entrons, un petit corridor nous amène à un jardin étroit où végètent quelques fleurs dans des carrés de légumes. De la terrasse du jardin, nous jetons les yeux au-dessous de nous. Le mur de cette terrasse, qui domine les maisons environnantes, est construit sur des rochers qui ont tout au plus une profondeur d'une vingtaine de mètres ; c'est là la roche Tarpéienne. Le lieu n'a rien de bien effrayant, et les conditions, dans lesquelles on le voit, rien de bien poétique. Nous sortons fort désillusionnés, laissant quelques pièces de monnaie à la bonne femme qui nous accompagne ; elle seule doit trouver à la possession de sa roche un charme bien réel.

Continuant notre promenade, nous descendons, derrière le Capitole, le penchant de la colline, le *Clivus Capitolinus*. Ici, le spectacle le plus imposant, spectacle longtemps rêvé, souvent apparu à l'imagination, vient tout d'un coup frapper notre regard; nous sommes devant le Forum. Des arcs de triomphe debout à côté de temples renversés, des arcades en ruine que le temps mine incessamment, quelques belles colonnes isolées, mélancoliques débris d'une antique magnificence, des murs auxquels chaque jour enlève quelque pierre, un sol inégal, bouleversé; tel apparaît ce lieu, illustre entre tous, où, dans les beaux jours de la liberté romaine, s'agitaient les destinées des nations, et qui, plus tard, sous les empereurs, offrit encore au monde le merveilleux spectacle de ses monuments somptueux. Dans de pareils lieux, l'imagination n'a pas de repos, elle erre sans cesse d'une ruine à l'autre, partout une ardente curiosité cherche à se satisfaire. Ces grandes assises de travertin, sur lesquelles sont jetés les fondements du Capitole, forment les murs indestructibles du *Tabularium*, majestueux monument du temps de la république, où étaient déposés, sur des tables de bronze, les senatus-consultes et tous les actes publics Voici, au pied du Tabularium, l'arc de triomphe élevé par le sénat, comme le porte l'inscription, *à Septime-Sévère et à ses deux fils, Caracalla et Géta;* lorsque Caracalla eut assassiné son frère, il fit effacer son nom et l'on voit encore la trace des lettres enlevées. A côté, ces trois élégantes colonnes marquent l'emplacement du temple de Jupiter tonnant, élevé par Auguste, pour avoir été préservé du tonnerre, tombé près de sa litière dans la guerre d'Espagne. Le temple de la Concorde n'est plus qu'une ruine informe; le temple de la Fortune a conservé quelques belles colonnes. En s'éloignant du Capitole et se dirigeant vers le Midi, on rencontre la colonne du tyran Phocas qui, enterrée au milieu des décombres dont le Forum a été obstrué, a été déblayée sous l'Empire, par les soins de l'administration française. Plus loin, à l'extrémité méridionale du Forum, on voit trois superbes colonnes corinthiennes qui ont appartenu peut-être au temple de Jupiter Stator, ou plutôt à la Græcostasie, sorte de tribune diplomatique d'où les ambassadeurs étrangers assistaient aux délibérations populaires.

Si, en quittant le Forum, nous prenons la voie sacrée qui le continue, nous arrivons à l'arc de triomphe de Titus, destiné à éterniser le souvenir de la prise de Jérusalem; de précieux bas-reliefs y représentent l'empereur conduit sur un char de triomphe, entouré de captifs militaires; le ciseau y a encore sculpté la table, le chandelier d'or à sept branches et tous ces ornements qui brillaient aux pompes de Salomon. Les Juifs ne passent jamais sous cet arc, qui rappelle les malheurs de la nation, et l'on montre à côté la trace du chemin qu'ils suivent pour l'éviter.

Arrivé à l'arc de Titus, on a à sa droite le Palatin, à sa gauche les murs délabrés du temple de Vénus et Rome, dont l'empereur Adrien avait donné le plan, et les trois grandes arcades du temple de la Paix. Dévoré par un incendie, ce temple, qui aujourd'hui ne laisse voir que son appareil en briques, était orné avec une telle profusion de bronze et d'or que ces métaux en fondant se répandirent, disent les historiens, jusqu'au Forum.

Le Mont Palatin a vu les César dans toute la splendeur de leur puissance, étalant le faste de leur luxe dans cet immense palais bâti par Auguste, agrandi par Tibère et Caligula, surtout par Néron qui, lui donnant de folles proportions, l'étendit au loin jusque sur l'Esquilin. Le divin empereur se trouva enfin presque logé comme un homme dans cette célèbre maison dorée, plus grande que bien des villes et qui eût pu contenir des milliers d'habitants. Aujourd'hui, de toutes ces splendeurs, à peine s'il reste quelques vestiges. Sur les flancs du Palatin, un vaste potager couvre en partie l'emplacement du palais impérial; au sommet, une maison de campagne bâtie par un anglais, élève au-dessus de la verdure de ses bosquets les chinoiseries d'une chétive architecture, à côté des gigantesques ruines des aqueducs qui portaient sur un triple rang d'arcades l'eau destinée aux empereurs.

De l'arc de Titus, que nous avons abandonné pour monter sur le Palatin, reprenons notre itinéraire vers la direction du Midi. Nous rencontrons la *Meta sudans*, sorte de borne fontaine autour de laquelle tournaient les chars, l'arc de triomphe dédié à Constantin, au *fondateur du repos,* comme porte noblement l'inscription, enfin la plus magnifique, la plus majestueuse des ruines, le Colysée.

Rien, mieux que le Colysée, ne donne l'idée de la puissance romaine dans son développement le plus gigantesque. Les Grecs, avec leur sentiment exquis de la forme, avaient élevé des édifices d'une simplicité et d'une élégance merveilleuse. Par l'harmonie de l'ensemble, par la pureté des détails, par les grâces de l'ornementation, ils avaient réalisé en architecture ces rêves de beauté que, dans toutes les directions de l'esprit, ce noble peuple cherchait à satisfaire. Doués d'un sentiment moins fin, d'une organisation moins flexible, les Romains apportèrent surtout dans leurs arts une imagination fastueuse, le goût d'un luxe effréné, l'amour excessif du grandiose, un besoin insatiable d'étonner par la prodigalité, par la richesse et par le déploiement d'une puissance qui ne connaissait pas de limites.

C'est bien là le caractère que l'art romain a imprimé au Colysée. Quelle immense étendue ! Quelles proportions colossales ! Quelles traces splendides de la grandeur du peuple-roi ! Le bronze, l'or et le marbre ont disparu, mais ces énormes entassements de pierres disent assez quelle fut la puissance du peuple qui les éleva.

Entrons sous le vestibule, promenons-nous de portique en portique, de galerie en galerie, d'escalier en escalier. Là, au-dessus de la porte qui donnait entrée dans l'arène, est la loge des empereurs ; les places d'honneur étaient réservées aux vestales, après elles venaient les sénateurs, puis les chevaliers, puis le peuple, puis enfin les femmes, reléguées peu galamment au dernier rang. Un *velarium*, fixé au mur par des crampons de fer que l'on voit encore, préservait de la pluie ou des ardeurs du soleil les cent mille spectateurs qui pouvaient assister aux jeux sanglants de l'arène. — Nous voici aux gradins supérieurs. Quel superbe aspect! Dans l'ovale immense qui dessine la forme du monument, le temps, les barbares et de modernes vandales ont laissé bien des solutions de continuité; peut-être ces destructions en ont-elles rendu l'effet plus saisissant. Une moitié de l'amphithéâtre est à peu près écroulée, quelques arbustes, croissant au milieu de ces ruines, mêlent pittoresquement leur verdure à d'énormes blocs de pierre prêts à tomber; çà et là des rangs entiers de gradins ont disparu laissant à découvert les galeries, les escaliers et quelques arcades majestueuses, à travers lesquelles l'œil plonge au dehors sur les masses d'arbres qui ombragent les flancs du mont Cœlius. La nuit, lorsque la lune inclinée à l'horizon pénètre par ces arcades, versant ses blanches clartés au sein des ténèbres qui semblent grandir les ruines; lorsque, dans le lointain des gradins supérieurs, les torches des gardiens et de quelque touriste promènent dans l'obscurité leurs lueurs rougeâtres et fantastiques, le spectacle est d'une poésie merveilleuse et l'imagination évoque naturellement, en ces lieux, le souvenir des scènes douloureuses, terribles et grandioses dont ils ont été les témoins muets. Là, pour l'amusement des divins empereurs, des légions de gladiateurs mouraient avec grâce en saluant César, *morituri te salutant;* là, des troupeaux de lions, de tigres et d'éléphants combattaient avec rage et s'entre-dévoraient; là enfin, des chrétiens livrés aux bêtes sont morts héroïquement, intrépides confesseurs de la foi. Des chapelles disposées à l'entour de l'arène consacrent la mémoire de ces persécutions et le triomphe des persécutés. Combien sont éloquentes, au milieu des monuments gigantesques de l'orgueil, ces humbles chapelles et cette simple croix qui, sur les ruines du monde romain, allait conduire l'âme humaine et la civilisation des peuples vers des destinées supérieures !

Le Colysée termine cette longue série de monuments qui, partant du Capitole, suivent la vallée du Forum, au centre des sept fameuses collines. Mais là ne sont pas toutes les antiquités; chacune de ces collines a aussi conservé quelque intéressant débris du passé. Près du Capitole, l'on voit les deux souterrains superposés des prisons Mamertines où ont été enfermés Jugurtha, Syphax et Persée, où les complices de Catilina furent égorgés et qui reçut, suivant la tradition, deux captifs bien autrement grands, saint Pierre et saint Paul. La source qui coule au milieu des ténèbres, sous ces voûtes redoutables formées d'énormes pierres volcaniques, serait la fontaine miraculeuse qu'ils firent jaillir pour baptiser saint Processus, saint Martinien et quarante martyrs, leurs compagnons. — Sur le Quirinal, l'on trouve le forum de Trajan, avec son admirable colonne dont les bas-reliefs, qui comptent jusqu'à deux mille cinq cents figures, faiblement imitées sur notre colonne vendôme, servirent de modèle aux plus grands artistes de la Renaissance. Non loin de là, le temple de Nerva montre de superbes fragments qui attestent encore son antique élégance. Sur l'Esquilin sont les restes des thermes de Titus ; les thermes de Dioclétien occupaient le sommet de l'Esquilin. Au pied de l'Aventin, sur les bords du Tibre dont les eaux ont conservé leur ancienne couleur, *flavus Tiberinus,* les monuments antiques attirent à chaque pas l'attention. Là, dans le Vélabre, se trouvent le *forum Boarium,* avec son arc de Janus et son petit arc de marbre de Septime-Sévère, les grandes voûtes souterraines du *Cloaca maxima,* ouvrage de Tarquin-le-Superbe, le Temple de la Fortune virile, le Temple de Vesta si grâcieux dans sa forme circulaire et ses petites dimensions, les ruines du Pont Sublicius qui vit les exploits, sans doute fabuleux, d'Horatius Coclés, etc., etc.

Quelle que soit l'idée que de loin l'imagination puisse se faire de la beauté de l'antique Rome, la vue de ses ruines la montre plus magnifique encore qu'on ne l'avait rêvée. — Lorsque tous ces monuments étaient debout, — arcs de triomphe, temples, palais, amphithéâtres, thermes, forums, basiliques, aqueducs, colonnes triomphales ; que le regard errait de merveille en merveille sur ces arcades, ces rotondes, ces portiques, ces colonnes, ces frontons, sur tous ces monuments, qu'on eût pu croire taillés dans le marbre, aux flancs des collines où ils s'étageaient ; lorsque les statues, aussi nombreuses à Rome que les habitants, peuplaient les places publiques, décoraient les édifices, embellissaient les rues ; que sur la blancheur des marbres éclataient les richesses du bronze, de l'argent et de l'or ; lorsqu'au sein d'une telle ville, en un jour de solennité, les cohortes rentraient victorieuses de quelque lointaine province ; que les divins empereurs paraissaient en triomphe entourés du luxe éblouissant de l'Asie ; que devant eux s'inclinaient les glorieux étendards et que le peuple-roi suivait en foule, enivré à la fois de l'orgueil, de la gloire passée et de la puissance présente, — quel spectacle plein de merveilles et quel langage au monde pourrait en dire la pompe grandiose et la splendide magnificence !

Depuis lors, la colère divine a soufflé, comme un vent de destruction, sur cette cité si fière : sa puissance colossale a été jetée à terre, jonchant le sol de ses débris ; ses orgueilleuses collines semblent s'être abaissées, la vie a abandonné ses monuments détruits ; des rues entières ne montrent que quelques maisons vides, de vastes cloîtres qui, à leur silence, paraissent eux-mêmes déserts, et des jardins laissés sans culture, où croissent au hasard le chêne-vert, le laurier-rose et le cyprès. Quelquefois des moines à la robe blanche ou brune défilent silencieusement devant vous, un rosaire entre les doigts ; des gens du peuple s'exercent à lancer au loin le disque antique ; ou bien, tandis que des buffles attelés par les naseaux traversent lentement la voie sacrée, — pittoresquement appuyés à quelque tronçon de colonne, deux descendants des vieux romains, qui jouent avec feu à la Morra (1), troublent seuls de leurs cris vifs et rapides le silence du Forum désert.

Telle se montre la ville antique : mais le moment est venu d'en sortir. C'est assez respirer, dans la solitude, la majesté triste du passé et la grandeur mélancolique des souvenirs. Le monde moderne a aussi ses pompes et ses solennités; nous allons les trouver à Saint-Pierre où nous appellent les cérémonies de la Semaine-Sainte.

Il serait bien long de vous décrire en détail ces cérémonies religieuses du dimanche des rameaux, du jeudi et du vendredi saints, du jour de Pâques. La présence du pape, des cardinaux et de tous les archevêques ou évêques présents à Rome leur donne un grand éclat. Mais si le culte catholique, toujours si brillant et si poétique, prodigue en ces jours ses pompes les plus solennelles, la majesté en est un peu troublée par le peu de recueillement de l'assistance. Le chœur est envahi par une nuée compacte de tou-

---

(1) La Morra était un des jeux favoris des anciens romains qui ont transmis ce goût à leurs descendants. Chacun des joueurs, le poing droit en avant, étend rapidement un ou plusieurs doigts; le jeu consiste à deviner, à l'instant même, le nombre de doigts qui se trouvent ainsi étendus dans les deux mains réunies. Celui-là gagne qui a deviné autant de fois que cela a été convenu. C'est ce que Cicéron appelle *micare digitis*, lib. 2, de divin. On voit, au musée du Capitole, une statue que l'on considère comme un Mercure, et qui n'est probablement qu'un joueur de morra.

ristes, qui y sont admis à la seule condition de porter le costume de rigueur (le noir pour les hommes comme pour les dames, celles-ci sans chapeau, avec un simple voile noir posé sur les cheveux). La plupart, anglais et protestants, sont un peu là comme au spectacle; pour mieux voir, ils se pressent, se poussent, montent sur les bancs, sur les balustrades. Le jeudi-saint surtout la confusion est à son comble. Ce jour-là le pape, après avoir assisté à la messe qui se dit au Vatican, à la chapelle Sixtine, paraît au balcon de Saint-Pierre pour donner aux fidèles sa bénédiction. Il se rend ensuite dans une des travées de l'église où il lave les pieds à douze prêtres représentant les douze apôtres; immédiatement après, il va les servir à table dans la grande salle placée au-dessus du portique de Saint-Pierre. Comme ces diverses cérémonies se succèdent assez rapidement, il est difficile de les voir toutes. Cependant, il est d'intrépides touristes qui, ne voulant rien perdre, après avoir reçu la bénédiction sur la place, courent dans l'église voir laver les pieds aux premiers apôtres et de là se précipitent vers la salle où doit avoir lieu la Cène. En dignes filles d'Eve, les dames ne sont pas les moins empressées; j'ai vu de blanches ladies se battre avec des soldats du pape et forcer la consigne ; une française est passée à côté de moi, son ombrelle à la main, malgré la résistance des Suisses qui voulaient la lui enlever; c'est vraiment un tumulte qui, en de pareils lieux, fait mal au cœur.

Le soir, le *Miserere* d'Allegri, que l'on chante à

la Sixtine, trouve moins de foule et plus de recueillement. Là, tout concourt à l'émotion, la présence du pape et du sacré collége, le grandiose des peintures de Michel-Ange, le silence des fidèles, la beauté des chants. Les versets du psaume, chantés sans accompagnement, se succèdent, tantôt graves et lents, tantôt vifs et pressés. Au milieu d'un récitatif sourd et lugubre, des voix perçantes poussent des gémissements prolongés. Quelquefois, des accents purs et sereins s'élèvent, sur le fonds d'une sombre harmonie, comme en un jour de malheur, une promesse d'avenir et une espérance. — Peu à peu le jour baisse, les cierges s'éteignent un à un, les prophètes et les sibylles de Michel-Ange prennent dans l'obscurité croissante un aspect redoutable; on voit les damnés du *Jugement dernier* s'agiter et se tordre en contorsions douloureuses; les plaintes et les sanglots du *miserere* semblent alors augmenter d'intensité, et ils deviendraient trop poignants si les sons, s'éteignant peu à peu, ne venaient mourir dans le silence et dans l'obscurité, comme un dernier soupir du cœur s'exhalant vers Dieu au sein de l'infini.

De toutes les cérémonies de la Semaine-Sainte, la plus belle est celle du dimanche de Pâques. Le souverain pontife dit lui-même la messe, entouré de son cortége d'ecclésiastiques, cardinaux, évêques, patriarches, de ses gardes-nobles, jeunes gens pris dans les premières familles de Rome et qui forment un corps si brillant avec leurs belles figures romaines et leur riche tenue militaire. Les hallebardiers sont là, dans leurs pourpoints et leurs hauts de chausse bariolés de pièces alternativement jaunes et rouges, costume dont Raphaël lui-même a, dit-on, donné le dessin. On remarque les camerieri du pape, vêtus de noir, dans le style du XVIe siècle, avec de grandes colerettes blanches, l'épée au côté et une petite toque sur la tête. A voir ces casques, ces mitres, ces pourpoints, on croirait assister à un spectacle d'un autre âge. — La messe, précédée et suivie d'une foule de cérémonies particulières, telles que baisement de mains, habillement du pape, purification des vases contenant le pain, l'eau et le vin, offre au moment de l'élévation un aspect d'une admirable solennité. Les gardes-nobles, rangés en demi-cercle autour du chœur, mettent un genou à terre, l'épée étendue sur le tapis, le gantelet gauche devant la visière de leur casque étincelant; les cardinaux, en riches chasubles dorées sur fonds blanc, se prosternent sur leurs siéges, le pape, entouré à l'autel de deux cardinaux et de six évêques, élève vers tous les points de l'église l'hostie consacrée, tandis qu'une musique mystérieuse, placée dans les hauteurs du dôme, répand dans le temple une harmonie que l'on croirait descendre du ciel. Certes, il n'est pas nécessaire d'avoir une foi bien vive pour être fortement impressionné de l'aspect imposant de cette solennité. J'ai vu bien des personnes, peu disposées à la dévotion, avouer que dans ce moment elles s'étaient senties saisies d'une commotion électrique; le sentiment religieux s'était emparé de leur âme et un instant les avait dominées.

La cérémonie terminée, le pape traverse processionnellement l'église ; il s'arrête un moment et s'agenouille pour prier devant les tombeaux de saint Pierre et saint Paul, puis il reprend sa marche pour se rendre au balcon où il va donner sa bénédiction au monde. Je me suis empressé d'aller prendre place sous le balcon. La garnison française est rangée en bataille devant Saint-Pierre ; les fenêtres, les terrasses sont inondées de monde ; les paysans de la campagne romaine sont accourus en foule : chacun attend avec impatience la bénédiction solennelle qu'il est venu recevoir. — Le grand balcon, placé au-dessus de la porte principale de Saint-Pierre et que l'on a décoré de riches tapis, est encore désert. Peu à peu la procession arrive, les évêques et les cardinaux apparaissent lentement, précédés de la croix d'or ; ils font admirer à notre nouveau cardinal, archevêque de Rheims, la beauté du spectacle que présente la place. Mais voilà qu'ils se retirent avec respect ; les cloches de Saint-Pierre sonnent à toute volée, et le souverain pontife apparaît majestueusement, la tête couronnée de la thiare, et porté par huit hommes vêtus de rouge, sur la *sella gestatoria*. Un cardinal lui présente un grand missel dans lequel il lit à haute voix une prière. Cette lecture terminée, on entend le roulement de nos tambours ; le commandement de *genou-terre* se répète au loin de bataillon en bataillon. Le pape, toujours sur son trône portatif, se lève, il étend les bras vers le ciel, et d'une voix claire et fortement accentuée, au bruit du canon du fort Saint-Ange, il donne sa bénédiction *urbi et orbi*. — Il est bien difficile, quand on ne l'a pas vue, de se faire une idée de la solennité d'une telle cérémonie, solennité rehaussée encore par le prestige de vertu et de malheur qui s'attache à Pie IX et par la haute majesté qu'il y apporte. La foule s'est écoulée lentement et nous sommes rentrés chez nous sous l'empire de l'impression que laissent longtemps après elles des scènes religieuses d'une si imposante beauté.

Le soir, les solennités de la Semaine-Sainte ont été dignement couronnées par la magnifique illumination de Saint-Pierre. La façade de l'église, le grand dôme et les deux dômes latéraux, la galerie qui décore la colonnade circulaire de la place sont éclairés par une multitude de lumières qui dessinent en traits de feu les principaux détails d'architecture et produisent véritablement l'effet des palais enchantés des Mille et une Nuits. Tout-à-coup, à un moment donné, une seconde illumination succède comme par enchantement à la première; des torches enflammées remplacent en un clin-d'œil les lumières, et tous les contours de l'immense édifice se trouvent tracés en lignes éclatantes depuis la base jusqu'à la grande croix qui domine le dôme et qui resplendit flamboyante dans les cieux. Au milieu de la foule compacte qui remplissait la place, on n'entendait que des cris d'étonnement et d'admiration pour un spectacle si inattendu et qui dépasse de si loin les plus brillantes illuminations qu'on a pu voir ailleurs.

Ainsi s'est terminée la Semaine-Sainte. Pendant

huit jours ces cérémonies nous ont tellement absorbé, elles se sont si bien emparées de notre attention que nous n'avons eu que très peu de temps à consacrer aux monuments de Rome. Nous allons maintenant les visiter avec ardeur ; nous reviendrons surtout, avec un sentiment de prédilection, vers le Forum, les musées, le Vatican, Saint-Pierre, vers tous ces monuments dont la beauté est si complexe qu'elle ne livre ses secrets qu'à ceux qui les ont longtemps étudiés.

2 Mai.

Au milieu de nombreuses occupations, je prends un moment pour continuer le récit de mes impressions de voyage. Quand je parle de *mes occupations,* la chose est très sérieuse, on peut le croire. Il est difficile, en effet, de se faire une idée du travail imposé en Italie au voyageur qui veut remplir consciencieusement ses devoirs de touriste. On sort le matin vers les huit heures, on visite deux ou trois églises, on déjeûne où l'on peut et comme l'on peut, on étudie une galerie, un musée, on va voir des ruines ou quelque villa : cela vous conduit jusqu'à l'heure du dîner. Le soir, lorsqu'on n'a pas le spectacle, ce qui nous est arrivé à Rome pendant le Carême, on rentre de bonne heure pour prendre ses notes, écrire ses impressions du jour, préparer les courses du lendemain, se rappeler aux amis absents ; on arrive ainsi à minuit, une heure, et le lendemain, encore harassé de la fatigue de la veille, on reprend le même train de vie, les mêmes travaux, et aussi, il faut le dire, les mêmes plaisirs. C'est en effet un vrai bonheur de se sentir vivre dans cette belle Italie, décorée de tant de beauté et par la grâce du ciel et par la main des hommes. Si tout voyage offre à la curiosité l'attrait de spectacles toujours nouveaux, toujours imprévus, quel intérêt ne doit pas présenter le séjour de cette ville de Rome si pleine de grandeur et de souvenirs ! Ce n'est plus seulement ici une curiosité vulgaire et banale que l'on cherche à satisfaire ; l'intelligence a une large part dans le plaisir que vous donne l'aspect des lieux. C'est au plus pur du cœur et de l'âme que sont puisées les émotions dues aux merveilles des arts ou aux réminiscences du passé. On passe des heures entières en contemplation devant quelque fresque sublime de Raphaël, ou à admirer le profil léger et élégant d'une colonne antique. Par un de ces beaux soleils qui à Rome éclairent si bien l'atmosphère, je vais me promener au Forum, où de magnifiques débris attestent encore la grandeur romaine. Au pied du Capitole, les arcs de triomphe de Septime-Sévère, de Titus, de Constantin, montrent leurs masses imposantes à côté des temples en ruine et de l'immense Colysée à moitié détruit. On ne s'aurait dire tout ce qu'a de majestueux et de mélancolique la vue de ces édifices renversés et de ces colonnes supportant de magnifiques entablements brisés ou gisant pêle-mêle sur le sol. L'imagination, pleine de souvenirs classiques, aime à reconstituer ces ruines et à leur rendre leur primitive beauté : on suit Horace plongé dans ses frivoles et charmantes rêveries, marchant le long de la voie sacrée, *nescio quid meditans nugarum ;* on entend Cicéron parler éloquemment du haut des rostres; Scipion entraîne avec lui la foule au Capitole ; le peuple se précipite derrière le char de triomphe de quelque illustre vainqueur, sous les arcs toujours debout pour les laisser passer; les empereurs se promènent avec pompe dans la ville, donnant au monde le spectacle de ces immenses folies qui devaient aboutir à la ruine de l'Empire.... Puis, lorsque revenu des songes, on rentre dans la réalité, on n'a plus autour de soi que le silence, — et le regard erre avec tristesse, mais non sans charme, sur les quelques colonnes debout çà et là que le soleil a dorées de son éclatante lumière.

A côté de la ville ruinée des Césars, la Rome chrétienne offre les traces toujours subsistantes de la grandeur pontificale. Si, par une belle journée, on monte au sommet du Capitole, ce double aspect de la ville éternelle se présente au regard d'une manière frappante. Vers le midi s'étend le Forum, grandiose mais nu, désert, frappé de mort; au loin les lignes superbes mais brisées des aqueducs. De distance en distance, quelques édifices, le Panthéon, la colonne Trajane, le temple de Vesta, sont disséminés dans la ville. A les voir sévères, tristes, mornes, on sent qu'ils représentent une civilisation disparue et que la vie les a pour toujours abandonnés. Cette vie est passée tout entière aux édifices modernes ; les cloches retentissent sur tous les points ; les églises élèvent dans les airs leurs tours, leurs dômes, leurs clochers et leurs flèches ; vers le nord, à l'extrémité de Rome, sur une colline retirée, solitaire, le dôme de Saint-Pierre domine fièrement la ville, comme pour exprimer, par un symbole visible, l'élévation morale du Christianisme et son triomphe sur le Paganisme expiré.

Arrêtons-nous un moment devant ce beau spectacle : dans ces rapprochements et dans ces contrastes, c'est l'histoire du monde entier qui apparaît à l'imagination ; non l'histoire des livres, froide et inanimée, mais l'histoire intime, vivante, que l'on a sous les yeux, que l'on touche du doigt, qui se révèle d'elle-même à l'esprit et qui nous fait assister comme contemporains et témoins aux événements qu'elle raconte. Pour nous, Français, à la fois de race latine et de foi chrétienne, quel intérêt ne présente pas cette étude comparée du passé et du présent ! Par la filiation du sang, aussi bien que par l'éducation classique qui a entouré notre adolescence, quelque chose de l'esprit romain s'est inculqué en nous : Cicéron, Horace, Virgile, sont devenus nos guides, nos maîtres, nos instituteurs ; ils ont pénétré notre intelligence, l'ont façonnée à leur image ; ils y ont laissé l'empreinte particulière de leur génie. Sur ce fonds ainsi préparé, le christianisme est venu jeter sa semence féconde, et ses graves enseignements n'en ont que mieux fructifié. La Rome antique avait fait de nous des hommes, la Rome moderne nous a fait chrétiens. Ainsi se vérifie, sous un double rapport, la vérité de cette belle parole suivant laquelle Rome est pour nous comme une seconde patrie.

Qui donc pourrait rester indifférent à l'histoire de ces longs siècles qui comparaissent devant nous ? — Voici à nos pieds la Rome antique. Elle naît sur le Palatin, non loin du figuier sacré, *ficus ruminalis*, sous lequel Romulus et Rémus furent allaités ; sur le mont Aventin, les plébéiens reconquièrent leurs droits usurpés par le patriciat. Rome républicaine brille de tout l'éclat de sa gloire au Forum et au Capitole d'où elle dicte à l'univers ses décrets obéis. Aux jours de leur puissance gigantesque, mais déjà chancelante, les empereurs s'établissent sur le Palatin. On sait l'histoire lamentable de leurs désordres sans frein, de leurs débauches inouies, de leurs folies criminelles, triste exemple de ce que peut l'orgueil humain livré à lui-même, sans le secours d'une religion assez forte pour le refréner. Bientôt, sous ces monstres qui, cherchant à devenir des dieux, finirent par n'être même plus des hommes, la puissance romaine tombe de toutes parts en dissolution ; l'empire est mis à l'encan, la pourpre est jetée par les prétoriens en révolte sur les épaules de soldats parvenus, que tour-à-tour ils encensent et égorgent. Un Africain, un Assyrien, un Goth, un Arabe montent ainsi successivement sur le trône impérial. — Ce fut le moment marqué dans les desseins de la Providence pour mettre à bas le colosse romain chancelant sur sa base. Les barbares sont aux frontières de l'Empire, ils le harcèlent de toutes parts; ils demandent un tribut qui leur est lâchement accordé. Enhardis, poussés les uns par les autres, ils font enfin irruption. Les Huns, les Goths, les Vandales se précipitent par troupes innombrables sur l'Italie; Attila s'approche de Rome, Alaric s'en empare, Genseric la saccage pendant quinze jours. En ces moments de désorganisation universelle, je ne sais quelles épaisses ténèbres semblent se répandre sur le monde. Partout les vents sont déchaînés, partout les ouragans, partout les tempêtes. C'en est fait de la civilisation si péniblement acquise, elle va être engloutie dans ce vaste naufrage qui déjà voit flotter tant de débris.... Mais une lumière a brillé à l'horizon; elle éclaire, au sein des ténèbres, la croix qui a racheté l'âme humaine et qui va sauver la société menacée. Autour d'elle se ralient ces peuples barbares dont l'épée a fait une si large trouée dans le monde, et qui apportent des éléments vierges et neufs pour la régénération de l'humanité. Sur leurs instincts brutaux, le christianisme, spectacle merveilleux, fait prévaloir la puissance purement morale. Désarmé de toute force matérielle, il les assouplit, les dompte, les moralise et, sur les débris de la société païenne corrompue, il fait éclore une plus belle et plus brillante civilisation. Rome encore fut le centre où s'accomplit ce magnifique triomphe de la foi; de sorte que le Dante a pu écrire avec vérité cette grande parole, que la Rome antique ne fut si puissante que pour préparer le siége où devait résider le vicaire de Jésus-Christ (1).

Pour remplir sa sainte mission, il est remarquable que le saint-siége trouva toujours des pontifes aussi grands que les circonstances l'exigeaient. Au moyen-âge, il eut des papes à l'âme énergique comme Grégoire VII et Innocent III ; dans les belles années du XVe et du XVIe siècles, on vit à la tête du mouvement artistique et intellectuel des papes magnifiques, tels que Nicolas V, Jules II, Léon X, Paul III; plus tard, lorsque dans une époque de foi attiédie, il a fallu ranimer les âmes par de grands exemples, la papauté a eu des pontifes vénérables comme Pie VII, Grégoire XVI et Pie IX.

Tel est le long passé dont on voit partout les traces disséminées dans Rome. L'antiquité et les temps modernes se trouvent ainsi rapprochés en contrastes quelquefois bizarres et inattendus, quelquefois pleins de grandeur et d'un charme infini. C'est un des vifs plaisirs de Rome que de mêler ces divers souvenirs, de se dire : *montons au Capitole, allons sur les bords du Tibre;* bien que le Capitole soit tristement déchu, bien que les bords du Tibre n'aient pas de quais et que le fleuve ne réfléchisse dans ses eaux jaunies que des maisons de chétive apparence, on éprouve une sorte de fierté de se trouver en de tels lieux et de répéter familièrement ces noms illustres.

---
(1) Infer, cant. II, 28.

Combien de fois, recherchant, le *guide* à la main, quelque antiquité célèbre, n'avons-nous pas été frappés de ces contrastes! Un de ces jours, que nous étions égarés au milieu du *Ghetto*, quartier infect des Juifs, comme nous demandions le portique d'Octavie, on nous mit en présence de superbes colonnes corinthiennes cannelées, d'une blancheur éclatante, supportant un fronton et un reste d'entablement que vont étudier avec amour les architectes. Savez-vous quelle est la destination actuelle de ces merveilles de l'art? elles servent de hangar aux marchands de poisson. Dans les environs, le théâtre de Marcellus, non moins admirable, a son portique occupé par des échoppes d'artisan. Le cirque d'Alexandre-Sévère a disparu; sous le nom de place Navone, il est devenu le marché aux herbes.

Si l'on pouvait connaître dans ses détails l'histoire des constructions modernes de Rome, que de débris antiques n'y trouverions-nous pas! Bien plus que les Visigoths d'Alaric, les Vandales de Genseric, les Goths de Tottila, ou les Normands de Robert Guiscard, — les architectes modernes ont consommé la ruine d'une foule de précieux monuments. L'architecte Flaminio Vacca, faisant au XVIe siècle la récapitulation des statues ou des bas-reliefs qu'avaient épargnés les barbares, terminait invariablement chaque paragraphe par ces mots : *à andato alla calcara*, on en a fait de la chaux. Que de palais modernes bâtis ainsi avec des restes antiques, depuis le palais Farnèse jusqu'au palais des Barberini! Et à combien d'autres qu'à ceux-ci ne pourrait-on pas appliquer le mot de Pasquino : *quod non fecerunt barbari, faciunt Barberini !*

Lorsque les monuments du passé, consacrés à quelque objet d'utilité publique, ont pu conserver leur ancienne destination, ils ont dû à cette circonstance la perpétuation de leur durée. Ainsi Sixte-Quint, qui avait eu un instant la malencontreuse idée de convertir le Colysée en une vaste filature, fut bien mieux inspiré en réparant en partie ces admirables aqueducs qui, suivant l'expression de M. de Châteaubriand, portaient l'eau au peuple-roi sur des arcs-de-triomphe. Grâce à ces travaux, nulle ville au monde n'est arrosée d'une plus grande abondance d'eaux; elles alimentent une foule de fontaines que l'art s'est plu à embellir des formes les plus variées. Tantôt l'eau s'élance par cinq grandes ouvertures comme dans la fontaine Paolina, qu'on prendrait de loin pour un arc-de-triomphe d'où jaillirait une rivière; tantôt elle coule en petit filet de la bouche d'un dauphin que tient entre ses bras un Triton. Ici c'est une sorte de cariatide qui la verse par le milieu d'un tonneau suspendu à ses bras; là, à la fontaine si élégante *delle Tartarughe*, quatre jeunes gens en bronze soutiennent la vasque sur les bords de laquelle des tortues répandent l'eau dans un bassin inférieur. Quelquefois l'art antique lui-même est venu contribuer à l'ornement de ces fontaines, comme on le voit sur la place de Monte-Cavallo, devant le palais du Quirinal, où les colosses de Castor et Pollux, chefs-d'œuvre de ciseau grec, peut-être même de Phidias, étonnent le regard par leur beauté simple, naïve, grandiose et vraiment sublime. — Ce n'est pas la beauté de l'art que l'on recherche à la fontaine des Termini, mais plutôt sa dégradation tombée jusqu'au ridicule; c'est là qu'est ce colossal Moïse, montré à quelques voyageurs novices comme le Moïse de Michel-Ange, et qu'on pourrait aisément prendre pour l'homme des bois, marchant debout, un bâton à la main; il excita de telles risées à son apparition, que l'auteur Prosper de Brescia en mourut de confusion et de douleur. — A l'une des quatre fontaines de la place Navone on voit plusieurs statues dont l'une a la tête voilée; *elle se cache la figure,* disait le Bernin qui l'avait fait sculpter, *pour ne pas voir la façade de Sainte-Agnès,* ouvrage de son implacable rival le Borromini.

Mais, de toutes ces fontaines, la plus vaste et la plus curieuse est la fontaine Trévi, par laquelle s'écoule l'*acqua vergine* dont le nom rappelle la jeune fille qui l'indiqua, près de Tivoli, aux soldats d'Agrippa. Non moins que la sculpture, l'architecture a contribué à la décoration de la fontaine Trévi. Au pied d'une façade vaste et ornée comme celle d'un palais, une foule de divinités marines s'ébattent au milieu des rochers qu'un grand bassin entoure. L'eau s'échappe en abondance de toutes parts; vomie par les tritons et les naïades, elle roule çà et là, sur la pierre, de cascade en cascade, ou bien elle jaillit derrière quelque rocher, comme d'une source invisible. Le soir on conduit les étrangers à la fontaine Trévi, pour leur faire admirer les effets pittoresques de la lune se jouant sur ces statues, ces rochers et ces eaux.

Si les papes ont su, pour l'intérêt matériel de la ville, utiliser les ruines, on comprend combien ils ont dû mettre à profit, pour le culte catholique, les édifices anciens que recommandait leur beauté. Bien des temples antiques, convertis en églises, se sont ainsi conservés jusqu'à nous, grâce à la religion qui a pu venir en aide aux arts, sans rien perdre de sa majesté dans ces édifices païens purifiés par elle. C'est ainsi que Saint-Etienne-le-Rond est l'ancien temple consacré à Claude; le temple de la Fortune virile, un des plus anciens de Rome, montre ses belles colonnes d'ordre ionique, à demi-engagées dans le mur qui enceint l'église de Sainte-Marie-Egyptienne. Le temple de Vesta est devenu Saint-Etienne-des-Carosses; le temple d'Antonin et Faustine, l'église Saint-Adrien. Michel-Ange a construit la belle église de Sainte-Marie-des-Anges dans la salle principale des thermes de Dioclétien, dont les huit colonnes colossales sont restées à leur place. C'est encore parce qu'il a été consacré au culte que le Panthéon d'Agrippa offre toujours à l'admiration les formes presque intactes de sa merveilleuse architecture. Son portique avec ses superbes colonnes de marbre d'Egypte, avec ses bas-reliefs de la frise représentant des festons, des patères, des candelabres, est un chef-d'œuvre d'élégance et de majesté ; la grande porte de bronze est un modèle de porte antique parfaitement conservée. A l'intérieur l'on admire les revêtements de marbres précieux, le pavé de granit et de porphyre qui suffit à donner l'idée de la magnificence romaine, et les colonnes qui dessinent en cercle la forme ronde de l'édifice. Une coupole peu élevée, ouverte à sa partie supérieure, verse la lumière dans le Panthéon. — *Je la placerai dans les cieux*, avait dit Michel-Ange en la contemplant. On sait comme cette promesse a été magnifiquement réalisée à Saint-Pierre.

Il y a peu de jours, j'étais entré dans l'église du Panthéon. Ce n'étaient pas seulement une belle coupole, de superbes colonnes, une riche église que j'allais admirer ; je recherchais pieusement les traces de Raphaël. J'étais donc à méditer devant le simple tombeau du peintre immortel, une de mes plus hautes admirations en ce monde, pendant qu'à l'autel voisin un prêtre disait la messe. Un monsieur décoré de la Légion d'Honneur vint s'agenouiller devant la chapelle avec les signes de la piété la plus vive. Quel ne fut pas mon étonnement de reconnaître en lui M. Sauzet, le célèbre président de notre ancienne Chambre des Députés ! Il était bien vieilli, bien changé, et cependant c'était lui, il n'y avait pas à s'y méprendre. — Que d'étrangeté dans ces rapprochements ! Un temple dédié par la flatterie à Auguste, autrefois consacré à tous les dieux de l'Olympe, maintenant converti en église ; le tombeau de Raphaël ; M. Sauzet demandant peut-être pardon à Dieu de sa faiblesse de février ; et, pour compléter le tableau, quelques officiers français qui visitaient l'église, attestant par leur présence la protection que la France était venue accorder à la Papauté autrefois si puissante, aujourd'hui, hélas ! si affaiblie. Seule au monde, Rome peut présenter de tels spectacles.

Après le Panthéon et les autres églises construites dans des temples païens, je n'en finirais pas si je devais énumérer celles qui se sont enrichies de quelques fragments antiques; il faudrait les citer à-peu-près toutes, et elles sont innombrables. A Naples j'étais émerveillé du luxe de ses églises; que doit-ce être à Rome au centre même du catholicisme? Je n'essaierai pas de vous en dire la richesse.

Saint-Jean-de-Latran, Saint-Pierre, Saint-Paul-hors-des-murs, et Sainte-Marie-Majeure sont les quatre basiliques de Rome. Saint-Jean-de-Latran, la première et la mère des églises chrétiennes, ainsi qu'elle s'appelle (*omnium urbis et orbis ecclesiarum mater et caput*), fut fondée par Constantin; mais sa magnificence est toute moderne. Les restaurations n'ont guère épargné que la précieuse mosaïque du chœur, exécutée dans le XIIIe siècle par Jacques du Turrita, et une peinture de Giotto qui représente Boniface VIII publiant son Jubilé. Parmi un grand nombre d'autres reliques, Saint-Jean-de-Latran a les chefs de saint Pierre et de saint Paul et la table qui, d'après la tradition, a servi à la Cène de Notre-Seigneur. — En face de Saint-Jean-de-Latran est le baptistère de Constantin où j'ai assisté, le Samedi-Saint, au baptême d'une juive. — A côté, la *Scala santa*, beau portique construit par Sixte-Quint, conserve les vingt-huit degrés de la maison de Pilate, montés et descendus par le Christ pendant sa Passion. On ne les monte qu'à genoux, et ils sont tellement usés qu'on les a recouverts de planches qui, usées elles-mêmes, ont été plusieurs fois renouvelées.

Un incendie a ravagé, il y a quelques années, Saint-Paul-hors-des-murs que Constantin avait bâtie. Les travaux de reconstruction de cette vaste et vénérable basilique sont en pleine activité. J'ai vu les colonnes colossales en albâtre données par Ybrahim-Pacha et qu'on allait dresser sur leurs socles; elles sont destinées à décorer le chœur, la partie de l'église qui a le moins souffert et où l'on peut encore admirer *le Christ et les vingt-quatre vieillards de l'Apocalypse*, mosaïque faite, en l'an 440, par le pape Honorius, et non moins étonnante par sa conservation que par son beau caractère.

Sainte-Marie-Majeure avec ses trente-six colonnes ioniques de marbre blanc, son splendide plafond en caissons dorés, ses riches mosaïques, a quelque chose de gracieux, de riant, de coquet qui surprend, quelque habitué que l'on soit au luxe fleuri du catholicisme italien.

Ces différentes églises, et bien d'autres encore, renferment des objets d'art qui mériteraient un examen détaillé. Je vous cite en passant les *Sibylles* de Raphaël, à Sainte-Marie-de-la-Paix; la *Descente de Croix*, de Daniel de Volterre, à la Trinità-del-Monte; les fresques rivales du Dominiquin et du Guide, à Saint-Grégoire, sur le mont Cœlius. Le Dominiquin a aussi déployé son beau talent dans ses fresques de notre belle église nationale de Saint-Louis-des-Français, où il a peint divers traits de la vie de sainte Cécile. Mais c'est surtout à Saint-Pierre-ès-Liens qu'il faut aller souvent contempler cet admirable *Moïse* que Michel-Ange a si vivement empreint de son fier génie et où son ciseau a taillé dans le marbre une image si grandiose de la force morale et de l'autorité.

Si, après avoir admiré ces chefs-d'œuvre, je vous conduis à la chapelle Saint-Ignace de l'église du Gesù, ce n'est point pour vous mettre en présence d'une belle œuvre d'art; vous y verrez plutôt comment un goût maniéré peut abuser de la magnificence de la matière. Sous l'autel, d'une prodigieuse richesse, est placé le tombeau de saint Ignace, en bronze doré; un linceul également en bronze le recouvre, orné d'une foule de pierreries étincelantes. Il est surmonté de la statue colossale du saint en argent massif. Au-dessus de l'autel, le Père-Éternel tient un globe de lapis-lazzuli, le plus gros qui existe; à l'entour, des bas-reliefs en marbre représentent quelques traits de la vie du saint. Emerveillés d'un luxe si éblouissant, les Romains l'ont célébré dans ce dicton : il n'y a au monde qu'une église, Saint-Pierre; qu'une chapelle, celle des Corsini à Saint-Jean-de-Latran; qu'un seul autel, celui de Saint-Ignace au Gesù.

Un luxe d'une nature plus étrange se fait remarquer au couvent des Capucins; luxe funèbre, s'il en fût, et qui au premier moment fait frissonner. Lorsqu'on va visiter le couvent, le capucin, qui vous accompagne, vous montre d'abord l'église et ses tableaux, réservant pour la fin les caveaux qui servent de sépulture aux moines. Ils se composent de quatre salles voûtées; les corps qu'on y ensevelit sont retirés au bout d'un certain temps, et voici la singulière destination qu'on leur donne. Ceux que l'on trouve le mieux conservés sont enveloppés de la robe brune des capucins et disposés, assis ou debout, dans des niches, le long des murs. Ces niches sont pratiquées au milieu d'un amas de crânes et d'omoplates régulièrement entassés. Au-dessus, les fémurs et les tibias figurent des croix; les phalanges des doigts et les vertèbres, enfilés les uns aux autres, dessinent les corniches, se mêlent, à la voûte, en de capricieuses arabesques, ou retombent, suspendues en l'air, sous forme de lustres élégants. Aucun détail ne manque à cette architecture mortuaire; toutes les règles de l'art sont parfaitement observées. Jamais on n'avait badiné plus élégamment avec la mort, et j'admirais la bonne grâce avec laquelle le capucin qui nous servait de guide nous vantait complaisamment les *charmes* de cette ornementation. Comme je lui demandais si lui aussi aurait sa place dans ces caveaux, *si signor, prima giù e poi su* (1), m'a-t-il répondu avec gaieté. — Nous ne sommes pas restés longtemps dans ces lieux funèbres. Ces ossements en plein air, ces capucins qui montrent sous leur capuchon une figure desséchée à laquelle un reste de barbe tient encore, cette poussière que l'on soulève sous ses pas

---

(1) D'abord sous terre et puis dessus.

et qui bientôt vous prend à la gorge, tout cela fait mal et vous donne le besoin de respirer au dehors, au sein de la nature vivante. Et puis, traiter ainsi la mort, n'est-ce pas la profaner? Sans doute le Christianisme enseigne le mépris du corps et la vanité des choses de ce monde : *Hic jacet pulvis, cinis et nihil*, porte, dans l'église même des Capucins, le tombeau du cardinal Barberini qui l'avait fondée; mais il n'a jamais enseigné de jeter au vent les cendres des morts, ou de se faire un jouet des dépouilles humaines et de les offrir ainsi en spectacle à la curiosité des passants.

La mort a une tout autre gravité et donne de plus nobles émotions au couvent de Saint-Onuphre, immortalisé par le tombeau du Tasse. On sait l'histoire douloureuse de ce pauvre grand homme; comment, fuyant la cour de Ferrare, chassé à Rome par le cardinal de Gonzague qui l'avait pris à son service, malade, sans argent, sans asile, mourant de tristesse et de misère, il se retira au couvent de Saint-Onuphre, sur le sommet du Janicule, *comme pour commencer, avec les bons pères, des entretiens qui devaient s'achever dans le ciel* (1). C'est là qu'il mourut, le 25 avril 1589, la veille du jour qui l'appelait au triomphe du Capitole. Les moines de Saint-Jérôme qui occupent le couvent ont honoré cette grande mémoire par toutes sortes d'hommages et de soins pieux. Là, rien ne vient déranger l'impression que de pareils lieux doivent produire. Sous un portique extérieur, trois fresques

---

(1) Expressions du Tasse. Lettre cxcvi.

sont dues au pinceau du Dominiquin; au premier étage une vierge de Léonard de Vinci embellit de sa grâce exquise et de son adorable sourire un corridor que les moines ont décoré de couronnes de laurier et d'inscriptions à la gloire du chantre de Jérusalem. De ce corridor on entre dans la chambre qu'occupait le Tasse. On y montre, sous verre et couronné de lauriers, son buste moulé sur sa figure le jour même de sa mort; à l'entour, sont rangés quelques objets lui ayant appartenu, une ceinture, une écritoire, le fauteuil où il avait coutume de s'asseoir; deux lettres autographes, encadrées de lauriers, sont suspendues au mur. Lorsque, dans cette chambre d'où l'œil plane sur les tristesses de Rome, devant cette noble tête encore empreinte des souffrances de la mort, au milieu des parfums pénétrants de ces lauriers, on lit cette lettre pathétique écrite par le grand poète presque à son agonie : *Que dira mon Antoine lorsqu'il apprendra que son pauvre Tasse est mort*, le cœur se serre douloureusement et les larmes viennent aux yeux, en songeant aux infortunes de cette noble victime de l'imagination et de la sensibilité.

Le Tasse fut enseveli dans l'église du couvent. Un pompeux monument n'y signale pas sa tombe; en cherchant on finit par découvrir, dans un coin, une pierre avec cette inscription : *Torquati Tassi ossa hic Jacent. Hoc, ne nescius esset hospes, fratres hujus ecclesiæ posuerunt.* (Ici reposent les cendres du Tasse. Afin que la trace ne s'en perdit pas, les frères du couvent ont gravé ces lignes.) — Bientôt, un riche mausolée depuis longtemps préparé s'élèvera dans l'église Saint-Onuphre; il frappera le regard, il attirera peut-être la foule, on y admirera l'éclat des marbres ou la beauté de l'exécution. Combien j'aime mieux ce silence autour d'une grande renommée, une simple dalle posée tristement dans un coin, et cette inscription dont rien n'égalera la mélancolique éloquence : *Torquati Tassi ossa!*

Par ces souvenirs, ces couvents, ces églises, nous sommes entrés pleinement dans la Rome moderne. Ce serait vous en donner une idée par trop incomplète que de ne rien vous dire de ses palais. Le palais romain est grave, sévère, majestueux; il a quelque chose du grand caractère des édifices antiques qui l'entourent; mais, construits la plupart par des papes, à l'aide des grandes ressources dont ils disposaient, ils manquent quelquefois aujourd'hui de maître assez riche pour soutenir l'éclat de la représentation à laquelle ils étaient destinés. De là cet abandon qui leur donne un aspect à la fois triste et imposant. Leurs larges vestibules, leurs grandes cours, leurs immenses salles sont désertes; ils n'ont conservé de leur ancienne splendeur que quelques belles fresques ou des galeries de tableaux qui sont là pour attester la magnificence des hôtes qui les ont habités.

De tous les palais romains, le plus beau est le palais Farnèse que Paul III fit bâtir avec des blocs de Travertin tombés du Colysée, et qui maintenant est passé, avec tout le patrimoine des Farnèse, dans les mains des rois de Naples. Trois illustres architectes ont travaillé à sa construction : Antoine San Gallo qui en a dressé le plan primitif; Vignole qui a élevé la cour; et Michel-Ange qui le couronna de son entablement admirable. Ces grands artistes mirent ainsi en commun leurs efforts pour édifier ce palais qui par la solidité de l'appareil, par la simplicité grandiose de l'ensemble, par le goût châtié des détails, est peut-être le chef-d'œuvre de l'architecture moderne. A l'intérieur on admire la célèbre galerie peinte par Annibal Carrache, dans un style large, élevé, poétique, où l'imitation du Corrège se mêle heureusement aux réminiscences antiques. Ces belles fresques, auxquelles le Carrache travailla huit ans, ne lui furent payées que 500 écus d'or (3000 francs). Le découragement s'empara de ce grand artiste, et sans doute abrégea ses jours, car il mourut peu de temps après.

Le palais Borghèse est célèbre moins encore par ses vastes dimensions que par sa galerie qui compte plus de 1700 tableaux, parmi lesquels des chefs-d'œuvre, comme la *Déposition de Croix*, de Raphaël; la *sainte Cécile* et la *Chasse de Diane*, du Dominiquin; une très belle *Sainte-Famille*, d'Andrea del Sarto, et la *Déposition de Croix* du Garofalo qui en présence de celle de Raphaël lui cède sans doute pour l'élégance, mais l'emporte peut-être par une expression plus forte et plus pathétique.

Je n'ai pu voir la galerie Sciarra dont les chefs-d'œuvre, disputés entre des héritiers, avaient été mis sous le scellé. Les galeries Doria, Corsini, Colonna sont de véritables musées par le nombre et l'importance de leurs toiles. Le palais Rospigliosi a l'*Aurore* du Guide, admirable fresque que la gravure a depuis longtemps popularisée. De toutes les figures, celle de l'Aurore, qui donne son nom à la fresque, est peut-être la moins belle ; mais le pinceau du Guide a épuisé ses séductions sur les heures qui entourent, en poétique guirlande, le char d'Apollon. Celle que l'on voit au premier rang, en draperies bleues, montrant ses épaules nues jusqu'à la ceinture, est surtout d'une grâce charmante. Ce n'est pas là, sans doute, l'élégance suprême de Raphaël ; mais la grâce est une merveille assez rare pour qu'on soit heureux de la reconnaître au passage et de l'adorer, alors même qu'elle se mélange d'un peu de mollesse et de trop de douceur.

La grâce dans toute sa pureté, nous allons la trouver à la Farnésine, sous le pinceau charmé de Raphaël. La Farnésine, bâtie par le riche banquier Augustin Ghigi, est un de ces ravissants palais, comme on n'en trouve qu'en Italie, où les splendeurs de la peinture s'allient à celles de l'architecture pour créer des chefs-d'œuvre de grâce, d'élégance et d'harmonie. Ghigi, en magnifique Mécène des arts, s'était adressé aux premiers artistes de l'Italie : Balthazar Peruzzi avait élevé le palais, Raphaël fut chargé de le décorer. Aidé de ses élèves, il peignit dans une grande salle du rez-de-chaussée l'histoire de *l'Amour et de Psyché*. A la frise, sous le pendentif des voûtes, une série de sujets à deux ou trois personnages de grandeur naturelle raconte cette fable charmante. L'Amour montre Psyché à Vénus; les trois Grâces la contemplent avec admiration, — l'une d'elles, vue par derrière, est incomparable de fraîcheur, de charme et de suavité; Vénus sur son char traîné par des colombes va vers Jupiter; dans une pose naïve, soumise et charmante elle le prie de la venger de Psyché; Mercure, admirable de vie et de réalité, s'envole à la recherche de la belle amante; Psyché reçoit de Proserpine la cassolette qui doit fléchir Vénus; elle l'offre, en un mouvement d'une grâce exquise, à la déesse irritée; Jupiter embrasse l'Amour avec un mélange de familiarité naïve et de sublime majesté. Au plafond, deux vastes compositions couronnent magnifiquement cette histoire. Dans la première, Vénus et l'Amour plaident leur cause devant Jupiter et l'Olympe assemblé; Mercure, prévoyant la sentence, présente déjà à Psyché la coupe d'immortalité; d'un geste délicieux elle la porte à ses lèvres, émue, rougissante et ravie. Dans la composition voisine, où respire, en sa majesté, le génie d'Homère lui-même, les dieux et les déesses célèbrent dans un banquet les noces de Psyché et de l'Amour. Des guirlandes de fleurs et de fruits entourent ces divers sujets qui se détachent sur le fond azuré de la voûte. Le génie de Raphaël, si grand au Vatican, ne s'était pas encore imprégné à ce degré de la plus fine fleur de la poésie antique; jamais ces ravissantes fictions de la Mythologie grecque n'avaient été interprétées avec un tel sentiment de grâce riante et de poétique élégance. — Quant à la fresque de *Galatée* qui décore une salle voisine, les concerts d'admiration qu'elle soulève depuis des siècles disent assez son immortelle beauté ; un seul mot peut suffire à son éloge : pour trouver dans le passé quelque chose qui lui soit comparable, il faudrait remonter jusqu'aux chefs-d'œuvre les plus exquis de l'art Athénien lui-même.

Je viens de vous montrer en passant quelques-uns de ces palais qui, entre tant d'autres, perpétuent la beauté architecturale de Rome ; mais ce n'est pas seulement dans leurs palais que les grands seigneurs romains ont étalé leur magnificence. Ils ont aussi leurs villas somptueuses que la nature et l'art se sont plu à embellir. On n'y trouve pas la froide régularité des jardins français ou les caprices bizarres de la manière anglaise ; mais la majesté des uns et la grâce des autres s'y allient dans un mélange plein de charme et de grandeur. De belles allées ou des quinconces plantés en chênes-verts, des berceaux de lauriers, des massifs dont le feuillage cache à demi de blanches statues, de fraîches prairies entourées de sentiers finement sablés, des eaux abondantes qui s'échappent en jets, en fontaines, en cascades au milieu des marbres, des vases et des colonnes ; quelque temple imité de l'antique que des échappées de vue laissent parfois entrevoir dans le lointain, un casino élégant dans lequel de précieuses collections d'objets d'art sont souvent réunis, — tel est l'aspect qu'offre en général la villa romaine. C'est ainsi, par exemple, que se présente, aux portes mêmes de Rome, la villa Borghèse où, dans les jours consacrés au public, les étrangers fatigués de ruines vont en troupes élégantes chercher la fraîcheur de ses ombrages et la verdure de ses gazons. Le Casino a dans ses nombreuses salles, d'un luxe plus que royal, une admirable collection de statues antiques. Sous l'empire, le prince Borghèse vendit sa galerie à notre musée du Louvre pour le prix de treize millions. Depuis lors, la collection a été entièrement renouvelée et presque aussi belle qu'auparavant, tant les trésors d'art abondent sur ce sol inépuisable.

La villa Madama, sur le mont Mario, est de l'architecture de Raphaël, et sa *loggia* a été peinte par Jules Romain et Jean d'Udine. On va voir à la villa Albani la précieuse collection d'antiquités que le cardinal Alexandre y avait réunies et que son ami Winckelmann a illustrées. Entre les bas-reliefs qu'on y admire, le médaillon sur lequel un ciseau grec a sculpté le doux profil d'Antinoüs couronné d'une légère guirlande, est délicieux de grâce et de suavité.

Le nom de la villa Pamfili a souvent figuré dans les relations du dernier siège de Rome. C'est en effet de ce côté, sur les hauteurs du Janicule, que se sont longtemps concentrés les efforts des assiégeants et des assiégés. Aujourd'hui ces lieux qu'ont troublés les bruits de la guerre sont rendus à leur silence. Nous y allions admirer en touristes le beau panorama qui, des sommets de la villa, se déroule au regard ; nous respirions tranquillement l'air sous ses beaux pins ombellifères; nous nous promenions sur ses belles pelouses qu'émaillent naturellement de si jolies anémones, — aux lieux mêmes où peu de temps auparavant notre vaillante armée livrait de sanglants combats. Le Casino a été plusieurs fois pris et repris; nos troupes y ont séjourné et les murs conservent encore des traces de leur passage : ce sont des noms de soldat, des quolibets, des caricatures de corps-de-garde. *La république romaine*, porte une de ces inscriptions de troupier, *a été enfoncée à coups de feux de peloton.* — *Oui*, a écrit au-dessous quelque Romain, *come Abele le fut por son frère Caino.* En général, les Italiens, malgré leur sympathie pour la France, ont de la peine à nous pardonner cette expédition que rendait cependant indispensable et l'intérêt du Catholicisme et la nécessité de neutraliser en Italie l'influence toujours croissante de l'Autriche. Ils devraient plutôt nous rendre grâce du respect qu'on a montré pendant le siège, pour leurs monuments, et, au point de vue politique, des ménagements scrupuleux qu'une fois la lutte finie on a observés à leur égard.

Ces diverses villas sont toutes aux portes mêmes de Rome. Il en est d'autres non moins belles, dans les environs, qui tapissent de leur verdure cette chaîne de charmantes collines sur lesquelles sont assis Tivoli, Frascati et Albano. — Rien n'est frais, riant, doux à l'œil comme Frascati. Placée au-dessous de l'antique Tusculum dont on voit encore quelques ruines, elle présente de tous côtés les masses verdoyantes de ses arbres et de ses prairies. Ici, point de bruit, point d'agitation, point de troupes de visiteurs empressés ; mais le calme, le repos, le silence d'une paisible retraite, des sites agrestes et solitaires, de belles eaux qui arrosent en courant les prairies inclinées, de grands arbres et de jolis arbrisseaux mariant au penchant des coteaux la diversité charmante de leurs formes, de leurs fleurs, de leurs parfums ; et sous le feuillage, les doux murmures, les fraîches ombres et les oiseaux jaseurs.

Les Borghèse possèdent à Frascati la villa Taverna, la villa Mandagrone dont le palais abandonné compte près de quatre cents fenêtres, et la villa Aldobrandini, la plus magnifique qui soit aux environs de Rome. Le roi de Sardaigne, le prince Torlonia et bien d'autres grands seigneurs ont aussi en ces lieux de délicieuses retraites. On n'y admire pas seulement le luxe des palais, la richesse luxuriante de la végétation, la beauté des eaux vives ; de ces hauteurs, l'œil aime à se promener au loin sur le paysage d'une vaste étendue et d'une majesté singulière : à gauche, la mer qui, sous les clartés du soleil, resplendit à l'horizon ; à droite, les montagnes austères de la Sabine et le Soracte que la neige blanchit, comme au temps d'Horace,

Vides ut altâ stet nive candidum
Soracte;

Devant soi, on a la campagne romaine, nue, déserte, inhabitée, mais pleine de grandeur en sa solitude, et qu'on prendrait pour l'immense tombeau de tout un peuple disparu ; les longues lignes des aqueducs montrent le profil mélancolique de leurs grands arcs à demi-rompus, tandis que dans le lointain Rome apparaît comme une masse confuse du sein de laquelle se détache le dôme de Saint-Pierre.

Plus célèbre que Frascati, Tivoli, l'antique Tibur, n'a peut-être pas la même beauté. Cependant, l'Anio s'y précipite toujours avec le même bruit, dans ces gouffres pittoresques où les eaux jaillissent blanches d'écume, au milieu des rochers tapissés de mousse et d'arbustes. Nous sommes descendus par un étroit sentier qui circule sur les flancs boisés de l'abime, jusqu'à la grotte de la Sirène. Les flots furieux s'y heurtent, se combattent, se précipitent avec fracas et disparaissent en s'engouffrant dans les rocs qu'ils ont creusés en nombreuses arcades, pour jaillir plus loin dans la vallée. On a peint, on a décrit, on a chanté mille fois ces abimes, ces grottes, ces mugissements de l'eau, ces rocs pendant en précipice, ces arcs-en-ciel brillant à travers la vapeur humide des flots, ce temple de Vesta dont les gracieuses colonnes apparaissent sur la pointe d'un rocher, au-dessus de la chute de l'Anio. Ces descriptions ont rendu familières à tout le monde les beautés poétiques des lieux, et en les contemplant on ne fait que retrouver le spectacle que l'imagination s'était depuis longtemps formé.

Attirés par les beaux sites de Tibur, les anciens aimaient à s'y reposer des bruits de Rome dans de riantes maisons de campagne que l'Anio baignait. Ce fut le séjour illustre d'Horace, de Catulle, de Properce, de Mécène, d'Auguste; Zénobie y regretta la perte de sa couronne, et peut-être Lesbie y pleura-t-elle son moineau. Quelques traces de ces hôtes célèbres sont restées : on montre la maison de campagne d'Horace et celles plus incertaines de Catulle et de Mécène. Au-dessous de Tivoli était cette villa splendide dans laquelle l'empereur Adrien, après avoir parcouru pendant six ans son immense empire, voulut réunir les copies des plus beaux monuments qu'il eût admirés. Là étaient le lycée, l'académie, le prytanée, le portique, des temples, des palais, des bains, des bibliothèques, des naumachies, des théâtres. Rien ne manquait à cette collection gigantesque, à ce rendez-vous bizarre de monuments, pas même les Champs-Elysées et les Enfers. — Qu'est-il resté de pareilles magnificences? des tronçons de colonne, des ruines informes, un amas de murs pantelants que les lierres, les ronces, les arbrisseaux envahissent chaque jour et peu-à-peu détruisent. Permis aux antiquaires de disputer éternellement, dans leurs loisirs, sur chacune de ces ruines; plus pressé, le touriste traverse aussi vite qu'il le peut ces décombres, le long de ces murs qui livrent sans cesse quelques nouvelles pierres à la destruction du temps.

Vous le voyez, si Frascati a ses délicieuses villas modernes, ce sont surtout des souvenirs du passé que l'on trouve à Tivoli. L'antiquité y a laissé de poétiques traces; il n'est pas jusqu'aux femmes du peuple qui n'y aient conservé ces traits noblement accentués, ces beaux airs de tête, ces ports majestueux que l'on aime à retrouver chez les Romaines et qui étonnent le regard comme l'apparition animée de quelque statue antique.

Dans ces promenades aux environs de Rome, je n'ai eu garde d'oublier la voie Appia, la plus noble, la plus ancienne des voies romaines qui, traversant l'Italie, s'étendait jusqu'à Brindes décorée dans sa longueur d'arcs-de-triomphe, de temples et de somptueux mausolées. A la sortie de Rome, ces mausolées, disposés des deux côtés de la voie, forment une longue ligne droite ininterrompue qui, mêlant la tristesse des tombeaux à la tristesse des ruines, traverse les mornes solitudes de la campagne romaine pour aller se perdre dans les horizons d'Albano. Depuis quelques années, des fouilles sont faites le long de la voie Appia. Le pavé en dalles de basalte volcanique qui couvrait la voie a été retrouvé sous une couche de décombres. Dans les tombeaux que l'on a déblayés, on a découvert des inscriptions curieuses, des bas-reliefs, des statues ; on a pénétré dans plusieurs *colombarium*, petites salles souterraines et voûtées qui, par la forme des niches pratiquées dans les murs, rappellent la disposition des nids de colombier ; des urnes placées dans ces niches renfermaient les cendres de tous les morts d'une même famille et de tous ceux qui tenaient à la maison par un lien de domesticité. Le pape Pie IX donne à ces fouilles une grande activité, et ses visites assez fréquentes indiquent tout l'intérêt qu'il y prend.

Parmi les antiquités que l'on rencontre sur son chemin en allant vers la voie Appia, on remarque les célèbres thermes de Caracalla, le tombeau des Scipion, l'arc de Drusus, le cirque assez bien conservé de l'empereur Romulus. Non loin du tombeau colossal de Cecilia Metella, se trouve l'illustre basilique de Saint-Sébastien dans laquelle est l'entrée des Catacombes.

Les Catacombes furent creusées dès la plus haute antiquité pour l'extraction de cette terre volcanique, la *Pouzzolane*, qui composait l'indestructible ciment des Romains. Ces fouilles, en se continuant, produisirent à la longue ces immenses excavations qui, formant plusieurs étages, s'étendaient au loin dans toutes les directions. De distance en distance, les étroites galeries creusées le long des veines de Pouzzolane aboutissent à des carrefours plus spacieux qui étaient destinés à favoriser les mouvements et à faciliter le travail. Les premiers prosélytes de la foi furent à Rome des hommes du peuple occupés à ces travaux des carrières. Aussi, lorsque les chrétiens durent chercher un abri contre les persécutions, ils se réfugièrent dans ces souterrains dont ils connaissaient familièrement les sinueux labyrinthes. Ils y cachèrent leurs morts; ils s'y réunirent pour la célébration des mystères sacrés et des agapes primitives. Dans des salles informes, l'auguste sacrifice était offert sur le tombeau de quelque martyr, à la clarté de ces lampes que l'on a retrouvées en foule dans les Catacombes et dont l'Église a voulu consacrer le souvenir par l'usage des cierges allumés dans la célébration des saints offices. Des peintures ornaient certaines parties des murs et des voûtes des Catacombes; elles offrent le plus haut intérêt artistique et surtout religieux. Les protestants qui, dans leur religion triste et glacée, prétendent conserver les vraies traditions de l'Eglise primitive, pourraient y apprendre comment les premiers chrétiens vénéraient les images des saints, et quel culte pieux ils adressaient à la Sainte-Vierge, dont l'art se plaisait à reproduire les traits.

Je suis descendu seul, accompagné d'un moine, dans ces antres ténébreux de la foi où d'intrépides chrétiens préparaient, au sein des persécutions, la rénovation morale du monde. Un flambeau à la main, j'ai parcouru quelques-uns de ces étroits corridors qui se croisent dans tous les sens, et sur plusieurs étages, en un dédale inextricable. Ils se prolongent sous Rome et sous une partie de la campagne romaine; mais pour prévenir des accidents redoutables, semblables à celui du peintre Robert, que Delille a chanté dans son Poëme de l'*Imagination*, des murs de clôture ont rendu impossible l'accès de plusieurs passages. C'est dans les parois de ces sentiers souterrains que sont creusées des cavités, disposées sur plusieurs rangs, où ont été ensevelis, selon les écrivains ecclésiastiques, quatorze papes et près de deux cent mille martyrs. Les pierres qui fermaient latéralement ces cavités sont tombées, laissant à nu les débris humains qu'elles renferment. On se promène ainsi dans ces cavernes lugubres, au milieu des cendres des morts, le cœur oppressé par les ténèbres et par les images de deuil qui vous entourent. Dans ces dernières années, un peintre français a trouvé dans l'amour de son art assez de force et de courage pour passer là de longues journées, copiant toutes les peintures qu'il a découvertes dans les profondeurs les plus reculées des Catacombes. Je puis apprécier à sa juste valeur le mérite de sa persévérance; car, malgré la vénération que de pareils lieux inspirent, j'étais heureux, après une demi-heure, de sortir de ces épaisses ténèbres et de me retrouver au milieu de la nature extérieure. L'aspect du ciel me réjouissait la vue, je respirais avec délices l'air frais du soir, et, sous la lumière d'un beau soleil couchant, les ruines elles-mêmes me paraissaient riantes et parées.

Cette excursion vers la voie Appia et les Catacombes marquait en quelque sorte le terme de mon séjour à Rome. N'avions-nous pas vu tout ce que l'on montre aux étrangers, — palais, églises, villas, statues, tableaux, cérémonies religieuses, ruines du passé? Sans doute, revoir souvent ces mêmes choses, avec moins de précipitation et plus de liberté d'esprit, se familiariser avec les mœurs locales que, dans un si court séjour, on n'a même pas le temps de saisir, ce serait encore un vrai bonheur; mais nous devions songer aux autres villes qu'il nous restait encore à visiter, et il fallait partir au moment où je commençais à goûter dans sa douceur intime le charme de la vie de Rome, ce *charme dont on ne se lasse pas*, comme dit si bien Corinne. Cependant pouvions-nous partir sans avoir obtenu une audience du Saint-Père? sans avoir reçu en particulier sa bénédiction? Nous en avions formé, avec trois de mes camarades, une demande collective que nous avions adressée, suivant l'usage, à l'ambassade française; mais elle ne paraissait pas destinée à obtenir un grand succès. Un de nous, M. de M***, quoique recommandé à notre ambassadeur, M. de Rayneval, désespérait de réussir. Se trouvant à dîner, il y a quelques jours, avec un des quatre cameriers intimes du Pape, Mgr. de Mérode, celui-ci lui avait dit que ces audiences étaient très difficiles à obtenir, le nombre des demandes s'élevant à plus de trois mille. Cependant, voyant que le jour du départ approchait, nous avons pris, à cette extrémité, un parti héroïque. Nous sommes allés au Vatican faire une visite à Monseigneur Borromée qui, sous le titre, je crois, de *maestro di Camera*, règle tout ce qui concerne l'intérieur de la cour pontificale. Mgr. Borromée, jeune homme de vingt-cinq à vingt-huit ans, nous a accueillis avec cette bonne grâce que nous faisait du reste espérer le grand nom qu'il porte et les hautes fonctions qu'il remplit. Comme il faisait prendre par un secrétaire le nom de chacun de nous, celui de M. de M*** lui a rappelé aussitôt que sa lettre d'audience était prête et allait lui être envoyée. Le succès de notre démarche était dès-lors assuré, nos trois noms ont été ajoutés dans la lettre à celui de M. de M***, et voilà comment, avant-hier, vers les dix heures, nous nous présentions, munis de chapelets, aux portes du Vatican. Dès notre entrée, on nous a fait traverser plusieurs salles remplies de gens de service, de suisses, de gardes-nobles, d'ecclésiastiques. Leur politesse, leur excellente tenue faisaient un singulier contraste avec les allures vulgaires et le laisser-aller qui nous avaient frappés à Caserte, dans l'entourage de la cour de Naples. Nous sommes ainsi arrivés dans la salle du Trône où un moment on nous a laissés seuls. Nous étions à nous demander si c'était là que le Pape allait nous accorder audience, lorsqu'un ecclésiastique s'est présenté, a déposé nos chapelets dans un plat de vermeil, nous a priés de quitter nos gants, et, nous fesant passer par une suite de petites pièces, il nous a mis inopinément, sans nous avertir, en présence de **Pie IX**. Entièrement vêtu de blanc, le Saint-Père était assis devant sa table de travail, tenant à la main la liste des personnes qu'il devait recevoir dans la journée. Nous nous sommes aussitôt agenouillés devant lui, mais il nous a relevés avec bonté, et après nous avoir donné son anneau à baiser, il a commencé avec nous une conversation toute familière, toute paternelle, sur la France qu'il aime, sur les villes d'Italie que nous avons vues, sur celles que nous allions voir, sur les *fonctions* (cérémonies) de la Semaine-Sainte. Tout cela était dit avec une affabilité parfaite et une simplicité qui touche dans une si haute majesté. Ce n'était pas le représentant de la plus vaste et de la plus auguste souveraineté humaine qui nous apparaissait en **Pie IX**; nous ne voyions en lui que le saint homme et le père spirituel de tous les fidèles, se fesant humble et petit pour descendre jusqu'à nous.

Bien souvent j'avais eu l'occasion de le voir dans l'appareil imposant de son sublime sacerdoce, soit à la Sixtine où chaque dimanche il entend en public la messe, soit à Saint-Pierre pendant les solennités de la Semaine-Sainte ; j'avais été frappé des sentiments de piété bonne, douce, sympathique que respire sa physionomie et du caractère de tristesse qu'y ont gravé ses malheurs et l'ingratitude de ses enfants. Ici, en nous parlant, sa physionomie perdait un peu de sa tristesse, et le sourire qui errait sans cesse dans ses yeux et sur ses lèvres ne nous laissait apercevoir que la douceur de cette âme d'élite si cruellement éprouvée. — Après un entretien qui a duré près d'un quart-d'heure, et dans lequel le Saint-Père s'est exprimé en français, qu'il parle assez facilement quoique avec un peu d'accent italien, nous avons reçu sa bénédiction ; il a béni nos chapelets et nous nous sommes retirés, pénétrés jusqu'au fond de l'âme d'un accueil si bienveillant et si paternel.

Cette audience de Sa Sainteté a été le dernier acte et comme le couronnement de notre séjour à Rome. Pouvions-nous partir sous de plus douces impressions ? Certes, l'Italie nous réserve encore bien des surprises et bien des merveilles ; mais des souvenirs que nous emporterons avec nous, celui-là sera de tous le plus précieux, de tous le plus fidèlement conservé.

FLORENCE.

15 Mai.

Deux routes s'offrent au voyageur qui de Rome se rend à Florence; l'une qui passe par Terni, Perouze et Arezzo; l'autre par Viterbe et Sienne. La première, la plus intéressante, dit-on, doit se faire en *vetturino;* mais notre essai en ce genre nous avait tellement découragés, que nous avons préféré prendre la voiture publique qui suit la seconde.

En sortant de Rome, nous retrouvons la campagne romaine, telle à peu près qu'elle nous était apparue sur la route de Civita-Vecchia; seulement, en ces vastes solitudes, Avril a répandu un peu plus de verdure sur les pâturages, un peu plus d'or sur les genêts fleuris. Nous longeons le beau lac de Bolsène; Montefiascone nous montre ses célèbres vignobles.

Mais à mesure que nous nous engageons dans les montagnes, l'aspect du pays change complétement ; il devient âpre et sauvage. La nuit nous surprend au milieu de chemins mal entretenus qui montent par des côtes rudes et escarpées. Deux paires de bœufs remorquent la diligence ; tous les voyageurs sont obligés de descendre, et nous voilà marchant à tâtons, au milieu d'épaisses ténèbres, sur une route détrempée par les pluies, parsemée de gros pavés et bordée de ruisseaux pleins d'eau qui, malheureusement pour quelques-uns d'entre nous, ne se distinguaient pas très bien du chemin. Nous arrivons ainsi à Radicofani, le point le plus élevé de cette chaîne des Apennins, sur la frontière de Toscane et des états de l'Eglise. Je ne crois pas qu'il soit au monde de pays plus désolé que celui-là. De tous côtés se dressent des pics hérissés de rochers ; des vallées étroites et profondes s'entrecroisent toutes déchirées de ravins ; de larges taches noirâtres couvrent ce sol bouleversé par les volcans et abandonné des hommes : c'est la confusion, c'est la désolation, c'est le chaos. En descendant le penchant septentrional des montagnes, la nature s'adoucit peu-à-peu ; on trouve les vignes, les champs cultivés, les bouquets de bois, toutes les traces de la civilisation. C'est au sein de ce paysage, — bâtie comme Rome sur un sol inégal, entrecoupé de collines, que nous apparait la ville de Sienne.

Sienne est une de ces cités au caractère original, comme on en trouve tant en Italie, qui après avoir dormi pendant des siècles semblent s'éveiller un beau jour, étrangères aux progrès de la vie moderne et ne conservant que les traces vieillies d'une civilisation autrefois brillante, aujourd'hui tristement déchue. Sienne eut en effet ses jours de prospérité et de gloire ; constituée en république indépendante, elle lutta, parfois avec succès, contre Florence sa puissante voisine. Elle eut ses grandes familles, ses hommes illustres ; neuf papes, trente-neuf cardinaux, une foule d'écrivains attestent qu'elle fut un foyer brillant de civilisation. Son école de peinture, remarquable par le goût poétique, par les dispositions animées et riantes (1), compte des artistes tels que le vieux Guido, antérieur à Cimabué, Ambrogio Lorenzetto qui brilla entre tous au Campo-Santo de Pise, Simone Memmi qui fit à Avignon le portrait de Laure et que Pétrarque a célébré dans deux sonnets ; Domenico Beccafumi, le célèbre auteur du pavé de la cathédrale, enfin Balthazar Peruzzi, grand dans la peinture, mais plus grand encore dans ce bel art de l'architecture dont il est comme le Raphaël.

Lorsque Sienne eut été réunie à Florence, elle vit disparaître sa prospérité en même temps que son indépendance. Ayant perdu toute vie propre, n'ayant plus d'intérêts distincts ou des forces suffisantes pour les soutenir, son rôle politique s'effaça complétement devant celui de Florence ; mais l'ancienne rivalité des deux villes n'en subsista pas moins, et encore aujour-

---

(1) Lieta Scuola fra lieto popolo è la senese, dit Lanzi. St.-Pitt., *lib.* ii.

d'hui un sentiment de jalousie chagrine anime les Siennois contre les Florentins.

Lorsqu'on se promène dans ces rues de Sienne, qui dessinent leurs lignes tortueuses sur les flancs inclinés de la colline, on rencontre à chaque pas des vestiges de l'importance qu'eut autrefois cette cité. Ce sont de grands palais construits par de puissantes familles; c'est la place, *il Campo*, disposée en vaste demi-cercle devant le palais des Signori et qui semble tout attristée de son silence, après les délibérations populaires dont elle a si souvent entendu le tumulte; c'est surtout la cathédrale, un des monuments les plus splendides de l'Italie par le luxe réuni de tous les arts. On y admire la richesse de sa façade gothique, le caractère religieux de son intérieur incrusté de marbres alternativement blancs et noirs, ses beaux vitraux coloriés, ses stalles, ses tableaux, ses bénitiers, sa chaire de marbre admirablement sculptée par Nicolas de Pise. Dans l'ancienne sacristie qui porte aujourd'hui le nom de bibliothèque, les Siennois montrent avec empressement des livres de chœur enrichis de fines et précieuses miniatures, mais surtout les grandes fresques représentant divers traits de la vie du grand pape siennois Pie II qui, après avoir illustré dans les lettres le nom de Piccolomini, devint un héros dans la chaire de saint Pierre. Ces fresques avaient été commandées à un peintre alors célèbre, le Pinturicchio qui, effrayé d'une si vaste entreprise, ne craignit pas d'appeler à son secours un jeune homme de vingt ans qu'il avait connu dans l'atelier du Pérugin et qui allait bientôt répandre dans le monde la gloire de ce grand nom, Raphaël. C'est lui qui fit les cartons que le Pinturicchio peignit ; ils introduisirent tous deux leurs portraits dans ces grandes compositions, curieux monument et du génie naissant de Raphaël et de l'état de la peinture, au début de ce XVIe siècle qui devait la voir monter si haut. Au centre de la bibliothèque, le cardinal Piccolomini, neveu de Pie II et depuis devenu pape lui-même sous le nom de Pie III, fit placer le beau groupe en marbre des trois Grâces que l'on venait de découvrir. Ces femmes nues étalant dans un lieu saint leurs formes charmantes, quel scandale ce serait en France ! Les mœurs italiennes, sans être plus relâchées, se montrent moins susceptibles, tant ces âmes tendres, ces imaginations vives mêlent naturellement les images du beau, du riant et du plaisir, aux élans les mieux sentis d'une piété parfaitement sincère !

Mais ce qui fait surtout la gloire de la cathédrale de Sienne, ce qui la distingue entre toutes les autres, c'est l'admirable beauté de son pavé. Il forme une sorte de mosaïque composée de morceaux de marbre de trois nuances, blanc, gris et noir. Ces marbres, taillés et joints ensemble avec une extrême précision et une rare intelligence, dessinent différentes compositions qui font l'effet d'une peinture en grisaille. Plusieurs figures de vierge ou de sibylles sont ainsi disséminées dans l'église ; elles sont dues au vieux Duccio de Sienne ou aux artistes venus après lui. Tous les peintres Siennois semblent en effet avoir apporté leur tribut à cet ouvrage national, depuis ce Duccio jusqu'à Beccafumi qui, de berger devenu grand artiste, consacra une partie de sa vie et son beau talent à l'exécution du pavé placé autour du maître-autel et sous la coupole. Il y représenta différents traits de la Genèse et de l'histoire d'Elie, avec un tel mérite d'invention, de composition et de dessin, que les artistes les plus habiles sont allés y puiser des idées et des leçons. Combien n'est-il pas regrettable que la beauté même de cet ouvrage s'oppose à ce qu'on l'examine en toute liberté ! Mais on comprend qu'on ait dû chercher à le préserver des causes de destruction, si nombreuses dans une église où tous les jours les fidèles affluent. Il est recouvert d'un parquet mobile qu'on enlève par parties lorsque les étrangers se présentent, et qui ne disparaît complètement que dans les grandes fêtes de l'année.

Sienne compte de nombreuses et belles églises; mais il n'en est pas qui offre un intérêt aussi grand que le petit oratoire de Sainte-Catherine. Il entretient et perpétue le souvenir de cette sainte femme, entourée à Sienne d'une vénération que son histoire explique et justifie. Ce fut en effet une femme bien extraordinaire, sainte Catherine-de-Sienne ! Si les évènements de sa vie ne se trouvaient mêlés de la manière la plus authentique à ceux de l'histoire de son pays, on pourrait les croire inventés, comme une sorte de légende, par les imaginations populaires. Elle naît au milieu du XIVe siècle dans la pauvre boutique d'un père teinturier ; jeune et belle, elle pouvait céder aux séductions de la vie mondaine; elle préfère consacrer à Dieu sa jeunesse et sa beauté. Elle fonde, aux environs de Sienne, le monastère de Notre-Dame-des-Anges où elle vit d'une vie ascétique et de mortification. Les légendes la représentent, dans ses ardeurs de charité, guérissant les malades dans les hôpitaux, — et dans le monde, ramenant miraculeusement à Dieu des cœurs pervertis. Mais cette âme passionnée était à l'étroit dans l'enceinte de son couvent ou de sa ville natale, elle avait besoin de plus larges horizons et demandait une plus vaste carrière.

En ces années du XIVe siècle, l'Italie était en pleine révolution. Rome, veuve de son pape, des tribuns soulevant les peuples, les villes luttant entr'elles, chacune d'elles livrée à des factions qui la déchiraient; partout des scènes de désordre, de guerre et de deuil, tel était le spectacle que l'Italie présentait. C'est au milieu de ces orages qu'apparait la radieuse figure de sainte Catherine. Par sa beauté, par ses vertus, par son grand cœur, par son éloquence inspirée, elle acquiert sur les esprits le plus immense ascendant. Ce n'est pas seulement sa ville natale qui demeure subjuguée, toute la Péninsule obéit à sa parole. Elle réconcilie Lucques, Sienne et Pise avec le Pape; elle accourt à Florence, et les orages qui y grondaient s'apaisent à sa voix; elle écrit d'admirables lettres à Grégoire XI qui, cédant aux conseils d'une jeune fille inspirée, abandonne Avignon et rétablit à Rome le siége pontifical. Puis, lorsque l'unité catholique est menacée par le schisme, elle se montre sur la brèche avec le feu patriotique d'un tribun et l'exaltation d'un martyr; elle soutient ardemment Urbain VI contre l'anti-pape Clément. Electrisée par la grandeur de sa mission, cette jeune fille, qui ne sait pas tenir une plume, écrit avec la plus merveilleuse éloquence au roi de Hongrie, à Charles V de France, à Jeanne de Naples qu'elle menace avec hauteur. Elle formait le projet de partir à pied pour aller vers cette reine chargée du poids du meurtre d'André, son mari, lorsque la mort la surprit à Rome, auprès du Saint-Père qui la vénérait.

Sa mémoire ne devait pas rester enfouie avec elle dans la tombe : Pie II la fit canoniser, l'Italie la révère, mais Sienne surtout conserve le souvenir de ses miracles et de sa sainteté. Le quartier de l'Occha, où elle est née, forme dans la ville une sorte de république indépendante, qui ne reconnaît d'autre autorité que celle de sainte Catherine. Les deux cents familles qui l'habitent ne s'allient qu'entr'elles, et le premier mot que les enfants apprennent à bégayer est le nom vénéré de la sainte. Par un décret du grand conseil, la maison de son père est devenue un oratoire richement orné; de vastes peintures murales, dues aux premiers pinceaux de l'école, y représentent divers traits de sa vie. On montre dans sa chambre la pierre qui lui servait d'oreiller, et sur un autel placé dans la boutique paternelle quelques objets qui lui ont aptenu. Ainsi s'exprime la reconnaissance des Siennois. Au milieu de tant d'illustres exemples d'ingratitude ou de sotte popularité, combien on aime ce long souvenir d'une grande mémoire et ce concert d'hommages pieux adressés par tout un peuple à cette femme qui l'avait illustré par sa sainteté et son génie.

Un intérêt d'une nature bien différente, quoique singulièrement poétique, s'adresse à une autre femme de Sienne, la Pia, que quelques vers du Dante ont immortalisée. Dante a souvent parlé de Sienne, et toujours le sarcasme à la bouche, malgré l'hospitalité qu'après son exil il y avait reçue. Egalement hostile à la France, qui était intervenue dans les luttes intestines de Florence, il a trouvé le moyen de percer à la fois les deux peuples d'un même trait satirique. « Y eut-il jamais, dit le poète, nation plus vaine que » la Siennoise ; certes, les Français eux-mêmes ne » peuvent lui être comparés » (1). Pendant son séjour à Sienne, Dante avait entendu raconter l'histoire de la Pia, et l'on comprend qu'il n'ait eu garde d'oublier, dans son poème, ce dramatique épisode. Passant avec Virgile dans un des cercles qui précèdent le Purgatoire, il est interpellé par une ombre :

> Deh quando tu sarai tornato al mondo,
> E riposato della lunga via,
> Seguitò il terzo spirito al secondo,
> Ricorditi di me, che son la Pia :
> Sienna mi fe', disfecemi Maremma ;
> Salsi colui che innanellata pria,
> Disposando, m'avea colla sua gemma (2).

« Quand, après les fatigues de ton long voyage,

---

(1) Inf. C. xxix.
(2) Purg. C. v.

» tu seras retourné dans le monde, s'écria une autre
» ombre, souviens-toi de moi, je suis la Pia. Sienne
» m'a donné le jour, les Maremmes la mort : celui-là
» le sait qui avait placé à mon doigt l'anneau du ma-
» riage. »

Les commentateurs se sont épuisés en vain à rechercher les traces de cette lugubre histoire. Faut-il regretter qu'ils n'aient pas mieux réussi ? L'effet poétique ne s'accommode-t-il pas mieux du vague de ces indications, que de l'histoire la plus précise ? Grâce à cette obscurité, il circule dans ces vers énigmatiques une terreur sombre et mystérieuse; je ne sais quels éclairs lugubres s'en détachent, et l'ombre éplorée de la Pia n'en apparait que d'une manière plus saisissante à l'imagination.

Il est toutefois une des versions des commentateurs qui est vraiment poétique et terrible. La Pia, de la puissante famille des Tolomei, avait épousé un Nello della Pietra. Celui-ci, jaloux et peut-être trahi, se serait enfermé avec sa femme dans un château isolé, au milieu des Maremmes de Sienne, et là, au milieu des exhalaisons pestilentielles du marais, il aurait épié jour par jour, sur les traits décomposés de sa compagne, les traces de la mort qui s'approchait et qui allait les emporter tous les deux. Ainsi se vérifierait la parole du Dante : « Sienna mi fe', disfecemi Maremma ».

On montre encore à Sienne, dans une rue solitaire, la maison de la Pia. En présence de ce petit palais en briques, l'imagination, frappée des vers du Dante, évoque d'elle-même cette fantastique histoire ; une sorte de terreur s'empare de l'âme, et à travers les colonnettes de marbre qui soutiennent les croisées, on s'attend à voir surgir une femme, à la tête pâle et maigrie, qui vienne murmurer le vers mystérieux du poète : « Ricorditi di me, che son la Pia. »

Admirable puissance de la poésie ! Quelques vers de Dante suffisent à immortaliser un souvenir. Il verse une goutte d'ambre sur un nom, et le voilà pour toujours sauvé de l'oubli. Que de grandes images n'a-t-il pas laissées dans chaque ville d'Italie ! Nous les avons rencontrées à Pise avec Ugolin, à Sienne avec la Pia ; nous allons les retrouver en foule à Florence, la patrie du poète souverain.

Grâce au chemin de fer depuis peu établi, le trajet de Sienne à Florence s'effectue en deux heures. Nous laissons à notre gauche Volterre, l'antique ville étrusque ; à notre droite Certaldo, patrie de Boccace, et San Miniato qui, placé sur les hauteurs d'une colline, montre ses légers clochers au sein du feuillage de ses grands arbres. Arrivés à Empoli, nous suivons cette charmante vallée de l'Arno, si pleine de fraîcheur, de richesse, de verdure et de parfums, gracieuse introduction à la ville des fleurs, à Florence.

Il était nuit quand nous y sommes arrivés ; une fois établis à l'hôtel, nous allions nous mettre à table, lorsqu'un bruit de musique lointaine, mêlée aux vagues rumeurs de la foule, arrive jusqu'à nous. Les voyageurs, comme attirés par l'attrait de quelque spectacle, désertent tous l'hôtel. Notre curiosité ainsi excitée, nous sortons comme eux dans la rue. A l'extrémité, la place Santa-Maria-del-Fiore se montrait resplendissante de clartés ; au son de brillantes fanfares, la garnison autrichienne et les troupes toscanes défilaient sur deux rangs. Tenant à la main une torche ou un rameau de feuillage, soldats toscans et soldats autrichiens, s'en allaient bras dessus, bras dessous, vers le palais Pitti, donner une sérénade au vieux maréchal Radetzki, arrivé dans la journée à Florence. C'est à la lueur de ces illuminations que nous jetons notre premier coup-d'œil sur la cathédrale, le baptistère, le campanile : singulière apparition de ces admirables monuments de la cité républicaine, entrevus un instant au milieu d'une fête autrichienne ! Si, sur le passage de ce cortége, les ombres des Florentins illustres, qui reposent dans les églises, avaient pu se dresser sur leurs tombeaux et assister à ce spectacle, qu'auraient-ils dit ces partisans dévoués du Pape, ces Guelfes intrépides, en voyant leurs descendants dégénérés fraterniser avec les Gibelins, soldats de l'Empereur ! — Nous suivons un moment cette procession militaire ; mais la pluie commence à tomber fine et pénétrante, et nous rentrons à l'hôtel où nous préparons le programme des jours suivants.

Nous comptions sans le mauvais temps qui allait un peu déranger nos projets. Ainsi le lendemain la pluie tombait à torrents, et nous n'avons pas eu le spectacle promis d'une grande revue que devait passer Radetzki. Ce temps s'est continué toute une semaine ; c'était une pluie continuelle, un véritable déluge. Je m'en consolais en répétant les vers qu'Alfieri, en colère, adressait à Pise, où semblable mésaventure lui était arrivée :

> Mezzo dormendo, ancor domando : Piove ?
> Tutta la intera notte egli è piovuto,
> Sia maladetta Pisa ! ognor ripiove,
> Anzi a dir meglio, non è mai spiovuto.

D'ailleurs, pour qui aime les arts, Florence n'offre-t-elle pas des distractions sans nombre ? N'a-t-elle pas ses églises, ses galeries, ses musées, ses bibliothèques ? Après des heures entières passées chaque jour au musée degli Uffizj ou du palais Pitti, rentré chez moi, je lis les admirables *Storie Fiorentine* de Machiavel. J'y recherche les événements et les mœurs dont Florence a encore conservé les traces. Ses monuments, sa littérature, ses arts, prennent ainsi dans l'esprit une signification plus profonde ; on vit en relation plus intime avec cette gracieuse cité, et chaque trait de son histoire vous révèle un nouveau côté de son caractère original.

Si l'on étudie la Florence du moyen-âge, on est surpris qu'elle ait pu résister aux luttes intestines et continuelles qui l'ont déchirée. Je ne sais pas de spectacle plus singulier que celui de ces républiques, de ces *communi* d'Italie, développant tout le luxe des arts et toutes les richesses du commerce et de l'industrie, au sein des tempêtes les plus violentes et des guerres civiles les plus affreuses. Celui qui, étranger à toute notion d'histoire, entendrait parler de cette pléiade d'hommes qui ont illustré Florence aux XIIIe et XIVe siècles, les Cimabué, Giotto, Orcagna, Dante, Pétrarque, Boccace, celui-là pourrait penser qu'une telle éclosion s'est produite dans des jours de calme, de tranquillité et de paisible civilisation. Jamais, au contraire, les mœurs ne furent plus âpres, les esprits plus inquiets et plus turbulents. C'est dans les premières années du XIIIe siècle qu'à la suite de querelles privées entre deux grandes familles commencent ces violentes tempêtes. De long temps le bruit des armes ne devait cesser de retentir dans la cité. *La guerre,* telle semble être pendant deux siècles la devise de Florence; on dirait que toutes les fureurs de la discorde s'y sont données rendez-vous. Guelfes contre Gibelins, Noirs contre Blancs, nobles contre peuple, Buondelmonti contre Uberti, Cerchi contre Donati, Albizzi contre Médicis, voilà comment se résume son histoire. Dans cette ville, qu'embellit le génie des arts et que son commerce enrichit, on entend sans cesse le tocsin qui sonne; les séditions éclatent, nobles et peuple prennent les armes, on se bat avec acharnement dans les rues; le chef élevé le matin avec enthousiasme est abattu le soir avec colère, les vainqueurs exilent en masse leurs ennemis vaincus, les palais des chefs sont livrés au pillage, quelquefois même rasés. Un fait peut donner une idée de ces fureurs parvenues à leur paroxisme. Lorsqu'en 1342, le duc d'Athènes fut renversé après une sédition formidable qui vit tout le peuple et toute la noblesse se lever en armes contre le tyran, son conseiller, Guillaume de Scesi, tomba avec son fils, à peine âgé de dix-huit ans, au pouvoir du peuple. Guillaume fut égorgé ; son fils, malgré sa jeunesse, son innocence, sa beauté, subit le même sort. Ceux qui n'avaient pu les frapper vivants, dit Machiavel, les frappèrent morts, et après avoir taillé leurs corps en pièces, comme si ce n'était pas assez d'avoir entendu leurs gémissements, d'avoir vu leurs blessures, d'avoir touché leurs membres en lambeaux, afin que tous leurs sens trouvassent à se satisfaire dans cet acte d'atroce vengeance, ils déchirèrent leurs cadavres à belles dents.

Faut-il s'étonner si Dante, né au milieu de ces guerres civiles dont il fut la victime, trouva des paroles ardentes contre cette Florence *dont les lois sont*, dit-il, *si sages, que celles que l'on édicte en octobre durent presque jusqu'à la mi-novembre !* Et comme on comprend bien que pour couronner ses invectives passionnées, il la compare à ce malade qui, couché sur son lit de souffrance, croit, en changeant de position, adoucir les tortures de sa douleur !

Encore aujourd'hui, certains quartiers de Florence rappellent vivement les souvenirs de ce passé. On y trouve la via Ghibellina, la via Guelfa, la via de Neri. Des palais sombres et menaçants, bâtis en guise de forteresse, semblent respirer le génie de la guerre civile. Tel est ce palais public, *il Palazzo Vecchio*, masse imposante, à l'aspect austère, percée d'étroites fenêtres, couronnée de créneaux et surmontée d'un hardi beffroi d'où l'on pouvait surveiller les mouvements de l'ennemi dans la campagne ; tel est encore le vaste palais Pitti, avec ses assises d'énormes blocs de pierre non équarris, que l'on prendrait pour un entassement de rochers inexpugnable ; commandé par les Pitti à Bruneleschi, il absorba la fortune de ces marchands florentins ; les Médicis le terminèrent, et il sert encore de résidence aux grands-ducs de Toscane. Tel est enfin, entre tant d'autres, le palais Strozzi, le chef-d'œuvre de cette architecture florentine, et l'un des plus beaux palais du monde. A voir la solidité inébranlable de la construction, la précision extrême de l'appareil, le caractère mâle et robuste que l'architecte a imprimé à la moitié inférieure de l'édifice, on dirait une citadelle. Tout y est calculé pour les besoins de la défense : les fenêtres du rez-de-chaussée sont étroites et munies de barres de fer ; celles du premier étage sont placées à une telle hauteur qu'elles défient toutes les attaques. Des anneaux de bronze, habilement ciselés et fixés au mur, servaient à attacher les chevaux de la noblesse amie ; plus haut, des bras de fer étaient destinés à recevoir des torches ou l'étendard de la famille. Il y a là comme une apparition du moyen-âge, avec ses dissensions, ses guerres civiles et ses familles féodales. Cependant, comme l'art à Florence ne saurait nulle part rester absent, on le voit s'épanouir dans toute sa grâce à la partie supérieure de l'édifice : ce sont des proportions élégantes, des combinaisons ingénieuses, des profils nobles et purs ; les fleurs et le feuillage courent sur les archivoltes des fenêtres en gracieux arabesques, et, pour couronner l'édifice, Cronaca posa sur son front ce majestueux entablement, le plus beau que l'on connaisse, car les artistes le mettent au-dessus de celui du palais Farnèse, chef-d'œuvre de Michel-Ange.

Si Florence étonne l'esprit par le spectacle des dissensions qui pendant deux siècles entiers l'agitèrent sans trêve ni repos, ce n'est pas une moins grande surprise qu'excite l'adoucissement survenu depuis lors dans ces mœurs âpres et farouches. Ce fut là surtout le résultat de l'œuvre qu'accomplirent les Médicis. Ces riches banquiers, grâce à l'usage noble et généreux qu'ils fesaient de leur immense fortune, acquirent à Florence un tel ascendant qu'on les vit longtemps, sans titre, sans mandat, sans pouvoir officiel, gouverner la cité en véritables souverains. Leur domination fut d'autant plus facilement acceptée qu'ils savaient en rendre le joug plus léger; et pour mieux gagner les esprits, ils les énervèrent en les civilisant. Tel fut surtout le rôle joué par Laurent de Médicis qui sut, par l'éclat de son gouvernement, mériter le surnom de *Magnifique* que ses contemporains lui avaient donné. Entraîné lui-même par le mouvement qui poussait le siècle vers les travaux d'art, d'érudition et de poésie, il le secondait avec d'autant plus d'ardeur que ses goûts étaient en cela d'accord avec les inspirations de la politique. Il dépensait largement, au profit des arts et de la science, sa fortune princière. Des savants pensionnés par lui parcouraient l'Europe, à la recherche des manuscrits précieux; il bâtissait des palais, des églises; il enrichissait les bibliothèques. Dans ses jardins ouverts au public, les jeunes gens venaient étudier les fragments antiques qu'il y avait rassemblés. C'est là que Laurent vit Michel-Ange, encore enfant, dont il pressentit le génie et encouragea les premiers essais. Versé lui-même dans les arts du dessin, il donnait le modèle de ses villas ou de ses palais, et les souverains de Naples et de Milan n'entreprenaient aucune construction sans le consulter.

Laurent aimait surtout à s'entourer des hommes éminents de Florence : Politien l'élégant poëte, Marcile Ficin qui le premier traduisit et commenta Platon, Pic de la Mirandole le savant universel, Puci l'auteur du *Morgante Maggiore*, Cristoforo Landino, son docte précepteur, formaient sa compagnie habituelle. Retirés ensemble à la villa Carregi ou à la villa Mozzi, ils sondaient, en des entretiens savants dont l'histoire a conservé la mémoire, les problêmes les plus ardus de la philosophie Platonicienne. Puis, resté seul et rentré en lui-même, dans les loisirs qu'il savait trouver au milieu des soucis de la politique et de ses grandes affaires de négoce, Laurent prenait sa lyre de poëte et traduisait en belles images les visions charmantes de son esprit; quelquefois il revêtait d'une forme poétique les doctrines élevées de Platon, ou bien il chantait Lucrezia de' Donati, sa chaste amante, en des sonnets qui renouvelaient toute la grâce de Pétrarque.

Cependant cette intelligence élégante et fine ne dépensait pas toute son ardeur dans les hautes méditations; elle savait encore descendre avec souplesse jusqu'au peuple et se mettre au service de ses amusements. Dans les fêtes du Carnaval, il inventait les déguisements, descendait sur la place, menait le chœur des rondes populaires, entonnant le premier les joyeuses chansons que lui-même avait composées; puis, rappelé aux choses sérieuses, il rentrait dans son palais, au milieu des acclamations d'un peuple enchanté d'être gouverné si gaîment.

Voilà sous quelles influences le vieux type toscan s'altéra et perdit son âpreté première. Ce travail se continua sous le gouvernement paisible des Grands Ducs, et lorsqu'à la fin du XVIIIe siècle un prince sage, humain, plein de mansuétude, Léopold II, publia ses fameuses lois Léopoldines dans lesquelles il alla jusqu'à abolir la peine de mort, il trouva des mœurs préparées à recevoir ces réformes, et un peuple assez éclairé pour ne pas en abuser.

Aujourd'hui, le peuple Toscan est peut-être le plus doux, le plus paisible des peuples de la terre. Il règne dans les masses une culture intellectuelle qui rappelle les villes les plus policées de la Grèce antique. Si la langue italienne parlée à Florence n'a pas cette douceur infinie qui sur les lèvres des Romaines en fait la plus délicieuse des mélodies, elle a du moins un rare mérite d'élégance et de pureté. La poésie n'y est pas le privilége des classes riches et oisives; elle y est cultivée, avec amour, même par les gens du peuple, et il n'y a jamais disette de sonnets pour célébrer en vers les évènements du jour. De pareils goûts honorent sans doute une cité. Seulement, comme ces poè-

16

tes sont très expansifs et leurs poésies fort longues, c'est à l'étranger à se mettre en garde contre les lectures dont il est parfois menacé. Le lendemain de mon arrivée à Florence, j'étais allé à Saint-Laurent visiter la chapelle où reposent les Médicis. Pendant que j'examinais la coupole qu'un peintre moderne a couverte de sujets religieux, un jeune homme, pâle et mélancolique, qui, en habit militaire, était de garde dans la salle, s'approcha de moi; il entama la conversation par des doléances sur sa position qui le condamnait à passer de longues heures dans cette salle, presque toujours seul en présence de tombeaux; en manière de passe-temps il s'était amusé dans la journée à faire des vers; et, là-dessus, le voilà qui sort de sa poche quelques feuilles de papier dont il commence la lecture. C'était une suite interminable de strophes sur Adam et Eve, Abraham, Noé et tous les sujets peints à la voûte. Il y avait dans ces vers de la facilité, de la verve, de l'esprit, mais aussi une intempérance de langage qui ne connaissait pas de limite. Pour les louer dignement, je cherchai dans mon esprit la plus fine fleur du langage toscan, et ce tribut une fois payé, je m'éloignai. Le surlendemain, visitant le beau cabinet d'histoire naturelle, je rencontrai encore mon poète, ce jour-là de garde dans la salle de minéralogie. Je me sauvai en l'apercevant, car il tenait à la main un rouleau de papier, et je craignais qu'il n'eût passé en revue, dans ses strophes poétiques, tous les minéraux et les fossiles de la collection.

Je viens d'essayer de vous faire connaître, en quelques traits, les mœurs du peuple Toscan. Il me semble que, d'après ces indications, vous pouvez déjà vous faire une idée de l'aspect que présente le pays. Le Tasse, dans deux vers que Montesquieu devait plus tard développer, a célébré l'influence du climat sur les mœurs. Passant en revue les troupes réunies pour la croisade, il dit des guerriers venus de la Touraine :

> La terra molle e licta e dilettosa
> Simili a se gli abitator produce.

Ne pourrait-on pas retourner cette pensée? et ne serait-il pas tout aussi vrai de dire que les hommes façonnent le pays à leur image, et qu'une ville reflète nécessairement les mœurs de ses habitants? Devant les vieux palais florentins nous avons retrouvé les souvenirs des guerres civiles. L'aspect de la ville moderne nous retrace une existence moins inquiète et des mœurs plus civilisées. C'est cette douceur d'aspect qui fait, entre les autres villes, son caractère original. Naples est séduisante et voluptueuse, Rome triste et grandiose; Florence est charmante. Assise sur les bords de l'Arno, elle est entourée d'une multitude de villas, de casins, de maisons de campagne qui, disséminés au milieu des bosquets dans la plaine ou étagés sur les penchants fleuris des coteaux, font à Florence la plus fraîche guirlande qui puisse couronner le front d'une cité. On respire au milieu de cette campagne délicieuse je ne sais quel air de félicité qui réjouit le regard et fait du bien à l'âme. A voir cette corbeille de verdure, ces villas qui reluisent en foule au soleil de mai, cet air de prospérité riante et de fête champêtre, on croirait voir renaître dans toute leur gaîté rustique, mais avec un degré de plus de civilisation, les jours les plus fortunés des antiques idylles.

C'est sous cet aspect que Florence apparut à Byron et qu'il l'a chantée :

> Girt by her theatre of hills, she reaps
> Her corn, and wine, and oil, and Plenty leaps
> To laughing life, with her redundant horn.
> Along the banks where smiling Arno sweeps,
> Was modern luxury of commerce born,
> And buried learning rose, redeem'd to a new morn.

« Au milieu de son amphithéâtre de collines, elle
» recueille ses blés, ses vins, ses huiles; et là, te-
» nant en main sa corne pleine, l'Abondance bondit,
» joyeuse et vive. Sur les rives où l'Arno promène,
» en souriant, ses ondes, le commerce donna nais-
» sance au luxe moderne, et la science, sortant de
» son tombeau, vit luire pour elle une nouvelle
» aurore. » (1)

Des hauteurs de Fiesole, la vue est surtout ravissante. Pour mieux en jouir nous étions entrés dans un couvent de Franciscains d'où le coup-d'œil est des plus étendus. Le frère qui nous accompagnait, pas-

---

(1) CHILD-HAROLD, ch. IV, st. XLVIII. — Montaigne, qui voyageait en Italie dans les années 1580 et 1581, avait déjà remarqué cet aspect de la campagne de Florence. « Les maisons s'y touchent, dit-il, tant elles sont dru-semées. »

sant en revue les différentes villas que nous avions sous les yeux, nous en désignait les possesseurs; presque tous sont des Anglais. C'est à eux qu'appartiennent la villa Palmieri qu'habita Boccace, et où il plaça la scène de son décaméron; la villa Mozzi, bâtie par les Médicis; la villa Careggi qui fesait les délices de Laurent le Magnifique, et bien d'autres encore que je ne puis énumérer. Attirés par la douceur du climat, par la beauté du site, par les facilités de la vie, par certaines conformités de mœurs ou d'habitudes, les Anglais aiment à fixer leur résidence en Toscane. Leur colonie y est très nombreuse; on les y compte, dit-on, par milliers.

Ce n'est pas seulement dans ses environs que Florence est pleine d'attraits. Grâce au goût de ses habitants et au génie de ses artistes, rien n'est plus orné que son intérieur. Depuis le milieu du XIIIe siècle, Florence a été un vaste atelier où tous ses artistes ont amplement trouvé à satisfaire leur besoin d'activité impatiente et de production féconde. Parcourez les édifices publics; dans chacun d'eux l'école Florentine a laissé quelqu'un de ses chefs-d'œuvre. Je ne parle pas seulement des magnifiques collections des Uffizj et du palais Pitti où, entre les divines madones de Raphaël et la Vénus de Médicis, l'Apollino, les Niobé, merveilles de l'art grec, l'on peut encore admirer les peintures de fra Bartolommeo et d'Andrea del Sarto. Mais entrez dans l'église del Carmine, le génie de Masaccio respire sur ses murs. A Santa-Maria-Novella vous trouverez la célèbre madone de Cimabué, l'Enfer et le Paradis d'Orcagna, et d'immenses fresques de Ghirlandajo, le maître de Michel-Ange ; Giotto vous apparaîtra à Santa-Croce dans son Cénacle de l'ancien réfectoire ; le frère Angélique, dans ce couvent de Saint-Marc où il a laissé, avec ses divines peintures, le souvenir de ses saintes vertus. L'empreinte du génie aimable d'Andrea del Sarto est restée sur les murs de plusieurs couvents de Florence ; n'y eût-il point que sa célèbre *Madonna-del-Sacco*, quelle admiration n'exciterait-il pas ? Et Michel-Ange, où peut-on, mieux que dans sa ville natale, suivre toutes les phases de son talent de statuaire, depuis cette tête de Satyre qu'il sculpta, presque enfant, dans les jardins de Laurent de Médicis, jusqu'à la *Pietà* inachevée que conserve Santa-Maria-del-Fiore ? Pour remplir l'intervalle, Florence vous montrera son *Bacchus* et son *David* où le grand Florentin, fesant violence à sa nature, recherche l'élégance grecque ; son buste de *Brutus*, inachevé mais plein de puissance et de génie ; le bas-relief des *Centaures* que l'on conserve dans la maison de l'artiste, encore habitée par un de ses descendants, M. le cav. Buonarotti, président de la cour suprême de Florence ; un *saint Mathieu* qui semble se dégager avec effort du bloc de marbre dans lequel il est à peine ébauché ; enfin ses statues des tombeaux de Laurent et de Julien de Médicis, chefs-d'œuvre si étonnants par la vigueur de l'accent, l'audace, la fougue et le feu créateur.

Ces divers ouvrages d'art sont enfermés dans des cloîtres des églises ou des palais. Mais combien d'autres chefs-d'œuvre Florence n'a-t-elle pas généreusement livrés au public, pour le plus grand ornement de ses places et de ses rues! Que peut-on comparer à cette place du Grand-Duc, si riche des produits variés des arts? Au centre est la statue équestre de Côme Ier, par Jean de Bologne ; à côté, la vaste et superbe fontaine où l'Ammanato a représenté Neptune traîné par des chevaux marins, au milieu de tritons, de naïades et d'une foule d'autres divinités marines. Devant la porte du Palazzo Vecchio se trouvent d'une part le *David* colossal de Michel-Ange, de l'autre l'*Hercule* de son haineux rival le Bandinelli. Mais le plus bel ornement de la place, c'est l'admirable portique élevé par Orcagna, sous lequel, du temps de la république, les orateurs haranguaient la foule, le peuple installait ses magistrats, le gouvernement promulguait ses décrets, et qui depuis devenu le quartier des lanciers de Côme, dut à cette destination le nom qu'il porte encore de *Loggia de Lanzi*. Les nobles arcades de ce portique ne sont pas seulement un modèle de grandeur et d'élégance; elles abritent encore de superbes statues. Là, sont les *six Prêtresses de Romulus*, œuvre d'un ciseau antique; *l'enlèvement d'une Sabine*, groupe plein de hardiesse, de Jean de Bologne; le *Lion* de Flaminius Vacca, la *Judith* de Donatello et le *Persée* de cet étrange Benvenuto Cellini qui a raconté lui-même, dans ses mémoires, les curieux détails de la fonte de cette statue.

Presque aussi ornée que la place du Grand-Duc, la place de la Cathédrale n'est pas moins admirable par ses œuvres d'art et ses monuments. On y voit le brillant *Campanile* de Giotto, Santa-Maria-del-Fiore, avec son dôme hardi et ses murs exérieurs revêtus, sur toute leur immense surface, d'une riche marqueterie de marbres variés, le Baptistère, autrefois église Saint-Jean, dont le souvenir arrachait un cri d'amour à Dante exilé, et dont les trois portes de bronze sont si célèbres dans l'histoire de l'art. La plus ancienne avait été exécutée dans les premières années du XIVe siècle, par Andrea de Pise, sur les dessins de Giotto. Dans l'année 1401, les Florentins, après la cessation d'une peste qui avait désolé la cité, voulurent enrichir l'église du Saint, leur protecteur, de deux nouvelles portes semblables à celles d'Andrea. Un concours fut ouvert, auquel prirent part de nombreux artistes toscans ou étrangers. Sept d'entre les concurrents furent choisis parmi les plus renommés : c'étaient Brunelleschi, Donatello, Jacopo della Quercia, Ghiberti, etc. Chacun d'eux devait exécuter un panneau en bronze représentant le Sacrifice d'Abraham. L'époque du jugement étant arrivée, les juges se montrèrent hésitants entre Ghiberti, Brunelleschi et Donato. L'œuvre de chacun d'eux présentait des qualités éminentes, mais en réalité le panneau de Lorenzo Ghiberti, que l'on montre encore au musée degli Uffizj, l'emportait sur ceux de ses rivaux. Brunelleschi et Donato, qui virent ces hésitations, se retirèrent à l'écart et, après s'être concertés entr'eux, ils proclamèrent la supériorité de Lorenzo ; ils prouvèrent, par les meilleures raisons, qu'il méritait le prix et que la patrie serait mieux servie par lui que par tout autre. En vain les consuls prièrent-ils Brunelleschi de partager l'entreprise avec Ghiberti; il s'y refusa, aimant mieux, disait-il, être le premier dans un autre art que de rester en arrière ou même sur le rang de Lorenzo.

Ghiberti, qui n'avait alors que vingt ans, se mit donc à l'œuvre et coula en bronze cette admirable porte, que l'on voit du côté du nord, où il représenta vingt sujets tirés du nouveau testament. Quelques années plus tard, les consuls de la communauté des commerçants confièrent encore à Ghiberti l'exécution de la porte du milieu, qui regarde Santa-Maria-del-Fiore. Le grand artiste fut laissé libre d'opérer comme bon lui semblerait; on l'invita à n'épargner ni le temps, ni la dépense pour créer un monument aussi riche, aussi beau et aussi parfait qu'il saurait l'imaginer, espérant, lui disait-on, qu'il se surpasserait lui-même autant qu'il avait déjà surpassé ses rivaux. Excité par la confiance qu'on mettait en lui, Lorenzo Ghiberti, après des travaux qui durèrent toute sa vie, produisit ces étonnants reliefs, si hardis de dessin, si riches de style, si abondants de composition, et d'une pureté, d'une grâce, d'une élégance incomparables. Chacun des deux battants de la porte est divisé en cinq panneaux où sont sculptés, d'une main singulièrement magistrale, divers sujets de l'Ancien Testament. Ces battants sont encadrés dans une riche bordure ornée de vingt figurines en pied qui représentent de beaux guerriers, des sibylles inspirées, des prophètes majestueux. Avec ces figurines alternent des bustes de femmes, de jeunes gens, de vieillards. Dans le haut et dans le bas de la porte sont placées douze figures couchées. Le chambranle de bronze, commencé par Lorenzo et terminé par son fils, est délicieusement orné de feuilles, de fleurs et de petits animaux fouillés avec une pureté et une hardiesse admirables. Enfin, une belle corniche couronne cette porte merveilleuse, œuvre unique au monde, produit d'un art exquis, admiration et désespoir des artistes qui l'ont étudiée. On demandait à Michel-Ange ce qu'il pensait des portes de Ghiberti : « Elles sont dignes de servir de porte au paradis, » répondit le grand maître en son bel enthousiasme d'artiste.

Nous venons d'admirer le génie de Ghiberti. Pourquoi faut-il ajouter que son caractère ne s'éleva pas toujours à la même hauteur et qu'il répondit bien mal au noble désintéressement dont Filipo Brunelleschi lui avait donné l'exemple ! Celui-ci, après le concours où lui-même s'était noblement déclaré vaincu, avait tourné toutes les forces de son intelligence vers l'architecture. Une idée fixe l'absorbait, c'était de réunir les quatre bras de Santa-Maria-del-Fiore par une coupole dont personne, depuis la mort d'Arnolfo di Lapo, n'avait osé entreprendre la construction. Il s'était préparé à cette vaste entreprise par les études les plus longues, les plus profondes, les plus persévérantes. Mais combien d'obstacles n'eut-il pas à vaincre pour arriver à la réalisation de ses vastes projets ! L'idée d'élever dans les airs une immense coupole était alors une si grande nouveauté et paraissait d'une telle hardiesse que, lorsque Brunelleschi fit connaître ses plans, il ne trouva que des incrédules, et on alla même jusqu'à le taxer d'extravagance et de folie. — Cependant, par son habileté, par son profond savoir, par son éloquence, il sut peu à peu ramener les esprits, et après de longues hésitations on lui confia l'entreprise de la coupole.

Il n'était pas encore au bout de ses mésaventures : Ghiberti, oubliant les nobles procédés de son rival, voulut lui ravir une partie de la gloire qu'il attendait de ses travaux. Par l'entremise des puissants amis que sa réputation de sculpteur lui avait créés à Florence, il intrigua si bien auprès des intendants de la cathédrale qu'il obtint d'être associé à Brunelleschi dans la direction de l'entreprise. C'est dans Vasari qu'il faut lire le détail de cette lutte entre les deux rivaux, et par quelles ruses habiles, par quelles savantes manœuvres Brunelleschi fit éclater l'ignorance architecturale de Ghiberti, et le contraignit à se retirer. Resté seul à la tête des travaux, Brunelleschi leur consacra les vastes ressources de son esprit ingénieux et inventif. Ses compatriotes émerveillés voyaient peu à peu s'élever dans les airs ce dôme audacieux, admirable témoignage du génie de cet homme qu'ils avaient d'abord abreuvé de dégoûts et dont les louanges étaient maintenant sur toutes les lèvres. Déjà la coupole était achevée; on travaillait à la lanterne qui la couronne, lorsque la mort surprit Brunelleschi. En quittant ce monde, il avait au moins la satisfaction de laisser après lui une gloire immortelle, car son nom restera à jamais lié à cette immense construction qui domine Florence et qui fait sa gloire. Mais qu'est-il besoin de vanter plus longtemps ce magnifique dôme? Michel-Ange, le grand juge, s'est chargé de l'éloge suprême : « Il est difficile de faire aussi bien, disait-il, il est impossible de faire mieux, » et avant de mourir, il recommanda qu'on l'enterrât en face de ce dôme, objet de sa vive et constante admiration.

Santa-Maria-del-Fiore n'est pas seulement célèbre par sa coupole, on y admire encore la belle dimension de l'église, la hardiesse des voûtes, les riches incrustations de marbre dont les murs extérieurs sont couverts, de beaux reliefs de Bandinelli, et l'on y retrouve, dans les tombeaux de Giotto, de Brunelleschi et de Marcile Ficin, les souvenirs de ces premiers et illustres restaurateurs de la peinture, de l'architecture et de la philosophie.

Mais, pour celui qui se plait à rêver sur les tombes des hommes illustres, c'est à Santa-Croce qu'il doit porter ses méditations. Dans ce panthéon de la gloire, reposent Machiavel, Michel-Ange, Galilée; Dante n'y a pas ses cendres, restées à Ravenne, mais un monument y rappelle au moins son souvenir. — Qu'ils sont grands ces quatre Toscans ! et quelle fécondité dans un sol qui produit de pareils hommes ! Voyez le rang qu'ils occupent dans la hiérarchie des intelligences; partout ils se montrent les premiers, — dans la poésie, dans l'art, dans la politique, dans la science. A eux quatre, ils embrassent le cercle immense de la pensée humaine ; Dante crée du même coup la langue et la poésie italiennes : venu le premier des poètes, il reste le plus grand ; Machiavel, puissant investigateur des lois politiques et sociales, unit, dans son observation profonde, le génie de Tacite à celui de Molière ; Michel-Ange, de son trône élevé, gouverne pendant tout un demi-siècle le monde artistique obéissant fidèlement à ses lois ; et le jour même où il mourait à Rome, Galilée naissait à Pise, comme si le flambeau de la science devait luire désormais à la place du flambeau éclipsé de l'art. — Elles sont certes bien diverses les directions suivies par ces grands hommes ; et cependant, entr'eux, que de rapports de parenté ! L'influence d'une même patrie, d'une mère commune a imprimé à leurs intelligences un caractère frappant de ressemblance et d'analogie. Dans tous, vous retrouverez la même trempe solide, une intelligence nette et résolue, un regard d'aigle qui va droit au fond des choses, un esprit vigoureux et toujours debout, des hommes *carrés par la base*, comme disait Napoléon qui, lui aussi, est de cette grande famille. En eux, on reconnaît le génie de l'Italie nouvelle uni au génie de la Rome des vieux jours. Sous leur gravité antique, apanage de la race latine, vous sentez s'agiter tous les orages des temps modernes ; leur puissance est concentrée, mais elle n'en laisse que mieux jaillir l'inspiration, et le feu un peu sombre dont ils luisent s'illumine parfois des plus resplendissantes clartés.

Lorsque de pareils hommes sont nés ou ont vécu

dans une ville, ils y laissent d'autres traces qu'un tombeau. On est heureux, à Florence, de pouvoir suivre ces traces et de les reconnaître disséminées dans la cité. Voici la maison de Machiavel en face du palais de son noble ami, l'historien Guicciardini ; ici, sur cette pierre, à côté de Santa-Maria-del-Fiore, Dante avait l'habitude de venir s'asseoir et rêver ; le génie de Michel-Ange resplendit sur une foule de statues qui se présentent partout au regard ; Galilée a fait ses plus belles expériences à Pise, mais il a laissé du moins à Florence ses instruments, qu'on a précieusement recueillis dans une salle richement ornée, espèce de sanctuaire dont il est comme le dieu.

Que de charme ces souvenirs répandent sur Florence ! Tout l'attrait d'une ville n'est pas dans ses monuments, ses sites et ses rues ; il est aussi dans l'empreinte qu'elle garde de ses grands hommes et dans les souvenirs qu'ils y ont laissés. Voilà surtout ce qui entoure les cités d'un poétique prestige et les embellit dans l'imagination. Aussi, au moment de quitter Florence, ce que je regrette, ce n'est pas seulement les merveilleux produits de ses arts, les agréments de ses environs, la douce aménité de ses mœurs ; je regrette aussi avec tristesse la ville des vieux jours, l'Athènes de l'Italie, la patrie admirable de tant de grands hommes et tous ces souvenirs du passé au milieu desquels mon esprit a vécu. C'est par tous ces charmes que Florence vous retient et vous subjugue ; ce sont là les liens dont elle vous entoure et qu'il est si pénible, pour le cœur, de briser.

Rien n'est à la fois attrayant et mélancolique comme les voyages. On arrive dans une de ces poétiques cités d'Italie, — Naples, Rome ou Florence. Elles s'emparent d'abord de votre curiosité ; l'admiration vient ensuite, puis l'affection, puis l'intimité. Mais l'heure du départ sonne et l'on se sépare avec tristesse. C'est le tour d'une autre ville non moins admirable, non moins aimée, et, plus tard, non moins vivement regrettée. Dans ce spectacle qui se renouvelle sans cesse, dans ce panorama mobile qui, successivement, fait apparaître aux yeux de nouveaux tableaux, on voudrait s'arrêter devant chacun d'eux, tant il est plein d'enchantement et de merveilles. Mais le spectacle continue sans interruption, et chaque tableau doit avoir son tour. Ainsi, pour les voyages : comme dans toutes les choses de la vie, c'est une succession de tableaux changeants, d'attachements suivis de séparations, de plaisirs que les regrets accompagnent.... Et cependant (pourquoi ne pas le reconnaître ?) c'est du touriste surtout qu'il est vrai de dire que son cœur ne connaît pas les longues tristesses ; ces regrets, que j'éprouve aujourd'hui au moment de quitter Florence, sans doute s'effaceront bientôt ; et lorsque, dans peu de jours, Venise va m'apparaître avec ses merveilles, je retrouverai, dans toute leur plénitude, ces jouissances de curieux et d'artiste qui, après tout, font des jours passés en voyage les plus doux et les plus charmants de la vie.

VENISE.

8 Juin.

Depuis ma dernière lettre, que de chemin n'avons-nous pas fait? Que de villes n'avons-nous pas vues? De Florence à Venise, en passant par Bologne, Modène, Reggio, Parme, Mantoue, Vérone, Vicence, nous avons traversé toute cette Italie du nord, moins abondante que l'autre en souvenirs antiques, mais peuplée de grandes et intéressantes cités répandues à profusion sur ce sol fertile, dans ces riches plaines Lombardes qui sont comme le jardin de l'Italie et du monde. Dans ces nouvelles pérégrinations, je n'ai plus eu la compagnie de ces joyeux touristes que j'avais rencontrés sur le bateau qui nous avait apportés à Naples. Chacun d'eux, attardé dans son voyage ou pressé de rentrer en France, m'a abandonné en chemin. Un seul m'est resté, M. de M., jeune homme charmant par les grâces de l'esprit et l'aménité du caractère; c'est avec lui que j'ai traversé la Lombardie et suis arrivé à Venise. Malheureusement, je vais être obligé de m'en séparer, car il est sur le point de partir pour Vienne et de rentrer à Paris, en passant par l'Allemagne.

Nous avions quitté Florence dans la soirée du 16 mai; le lendemain, après avoir traversé pendant la nuit les Apennins, nous arrivions vers midi à Bologne. — Le premier coup-d'œil n'est pas favorable à Bologne, et je ne sais si un plus long examen pourrait détruire cette impression. Il y a en elle quelque chose de froid et de compassé qui contraste singulièrement avec le caractère des autres villes d'Italie. Ce n'est plus cette beauté du ciel si délicieuse à Naples, cette poésie du passé que l'on respire à Rome, ou ce luxe extérieur des arts qui rend Florence si attrayante. Bologne est avant tout une cité grave et doctorale; c'est la patrie du *Docteur*, ce personnage obligé de l'ancienne comédie italienne, que bernent tour à tour Pierrot, Arlequin ou Colombine; c'est le siège de cette université fameuse où des milliers d'étudiants venaient de toutes les parties de l'Europe s'initier à la science du droit, sous la direction des Irnerius, Azo, Accurse et Alciat. Ces habitudes scolastiques semblent avoir déposé leur empreinte sur ses murs, et l'air qu'on y respire paraît chargé de pesantes dissertations. Ne cherchez donc pas à Bologne les élégances artistiques, ou ces poétiques traces que conservent les villes où de brillantes cours ont résidé ! Vous n'y trouverez que les souvenirs de l'école et de la science. Bologne semble ainsi vouée à l'ennui ; c'est ce sentiment qui vous obsède lorsqu'on traverse ces rues mal pavées et toutes bordées de portiques en arcades qui lui donnent la froide monotonie d'un collége ou d'un cloître. Encore, si ces portiques se distinguaient par leur beauté ! Mais ils sont fort irrégulièrement construits : chaque propriétaire fait un peu à sa guise, de sorte que ces galeries couvertes qui ont de l'élégance le long des palais, des églises ou des édifices publics, prennent le long des maisons bourgeoises une tournure souvent mesquine et fort peu monumentale. Au reste, ce goût des portiques est tellement développé chez les Bolonais, qu'ils en ont élevé un qui, des portes de la ville, aboutit au sommet d'une colline située à plus d'une lieue, et sur laquelle est construite une église dédiée à saint Luc. Nous avons eu la curiosité de suivre dans toute sa longueur cette galerie composée d'environ sept cents arcades. Arrivés à l'église, après plus d'une heure de marche, nous n'avons pu y voir une célèbre Madone que la tradition attribue à saint Luc et que l'on conserve sur un autel, précieusement enfermée sous clef. Nous en avons été dédommagés par la beauté du point de vue qui, de ces hauteurs, laisse apercevoir, au sein d'une immense plaine, Ferrare, Mirandola, Modène, Reggio, Parme et, dans le fond le plus reculé, les montagnes de Gênes et celles de Padoue.

Deux jours nous ont suffi pour visiter Bologne ;

nous en sommes partis avec un seul regret, celui de n'avoir pu apercevoir ce merveilleux artiste, ce grand poète, ce musicien incomparable qui après avoir charmé, ravi, enivré l'Italie et l'Europe entière, s'est retiré à Bologne, se condamnant volontairement au silence et à l'oubli. C'est là que Rossini passe ses jours, livré à la gastronomie et à la paresse, et laissant dormir dans son âme ces centaines de brillantes mélodies qu'il répandait autrefois dans le monde avec une si insoucieuse prodigalité. Il a abdiqué, le maître sublime et charmant; il a déposé ce sceptre d'or qui le faisait souverain incontesté dans le royaume de la sonorité et de l'harmonie. Avec lui, la musique italienne est descendue du trône sur lequel l'ont remplacé des maîtres étrangers. Mais qu'un instant il reparaisse, qu'un souffle mélodieux voltige sur ses lèvres, et toutes ces royautés mensongères disparaîtront en un clin d'œil devant la souveraineté de son génie. — On montre à Bologne la maison de Rossini; l'architecte, de ses amis et surtout de ses admirateurs, l'avait, en son absence, décorée d'une telle profusion d'inscriptions élogieuses, que Rossini, ennuyé de ces plates louanges, n'eut rien de plus empressé, après l'avoir vue, que de la vendre. Il habite maintenant un palais voisin qui appartient au célèbre tenor Donzelli, le Rubini de son temps. Le jour même de notre arrivée à Bologne, il était parti pour Florence, et probablement nous nous étions croisés en route. Au reste, Bologne, quoique renommée par ses goûts de mélomanie, me semble assez peu fière de cette grande gloire musicale. Le soir, au théâtre où l'on jouait Nabucco, de Verdi, un jeune bolonais, mon voisin de stalle, à qui je demandais si l'on chantait quelquefois la musique de Rossini, me disait que depuis cinq ou six ans il n'y avait eu que deux représentations de ses opéras, et aux éloges enthousiastes que j'adressais au génie du grand maître, il ne répondait que par de véritables dithyrambes à la gloire de Verdi, la passion de la jeune Italie.

Modène n'est qu'à quelques lieues de Bologne, et le trajet se fait en cinq ou six heures. En quittant Bologne on abandonne pour toujours les montagnes, les collines et l'on suit jusqu'à Venise un chemin tout uni, que n'entrecoupe pas la moindre éminence, au milieu de ces belles plaines si riches d'aspect, entremêlées de prairies, de champs de blé, de mûriers, de vignes suspendues aux ormeaux et abondamment arrosées par les belles eaux qui courent en murmurant le long des routes et dans les champs. Nous sommes arrivés à Modène par une de ces délicieuses soirées de mai, que se partagent les ondées et le soleil, et qui font monter à l'âme, si vifs et si pénétrants, mille parfums printaniers. Quand le soleil souriait au ciel, nous allions respirer l'air embaumé du dehors sur les promenades qui, élevées en terrasses à l'entour des murs de ceinture, laissent jouir ainsi de la vue des environs; puis, lorsque la pluie venait à tomber, nous nous réfugions sous les portiques des rues, nous arrêtant devant les nombreuses boutiques de libraires où nous étions quelque peu fiers de voir exposés en vente, et aux places d'honneur, les ouvrages de Lamartine, Thiers, Rossi, Montalembert, Guizot. Cela nous attestait, en l'honneur de Modène, combien le goût des jouissances intellectuelles est répandu dans cette patrie littéraire des Muratori et des Tiraboschi. Non moins que les lettres, la peinture y a eu aussi ses beaux jours ; son école qui put se maintenir avec honneur, même à côté de celle de Bologne, fut illustrée par des artistes tels que Pellegrino de Modène, un des disciples bien-aimés de Raphaël, Niccolo dell'Abate, lo Schedone, Cavedone, Lana, etc. Je ne sais si le musée du Palais Ducal renferme des œuvres de tous ces maîtres, car il nous a été impossible d'y pénétrer, en l'absence du gardien qu'on ne sut pas trouver. Nous avons pu du moins examiner le palais qui est très beau, mais dont les vastes proportions paraissent peu en harmonie avec la ville qui ne compte guère que trente mille habitants.

Après avoir échoué dans nos projets de visite au musée, peu s'en est fallu que nous n'ayons pu voir le fameux sceau enfermé dans le clocher de la cathédrale. Savez-vous l'histoire de ce sceau, le plus illustre assurément qui soit jamais descendu au fond d'un puits ? Dans les guerres acharnées, que toutes les villes d'Italie soutenaient l'une contre l'autre au XIIIe siècle, il arriva qu'un parti de Modenais s'étant avancé jusqu'aux portes de Bologne, enleva dans un puits de la ville un sceau qu'ils emportèrent triomphalement chez eux. Les Bolonais, se tenant pour gravement offensés, jurèrent de laver cet affront dans le sang ; ils réunirent leurs soldats, leurs amis, leurs alliés, et se mirent aussitôt en campagne. La guerre fut longue et sanglante ; elle se termina par un traité qui laissait le sceau aux Modenais, et le roi Enzius, fils de l'empereur Frédéric II, aux Bolonais qui l'avaient fait prisonnier :

> Riserbando ne' patti ai Modenesi
> La Secchia, e' l Re de' Sardi ai Bolognesi (1).

Certes, vu à distance, tout cela prêtait à rire, et il n'est pas étonnant que Tassoni en ait fait le sujet de son aimable et spirituel poème de la *Secchia Rapita*, que plus tard imita Boileau. Les Modenais prennent encore aujourd'hui la chose fort gravement. Ils ont enfermé le sceau dans un étage élevé de la tour du clocher (2) et, de peur sans doute que les Bolonais ne viennent le leur reprendre, les clefs en sont déposées chez les autorités municipales. Vous pensez bien que nous n'avons pas jugé à propos d'aller les y chercher. D'ailleurs une circonstance nous en dispensait;

---

(1) Secchia Rapita. Canto XII, stanza 77.

(2) Ma la Secchia fu subito serrata
Nella torre maggior, dove ancor stassi
In alto per trofeo posta et legata
Con una gran catena a' curvi sassi.
S'entra per cinque porte ov' è guardata;
E non è cavalier che di là passi,
Ne pellegrin di conto, il qual non voglia
Veder si degna e gloriosa spoglia.

Sec. Rap. C. 1, st. 63.

le sonneur nous a fait entrer dans une salle, au-dessus de celle que l'on a si rigoureusement condamnée, et par une fente pratiquée au plancher nous avons pu contempler à notre aise le sceau illustre. *A notre aise !* je me trompe, car nous étions deux, et il n'y avait de place que pour un ; chacun de nous était empressé de jeter son coup-d'œil, nous tâchions de graver dans notre mémoire la figure du sceau monumental ; M. de M... voulait le dessiner. Après l'avoir vu plusieurs fois, nous désirions le revoir encore, nous nous disputions la place, et vous pouvez penser si c'étaient des rires.

Le lendemain de grand matin nous partions pour Parme. Le cocher qui nous a amenés à Reggio était un de ces jeunes Italiens passionnés pour la liberté de leur pays et qui expriment leurs sentiments avec une loquacité et une expansion toute méridionale. Chaque village, chaque maison, chaque ruisseau fournissait matière à quelque longue histoire. Cette chapelle, sur les bords de la route, avait été élevée à la mémoire de leur père par les trois fils du général Fontanella, qui servait sous Napoléon ; en 1848, ils n'avaient pas hésité tous les trois, malgré leur grande fortune, à prendre part à la guerre de l'indépendance italienne ; aussi étaient-ils adorés dans le pays. Ici, a été décapité, pour affaires politiques, un prêtre, *un vero galantuomo* qui, plutôt que de devoir la vie à la honte de faire connaître ses complices, déclara qu'il souffrirait mille morts. Plus loin, une petite garnison française battit l'armée napolitaine qui s'avançait pour brûler Reggio; les habitants en conservent toujours pour les Français un sentiment de vive gratitude. A côté, notre cocher, mêlant les souvenirs littéraires aux souvenirs politiques, nous montrait le château où naquit l'Arioste. Le ciel a heureusement placé son berceau dans ce joli et gai paysage; c'est bien la patrie qui convenait à cet aimable poète qui, dans son badinage élégant, se jouait avec tant de grâce des choses de la vie.

Nous nous sommes arrêtés à peine à Reggio, juste le temps de voir sur la porte de la cathédrale quelques belles sculptures de Clementi, et de traverser sur les boulevards une longue tente où se tenait dans ce moment une foire qui dure trente jours; elle a été attristée cette année par un incendie qui vient de dévorer le théâtre; on nous en montrait avec tristesse les ruines encore fumantes.

Il était à peine deux heures quand nous sommes arrivés à Parme. En y entrant, on se sent saisi d'un sentiment pénible de tristesse et d'ennui. Rien n'est mélancolique comme le silence glacé qui règne sur ces villes où des Cours brillantes déployèrent autrefois leurs splendeurs. Ces grands palais, que remplissait le bruit des fêtes, sont inhabités; personne n'apparaît sur ces vastes places où s'étalait le luxe du prince et des courtisants, et l'herbe croît dans ces rues trop larges pour ses rares passants. Telle se montre Parme depuis que les Farnèse n'y répandent plus l'éclat de leur brillante représentation. Quel voyageur voudrait s'y arrêter, s'il ne devait y rencontrer ce merveilleux génie, ce puissant enchanteur qu'on nomme le Corrège! C'est lui qui vous attire à Parme, lui qui vous y retient par la magie de son pinceau trempé de délices, par la grâce irrésistible de cette beauté frémissante et voluptueuse qu'il a révélée au monde et dont lui seul a le secret, par ce sourire enivré qui trouble le cœur et se marie si bien, dans une délicieuse harmonie, avec ces longs regards pleins d'une flamme caressante et tout chargés de langueur. Voilà l'œuvre du fascinateur, voilà ses philtres et ses charmes ; qui pourrait résister à l'enchantement ? Mais lorsqu'on a assez bu dans la coupe magique, lorsqu'il faut se séparer de ces doux fantômes créés par une imagination ravie, Parme n'a plus rien qui vous retienne et, après un coup-d'œil donné à la bibliothèque et à l'ancien théâtre Farnèse, le voyageur n'a plus qu'à partir.

En sortant de Parme, nous retrouvons ces riches campagnes dont l'aspect varie si peu depuis Bologne jusqu'à Venise. Ce sont toujours de longues lignes d'ormeaux plantés en quinconce; les vignes grimpent dans leurs branches, les entourent de leurs rameaux flexibles et, courant d'arbre en arbre, les lient l'un à l'autre par une suite ininterrompue de gracieuses guirlandes qui se prolongent au loin en brillante décoration. Entre ces vignes et ces ormeaux, les herbes des prairies s'élèvent en abondance, les blés vigoureux et touffus étalent leurs feuilles luisantes et leurs épis hérissés. Toute cette végétation se mêle, pousse ensemble, s'élève pleine de sève et de puissance, tant ce sol a de richesse, et ce soleil de chaleur bienfaisante et féconde.

Après un trajet de quelques heures, nous avons anfin aperçu le Pô, que nous avons traversé en bac, à Casalmaggiore. Ce fleuve, le plus grand d'Italie, *fluviorum rex Eridanus*, est là réellement beau avec ses ondes qui s'étendent dans un lit très large et que l'on dirait dormantes, quoique le courant soit fort rapide. Comme, dans ce pays d'immenses plaines, il décrit à fleur de terre de sinueux méandres, l'œil ne peut le suivre bien loin et, au milieu des longues lignes de peupliers qui l'entourent, il apparaît comme un lac de la plus belle eau.

A Casalmaggiore, nous entrons dans les états Autrichiens. Cette belle Lombardie qui, dans les siècles passés, combattit avec tant d'héroïsme pour maintenir son indépendance, obéit aujourd'hui en frémissant de colère à des maîtres étrangers. L'Autriche s'est implantée sur cet admirable sol italien, et chaque année voit croître son influence; nous avons rencontré ses soldats à Sienne, à Florence, à Bologne, à Parme. Là du moins elle n'apparaît qu'en alliée; mais, dans ces villes lombardes qui sont devenues sa proie, on éprouve un sentiment pénible à voir ces régiments de Hongrois ou de Croates installés en maîtres dans un pays qui les déteste. Pour trouver quelque consolation, on a besoin d'espérer qu'un jour viendra où les Italiens, secouant cette domination inique, rejetteront les Barbares au-delà des Alpes et recouvreront enfin leur liberté et leurs droits si outrageusement foulés aux pieds.

Cette impression est d'autant plus vive lorsqu'on entre en Lombardie, que c'est là, aux environs de Mantoue, qu'est né le plus admirable représentant de la civilisation latine, ce doux Virgile dont les Barbares du Nord outragent ainsi le berceau. On ne peut faire un pas dans cette campagne fertile qui entoure Mantoue, sans que les vers du poète ne s'éveillent en foule dans la mémoire et ne se mettent à chanter. Ce sont les longues rangées de saules derrière lesquelles se cachait Galathée, les prairies herbeuses où Gallus aurait voulu être consumé par le temps avec sa Lycoris, les rivières coulant lentement dans ces marais entremêlés de verdure où les cygnes aimaient à se jouer. Il y a dans ce paysage je ne sais quel mélange de l'Italie méridionale, avec des treilles et ses mûriers et de la nature du nord, douce, féconde, humide et se teignant des plus vives nuances de la verdure, comme en un paysage de Ruysdael.

Nous sommes arrivés vers les sept heures du soir à Mantoue. Cette ville, qui ne se trouve pas sur l'itinéraire ordinaire des voyageurs et que par conséquent très peu voient, est cependant des plus intéressantes. Elle est située au milieu d'un lac ou plutôt d'un marais que forme le Mincio, dans son cours lent et paresseux.

Ubi tardis ingens flexibus errat
Mincius, et tenerâ prætexit arundine ripas.

On y arrive par une longue chaussée tortueuse, coupée de ponts-levis, de portes, de bastions, de tranchées; à chaque pas, l'on rencontre de formidables travaux de fortifications qui, joints à la défense naturelle des marais, font de cette place, quoique située en rase campagne, une forteresse à peu près imprenable.

Mantoue qui, à l'extérieur, ne semble respirer que la guerre est cependant une ville très littéraire et artistique. Virgile, et c'est justice, y est honoré d'un culte particulier. On y montre quelques bustes qu'on donne comme les portraits du poète; il y a une typographie virgilienne, et aussi la Place Virgilienne créée par les Français lors de leur occupation. Cette admiration des Mantouans pour le prince des poètes remonte à une antiquité déjà reculée, car en 1227 ils le déclarèrent seigneur perpétuel de leur ville, et son portrait fut mis dans les armes ainsi que sur le drapeau de la commune.

De Virgile, il ne reste à Mantoue qu'un souvenir; mais les Gonzague qui y ont régné en souverains, y ont laissé des traces encore subsistantes de leur amour du luxe et de la représentation. Ces princes brillants furent à Mantoue ce que les Médicis étaient à Florence, les princes d'Est à Ferrare, les Sforza à Milan, les Scaliger à Vérone, les Malatesta à Rimini, — de magnifiques Mécènes des lettres et des arts. A leur cour on vit des savants comme Philelphe et Victorin de Fabre, des littérateurs comme le comte Castiglione; c'est sous leur protection que fleurit l'école de peinture créée par Mantegna, le père de toutes les écoles Lombardes ; et lorsqu'ils eurent appelé auprès d'eux Jules Romain, qui y passa les dernières parties de sa vie, ils purent dire avec raison que ce grand artiste avait entièrement renouvelé l'aspect de leur cité. Mantoue est en effet remplie des œuvres qu'il y a répandues, soit comme peintre, soit comme architecte. C'est surtout dans l'immense et magnifique Palais Ducal, et dans le beau palais du T que l'on peut juger de la fécondité de cet artiste actif et entreprenant, qui se montre encore plus complet et plus grand à Mantoue qu'à Rome, sa patrie. Sa *Guerre des Géants*, son *Histoire de Psyché*, ses *Episodes de l'Iliade*, sont diversement admirables ; mais en voyant cette délicieuse figure de l'*Innocence* qui lave ses mains dans un vase d'or où les anges versent de l'eau, ou bien encore cette poétique image de la *Nuit* qui, debout sur un char emporté par quatre chevaux fougueux, étend au-dessus de sa tête un voile noir constellé d'étoiles, on reconnaît avec admiration le disciple favori et le glorieux continuateur de Raphaël.

Un chemin de fer, que l'on parcourt en une heure, relie Mantoue à Vérone. Placée à l'extrémité de ces immenses plaines dont nous venons de traverser une partie, Vérone est adossée à de hautes collines qui forment de ce côté le dernier contrefort des Alpes. L'Adige descendant du Tyrol, après avoir longé le lac de Garda, coule rapidement au milieu de la ville et, dédaignant de mêler ses eaux à celles du Pô, va se jeter plus loin dans l'Adriatique. Par cette position sur un grand fleuve, au centre de la Lombardie, aux portes de Mantoue, Vérone est la place la plus importante que les Autrichiens aient en Italie; aussi lorsqu'en 1848 éclata la guerre de l'indépendance, le maréchal Radetzki, forcé d'abandonner Milan, se transporta-t-il à Vérone dont il fit le centre de ses opérations, et c'est encore là qu'il a conservé son quartier-général.

C'est une grande et curieuse cité que Vérone : l'antiquité, le moyen-âge, la renaissance, les temps modernes y confondent leurs traces pour lui donner un caractère d'une vive originalité. A côté d'un arc de Galien ou de ce vaste amphithéâtre romain si précieusement conservé, vous verrez exposés sur une place les tombeaux des Scaliger, qui élèvent pittoresquement dans les airs leurs colonnettes, leurs pinacles et les grandes statues équestres qui les surmontent; en face de quelque vieux manoir à ogives, qu'habitaient peut-être les Capulet ou les Montaigu, San Michel et Palladio ont construit de délicieux palais où le style de la Renaissance étale toutes ses délicatesses et ses grâces; quelques maisons ont sur leurs façades de précieuses fresques dues aux illustres pinceaux de Mantegna ou du Morone, tandis que, non loin de là, la cité guerrière vous apparaît dans ces vieilles murailles flanquées de tours, dans ces ponts dont les parapets sont coupés de créneaux, et dans ces fortifications toutes modernes qui hérissent de forts et de bastions les verts côteaux de Santa-Lucia. Tous ces ouvrages, toutes ces constructions d'époques si différentes, de styles si divers, donnent à Vérone une physionomie saisissante et en font une des villes les plus originales et les plus pittoresques de l'Italie.

L'intérêt que présente Vérone, par son aspect et par ses monuments, s'accroît encore de tous les souvenirs qui s'y rattachent. Ce fut la patrie de Pline, de Catulle, de l'ingénieur San-Micheli et de ce grand artiste Paolo Caliari qui, sous le nom de Veronèse, illustra sa patrie. Dante exilé trouva une brillante hospitalité à la Cour des Scaliger qu'il a magnifiquement chantés :

> Lo primo tuo rifugio c'l primo ostello
> Sarà la cortesia del gran Lombardo
> Ch'in sù la Scala porta il santo uccello.

Enfin, — souvenir que surtout l'imagination caresse, — c'est là que Roméo et Juliette se sont aimés. En entrant dans ces palais et ces jardins de Vérone, où les étrangers sont gracieusement admis, on croit voir à tous moments le grenadier où chantait le rossignol, et ce balcon où, aux clartés de la lune, l'amour chantait aussi les divines mélodies de la jeunesse. Vous connaissez, par le drame de Shakspeare, cette histoire charmante et triste, pleine de délices et de larmes, sur laquelle le poète a versé toutes les grâces d'une imagination enchantée. Quelle fantaisie adorable ! Quelle merveilleuse poésie ! Elle vous transporte dans une tiède atmosphère toute trempée de parfums, de lumière, d'harmonie, et l'on a depuis longtemps fermé le livre qu'on écoute encore je ne sais quelle musique vague, flottante, indécise, qui continue à chanter dans l'âme et à l'enivrer. — Mais si le drame est vague et vaporeux comme un rêve, il est vrai comme la réalité. Que de créations saisissantes et douées de la vie la plus intense, le poète ne fait-il pas passer devant vos yeux ! Voyez le vieux Capulet faisant seigneurialement les honneurs de son palais à la foule des invités, la nourrice de Juliette familière et bavarde, Mercutio élégant et railleur, le bon frère Laurence son panier de fleurs à la main, Roméo beau, rêveur et ardent, Juliette au regard long et voilé, la pâleur sur le front, l'harmonie sur les lèvres :

Verona' summer hath not such a flower.

Voilà le monde poétique au milieu duquel l'esprit s'est habitué à voir apparaître Vérone ; et lorsqu'on entre dans la noble cité, c'est lui que l'on cherche et qu'on voudrait y rencontrer. Mais rien ne reste de cette touchante histoire ; la maison à ogives, que l'on montre comme celle des Capulet, ne leur appartint peut-être jamais, et il faut avoir une foi bien robuste pour croire à l'authenticité du tombeau de Juliette. Cependant tous les touristes venus à Vérone s'empressent d'aller le visiter ; c'est presque un devoir auquel je n'ai pas voulu manquer. On nous a conduits dans un vaste jardin potager qui dépend d'un couvent de Franciscains, peut-être le même qu'habitait le frère Laurence, *Holy Franciscan friar.* A l'extrémité du jardin, arrivés devant un bâtiment à moitié ruiné, une vieille est venue nous en ouvrir la porte, et nous sommes entrés dans une chapelle délabrée, dont la toiture a disparu et qui laisse à peine voir quelques traces de son ancienne destination. Au milieu des décombres, des orties et des pariétaires, on montre une sorte de tombeau creusé dans ce joli marbre de Vérone dont la cassure est rose. Est-ce le tombeau de Juliette? Est-ce, comme l'ont dit quelques malins, une auge où les jardiniers ont longtemps lavé leurs légumes? Le trou percé dans une des parois sert-il à laisser s'écouler l'eau? ou bien était-il destiné à laisser pénétrer l'air jusqu'à la jeune fille assoupie par le narcotique? Quelque disposé que l'on soit à s'enthousiasmer pour de poétiques souvenirs, il est pourtant difficile ici de ne pas douter, et l'on ne peut s'empêcher de sourire en voyant tous ces morceaux de marbre que l'on a détachés du tombeau et qui, sculptés en petits sépulcres, sont portés en guise de bijou par de jolies Véronnaises. Ces goûts romanesques enlèvent chaque jour quelque nouveau fragment au tombeau qui finira ainsi par disparaître; mais ici l'on ne s'en préoccupe guère, il sera si facile de le remplacer.

Nous avons passé trop peu de temps à Vérone pour l'étudier bien en détail. Aussi, en partant pour Venise, me suis-je bien promis de m'arrêter, au retour, dans cette ville qui se présentera de nouveau sur mon chemin et qui offre tant d'aliments à la curiosité de l'esprit.

C'est encore une ville charmante que Vicence, à demi-cachée dans les flots de verdure de ses promenades, de ses jardins et des fraîches collines au pied desquelles elle est gracieusement assise. Quel aspect engageant ! Et, lorsqu'on est dans ses murs, quelle merveille de voir tous ces palais répandus dans son sein par le génie d'un de ses enfants, le grand Palladio ! Les Vicentins en sont si fiers qu'à la moindre indication qu'on leur demande, ils se lèvent, quittent leurs occupations, leur boutique, leur atelier, pour vous faire admirer les palais de leur architecte national. *E Palladiano, c'est une œuvre de Palladio*, nous disaient-ils avec orgueil, en nous montrant les proportions si élégantes, les profils si purs de ces palais ravissants, et pour peu que nous nous y fussions prêtés, chacun d'eux eût été heureux de nous accompagner dans toutes les rues de la ville. — Il est remarquable qu'en Italie l'architecture prend dans chaque cité un caractère particulier. A Gènes, les palais sont éclatants, somptueux, féeriques ; à Rome, sévères et majestueux ; à Florence, fiers et menaçants. A Vérone et à Vicence, les œuvres de San-Micheli et de Palladio sont d'une délicatesse, d'une grâce, d'une pureté exquises ; les élégantes façades de ces palais flattent le regard comme le tableau le plus harmonieux. C'est une bien belle chose que l'architecture ainsi comprise, ainsi pratiquée et élevée à ce haut degré d'art.

De Vérone, le chemin de fer nous avait conduits à Vicence ; nous l'avons repris pour continuer notre trajet vers Venise. — Je ne doute pas qu'après cet itinéraire si minutieusement décrit, vous ne soyez presqu'aussi impatient que je l'étais moi-même d'arriver dans la poétique cité, reine de l'Adriatique. Ce n'est pas sans émotion que nous en approchions; le regard sans cesse dirigé vers l'Orient, nous étions avides de saisir le premier aspect de ses merveilles. Nous laissons Padoue à notre droite, nous traversons la Brenta. La végétation devient de plus en plus rare et chétive, l'eau des lagunes commence à envahir les fossés, les champs sont marécageux. Tout-à-coup une voix s'écrie : *Venezia!* et chacun de se lever, de mettre la tête aux portières, d'ouvrir de grands yeux. La voilà, en effet, devant nous la ville enchantée ! Les tours, les dômes, les innombrables clochers apparaissent les uns après les autres, émergent du sein des flots. Cette apparition d'une ville au milieu de la mer est vraiment féerique, et je ne sais si la réalité ne l'emporte pas sur tout ce que l'imagination avait rêvé. Cependant, nous avançons avec rapidité sur l'étroite chaussée entourée d'eau; emportés par la vapeur, nous dévorons l'espace : en quelques minutes nous sommes au débarcadère. Nous descendons avec précipitation, impatientés des lenteurs de la douane. Enfin, nous voilà en gondole, lancés dans les rues *aquatiques,* étonnés de tout ce que nous voyons et de la beauté originale des palais qui bordent le *Canal Grande,* et de la forme des gondoles, et du silence qui règne autour de nous, silence interrompu seulement par le bruit des rames et par le cri d'avertissement que pousse le gondolier à l'angle de chaque *calle.* Après avoir ainsi vogué d'hôtel en hôtel, nous finissons par trouver un appartement assez convenable à l'hôtel *del*

Vapore, situé au centre de Venise, à proximité des théâtres et de la place Saint-Marc.

Il est au monde des villes entourées d'un tel prestige qu'il suffit de les entendre nommer pour en deviner aussitôt le charme. Si l'on parle autour de vous de Naples, de Rome ou de Florence, chacun de ces noms n'est-il pas doux à votre oreille comme celui d'une personne aimée ? Et Venise, quel attrait mystérieux n'exerce-t-elle pas sur l'imagination ? Qui ne l'a aperçue dans les perspectives lointaines des images féeriques ? Qui ne l'a rêvée belle, coquette, amoureuse, baignant ses pieds de marbre dans les flots bleus de l'Adriatique ? Chacun ne connait-il pas le *Rialto*, la place St-Marc, le Palais Ducal, le Pont des Soupirs qu'ont immortalisés l'histoire, le roman, la peinture et la poésie ? Et cependant la beauté de Venise est si étrange, si originale, si fantastique qu'en présence de la réalité on éprouve encore toutes les surprises d'un spectacle inattendu.

Toutes les villes du monde semblent avoir une raison d'être dans des circonstances extérieures que tout d'abord apprécie l'esprit ou le regard. Mais Venise ! n'est-t-elle pas née d'un pur caprice de l'imagination ? Ne dirait-on pas la création d'une fantaisie légère ? Quelle est la fée qui, d'un coup de baguette magique, l'a fait surgir du sein des flots ? Bizarre et charmante, sous quel souffle poétique est-elle éclose dans l'humide royaume des naïades et des ondines ? — Voilà où est le charme de Venise; elle ne paraît pas *raisonnable*. On se croirait là dans la région des féeries et des enchantements, et, comme si un souffle allait faire disparaître ces merveilles qu'un souffle semble avoir fait naître, on est toujours à se demander : est-ce un songe ? Et si c'est la réalité, en quel pays sommes-nous ? Voyez ces coupoles byzantines qui dominent Saint-Marc, ce lion ailé qui, sur la *piazzeta*, rêve, du haut de sa colonne, comme un sphynx dans le désert; ces gracieux palais dont les trèfles moresques se découpent en fine dentelle dans les ogives des fenêtres ou sur les marbres des balcons, ces Arméniens qui, assis à l'ombre sous une tente, fument impassibles leurs longs chibouks à bout d'ambre. N'est-ce pas l'Orient avec son soleil, sa vie indolente et les caprices charmants de son architecture ? Mais voici à côté, les églises gothiques décorées des symboles éclatants de la foi chrétienne, les palais somptueux de San-Micheli et des Sansovino, chefs-d'œuvre de la Renaissance, les radieuses peintures répandues à profusion dans la ville qui attestent combien le génie des arts a régné en ces lieux. Non, il n'y a pas à s'y tromper, c'est bien là l'Italie, mais l'Italie se dorant des reflets de l'Orient et lui empruntant quelque chose de son luxe, de ses mollesses et de ses fantaisies.

Ce caractère oriental dont Venise reste encore empreinte, elle le doit à ses longues relations avec l'Asie. Par sa position privilégiée, par les factoreries qu'elle avait établies dans le Levant, par ses possessions dans l'Archipel grec, elle était devenue, avant la découverte du cap de Bonne-Espérance, le centre le plus actif du commerce européen avec l'Orient. Elle envoyait jusqu'au fond de l'Asie les plus riches produits de l'industrie italienne, tandis qu'elle rapportait, en échange, les étoffes de la Chine, les laines d'Angora et les aromates des Indes. Ce commerce de Venise n'était pas, comme dans les villes du nord, froid, avare, jaloux, sans cœur et sans poésie; ainsi qu'à Gênes ou à Pise, il était ouvert, brillant, fastueux et il s'alliait magnifiquement au goût des combats, des plaisirs et des arts. Quel beau moment ce dut être pour Venise, lorsque comblée de gloire et de richesse elle n'eut plus qu'à dépenser d'une main libérale les trésors qu'elle avait amassés! Et comme l'imagination aime à faire revivre ces beaux jours qui furent, sinon les plus glorieux, du moins les plus brillants de son histoire! — Avez-vous quelquefois jeté les yeux sur une de ces magnifiques *Cènes* que peignit Paul Véronèse? Une longue table chargée de plats somptueux est dressée sous un portique qui laisse voir, à travers ses nobles arcades, une succession féerique de dômes, de colonnades et de palais. Des patriciens aux nobles allures, pleins à la fois de dignité et de grâce, sont drapés presque à l'orientale dans de riches étoffes de soie semées de fleurs d'or et d'argent. Les échansons versent à la ronde un vin généreux dans les coupes transparentes de cristal. A l'entour de la table, la fantaisie du peintre a placé des nains difformes, des nègres rabougris, des fous grotesques, des levriers élégants; quelquefois la musique vient mêler son harmonie à l'éclat du jour, à la pompe du spectacle, aux parfums des fleurs et du vin. Rien ne manquerait à la grâce du tableau si le peintre avait pu y donner place à ces belles Vénitiennes que le choix du sujet lui interdisait; mais vous les retrouverez ces femmes d'une beauté superbe dans quelques portraits du Giorgione, que rien ne peut égaler pour l'ardeur du coloris, l'audace du caractère et un incroyable mélange d'énergie et de volupté. — Maintenant donnez la vie à toutes ces créations du pinceau vénitien, suivez de l'œil ce monde élégant réuni pour quelque fête joyeuse dans un de ces palais de marbre si somptueux; voyez-le voguer dans tout l'appareil d'une pompe splendide sur les eaux tranquilles du Grand-Canal; écoutez, aux heures d'été où la nuit est si douce, ces musiques lointaines qui murmurent dans la cité assoupie; ce sont les sérénades qui commencent : les fenêtres s'entr'ouvrent, une ombre blanche apparaît au balcon, elle se penche amoureusement vers la gondole chargée de musiciens, comme pour mieux aspirer les bouffées d'harmonie que l'amour fait monter jusqu'à elle..... Comprenez-vous maintenant ce qu'était la vie de Venise en ses beaux jours? Danse, banquets, fleurs, parfums, musique, amour, tout l'éclat, tout le luxe, toutes les délices fugitives de la vie.

Par un singulier contraste, ces mœurs faciles de Venise s'alliaient aux plus terribles sévérités d'une politique ombrageuse. Il est remarquable que dans ce gouvernement essentiellement aristocratique, c'était contre l'aristocratie qu'étaient tournées toutes les lois. Pour réprimer ses velléités d'indépendance ou d'usurpation, il y avait les dénonciations, le Conseil des

Dix, les inquisiteurs d'état ; de crainte qu'elle n'abusât de ses richesses, le commerce lui était interdit. En la privant ainsi de toutes les occupations sérieuses, le gouvernement avait dû tourner son oisiveté vers les amusements et les plaisirs. Par le luxe des arts, par les dissipations du jeu, par les intrigues de l'amour, Venise était une fête continuelle que ravivait encore chaque année avec plus d'ardeur ce carnaval célèbre que Byron a si poétiquement chanté :

> And Gaiety on restless tiptoe hovers
> Giggling with all the gallants who beset her;
> And there are songs and quavers, roaring, humming,
> Guitars, and every other sort of strumming.

« La gaîté mobile se hausse sur la pointe des pieds, » riant avec tous les galants qui l'assiégent, et il y a » des chansons et des refrains, des cris et des fredons, » des guitares et toute sorte de musique. » (1)

Cette liberté de mœurs qui rendait la vie si facile à Venise, vous en retrouverez des traces jusqu'au siége même de ce gouvernement redoutable. Lorsqu'on visite le Palais Ducal qui, avec le magnifique arsenal et l'église somptueuse de Saint-Marc, exprime toute l'histoire de Venise, on est ébloui de l'éclat de ces toiles qui, enchâssées dans les dorures des murs et des plafonds, présentent au regard les œuvres les plus belles des princes de l'école ; elles célèbrent quelque glorieux événement de l'histoire vénitienne, la défense de Scutari, la prise de Smyrne, la bataille de Zara,

---

(1) Beppo. St. 11.

l'empereur Frédéric Barberousse prosterné devant le pape Alexandre III. Dans chaque salle l'on aperçoit l'image de Venise triomphante, adorée à genoux par les doges et par les amiraux, couronnée par la Gloire, célébrée par la Renommée, fêtée par la Liberté, par l'Honneur, par la Paix et entourée de Cérès et de Junon qui sont là comme les symboles de la prospérité et de la grandeur. Mais, au milieu de ces œuvres patriotiques si bien faites pour exalter l'orgueil national, l'on peut être surpris de rencontrer d'autres peintures pleines de séduction et de charme, qui semblent placées en un lieu si austère comme une invitation au plaisir et un encouragement à la volupté. Les *Trois Grâces*, *Ariane couronnée par Vénus*, du Tintoret, l'*Enlèvement d'Europe*, du Veronèse, renouvellent à leur manière le conseil épicurien donné à la jeunesse par le poète antique, *Carpe Diem*. C'est aussi ce que disent avec grâce ces médaillons charmants dont Veronèse orna le plafond de la salle du Conseil des Dix. Il en est un qui représente, dans ce lieu redouté, une ravissante jeune femme à demi-couchée qu'un vieillard regarde avec amour; et, comme pour ajouter de nouvelles séductions à cette délicieuse figure, le peintre l'a embellie des plus tendres couleurs, des plus fraîches ombres et des caprices les plus élégants de son pinceau.

Mais, voulez-vous saisir sur le fait le contraste des mœurs vénitiennes? A côté de ces riantes images de la volupté, vous allez rencontrer les images de deuil et les souvenirs lugubres. Dans ce même palais, l'on voit encore la bouche des dénonciations, où les délateurs allaient jeter leurs accusations anonymes. Le Pont des Soupirs, qui s'élève sous la forme d'un sarcophage au-dessus d'un des canaux de Venise, joint le Palais Ducal à la Prison d'Etat : combien de pauvres victimes l'ont traversé avec désespoir ! A l'étage le plus élevé du palais sont les *Plombs*, ces cachots redoutés où les ardeurs d'un soleil brûlant consumaient les prisonniers ; c'est à la partie inférieure qu'étaient les *Puits*, ces autres cachots noirs, humides, silencieux, destinés aux condamnés politiques qui ne devaient plus revoir le jour ; ils n'en sortaient que pour passer aux mains des bourreaux. Rien de plus expéditif que les procédés d'exécution usités à Venise : le condamné était conduit dans un étroit couloir que l'on montre encore aux visiteurs, on le faisait asseoir le dos tourné contre une cloison, en face d'une fenêtre qu'on laissait ouverte, comme pour mieux lui faire respirer l'air, et là, à un moment donné, lorsqu'il s'y attendait le moins, un cordon serré rapidement par une roue invisible l'étranglait ; la justice du Conseil des Dix était satisfaite, on n'avait plus qu'à relever un cadavre, à le faire passer par cette porte à côté et à le conduire pendant la nuit au cimetière. — Ainsi, chose unique peut-être dans l'histoire, c'était dans le palais même du gouvernement, au milieu des splendeurs d'un luxe asiatique, que se trouvaient réunis la salle des tribunaux, les prisons, le lieu de supplice ; une puissance invisible, mystérieuse et terrible, y recevait les dénonciations, jugeait, incarcérait, frappait de mort. Dans cette rapidité d'exécution, tous les pouvoirs paraissaient concentrés en un seul, et il semblait que ces mêmes patriciens qui décrétaient les lois fissent à la fois l'office de juges, de geôliers et de bourreaux.

Depuis longtemps, ces mœurs ne sont plus celles de Venise, on n'y connait plus ni ces délices ni ces terreurs. Son carnaval célèbre n'est aujourd'hui qu'un poétique souvenir, et si la police autrichienne s'y montre inquiète et soupçonneuse, comme nous avons eu l'occasion d'en faire l'expérience, la justice suit au moins un cours régulier, et les Plombs ainsi que les Puits ne sont plus qu'un objet de pure curiosité.

Au lieu des fêtes et des plaisirs, c'est maintenant la tristesse qui règne à Venise; la belle cité est languissante, atteinte du souffle de la mort, et l'on y respire cette poésie mélancolique qui s'attache à toutes les choses qui s'en vont. C'est un plaisir triste et doux de se promener en gondole dans les canaux déserts et surtout dans ce *Canal Grande* qui réfléchit dans ses eaux une si grande profusion de magnifiques palais. La gondole longue, svelte, ornée à sa proue d'une lame de fer taillée en scie, court légère à la surface des flots. Lorsque le temps est pluvieux elle est recouverte à son milieu d'une sorte de boîte tendue de noir qui lui donne l'aspect d'un sépulcre flottant; on entre en se pliant en deux sous cet étrange abri et l'on s'y couche à l'orientale sur de moelleux coussins. Mais si le temps est beau, la boîte sombre disparait et l'on vogue en plein air avec plus de légèreté et un appareil moins funèbre. Le doux balancement de la gondole, le clapotement de l'eau, le bruit cadencé des rames jettent l'esprit dans un état de molle paresse et de vague somnolence, et l'on voit passer devant ses yeux, comme une vision fantastique, ces gracieux palais qui baignent leurs pieds de marbre dans l'eau des lagunes. — La nuit, lorsqu'un ciel voilé répand une profonde obscurité sur la ville, les canaux de Venise prennent un aspect singulièrement lugubre. Le silence toujours si profond semble alors augmenter d'intensité; aucun bruit ne le trouble, aucune agitation ne se fait sentir. Tout sommeille ou plutôt tout semble frappé de stupeur; les grandes masses architecturales ne laissent transpirer aucun signe de vie, comme si la mort seule les habitait. De temps à autre passe à côté de vous quelque noire gondole qu'éclaire au front la faible lueur d'un fallot; elle glisse sur les flots, pleine de silence et de mystère et disparaît bientôt au milieu des ténèbres épaissies de la nuit. L'on dirait un de ces fleuves d'un autre monde que Dante avait entrevus dans les visions lugubres de son esprit. — Mais, que la lune pose quelques blanches clartés sur le front assoupi de la belle Venise, que la nuit se constelle d'étoiles, que les douces brises de l'Adriatique viennent attiédir de leur souffle ces belles soirées de juin, et le spectacle se revêt aussitôt d'une poésie qu'il serait impossible de rendre. Les rayons de la lune se jouant sur les colonnettes, sur les ogives, sur les trèfles des palais moresques, font jaillir de capricieux accidents de lumière au milieu de cette architecture déjà si pleine elle-même de caprices ; le firmament avec ses clartés se réfléchit, comme en un miroir, sur la surface polie du canal, la gondole en courant y trace un brillant sillage et l'eau frappée par la rame jaillit en gerbes lumineuses qui étincellent comme des diamants. C'est l'heure où les Vénitiennes, fatiguées de la chaleur du jour, viennent à leur balcon ou sur leur terrasse respirer l'air frais des lagunes ; quelquefois on entend, par les fenêtres ouvertes, la voix du piano qui éclate en fusées sonores, tandis que dans leurs cages suspendues aux arabesques des balcons, les rossignols chantent à plein gosier leurs langoureuses cantilènes, comme si ces belles soirées leur rappelaient les jours heureux de leur liberté et de leurs amours.

Mais quelque charme qu'il y ait à voguer en gondole dans les canaux de la ville, ou vers le Lido et les petites îles des environs, il faut bien cependant sortir quelquefois de ces régions *aquatiques* et prendre pied sur la terre ferme. Il n'y a pas seulement des canaux à Venise ; quoiqu'ils sillonnent la ville dans tous les sens, ils enserrent cependant dans leurs réseaux de nombreux quartiers bâtis sur pilotis et coupés par des places et par des rues. Mais ces rues, qui n'ont jamais vu l'ombre d'une voiture ou d'un cheval, ne sont pas obligées de ressembler à celles qu'on voit dans les autres villes : les plus grandes, les plus animées, les mieux ornées de magasins ont tout au plus une largeur de trois mètres. Il en est une que nous suivons quelquefois le soir pour aller au théâtre Apollo qui n'a certainement pas un mètre de large, et elle n'est pas la seule qui ait ces belles dimensions. Il est facile de voir que les rues, destinées à une circulation restreinte, ont été sacrifiées aux canaux qui sont comme les grands artères de Venise. Aussi, tandis que ceux-ci sont larges, se coupent à angles droits, forment un réseau assez régulier, les rues sont percées un peu au hasard et s'entrecroisent d'une façon désespérante pour celui qui ne connaît pas bien les lieux; on s'engage à tous moments dans des impasses, on revient sur ses pas et l'on tombe dans une rue aboutissant à quelque canal qui souvent n'a pas de pont et qui en tout cas n'a jamais de quai : c'est un dédale inextricable. Nous nous sommes amusés quelquefois à nous égarer ainsi, et je vous assure que rien ne nous était plus facile.

Ce n'est pas à dire qu'on ne puisse se promener ici qu'en gondole. Il y a une vaste promenade, *i Giardini pubblici*, créé par les Français pendant leur occupation, et dont les acacias et les vernis du Japon offrent des ombrages peu épais sans doute mais précieux à Venise où ils sont rares. Cependant, il faut aller les chercher si loin, à une extrémité si reculée de la ville, qu'on ne s'en donne guère la peine et qu'on préfère rester à la place Saint-Marc où est le centre des affaires, du mouvement et des plaisirs. C'est là aussi qu'est le rendez-vous des touristes; la beauté du lieu, son caractère original, le facile refuge qu'on y trouve contre les chaleurs du jour nous y ramènent sans cesse. Assis devant un de ces nombreux cafés qui, avec de brillants magasins, entourent, comme à notre Palais-Royal, les portiques en arcade de la place, nous avons devant nous le spectacle animé de la foule qui passe : des soldats Croates se croisent avec de graves Arméniens au costume pittoresque ; les pigeons, ces anciens pensionnaires de la république protégés encore par l'Autriche, volent de toute part en troupes nombreuses ; chaque jour, à la même heure, on leur jette, aux frais de la ville, leur nourriture, et le respect qu'ils inspirent est si grand, ils comprennent si bien leur inviolabilité qu'ils viennent familièrement s'ébattre jusques sous les pas des promeneurs. Au fond de la place, St-Marc apparaît avec l'aspect d'une mosquée ; le soleil fait reluire ses coupoles d'argent, glisse sur les colonnes de porphyre, de vert antique et de serpentine, tandis que les mosaïques qui ornent la façade resplendissent du plus vif éclat sur leur fond d'or.

Le soir, aux dernières heures du jour, la place Saint-Marc se remplit de la foule élégante des promeneurs. Ces Italiens passionnés pour tous les plaisirs de l'imagination, oubliant leur haine contre l'Autriche, viennent écouter avec empressement ces musiques militaires si admirables de précision, de verve et d'entrain. Les valses allemandes ondoyantes et vaporeuses alternent avec quelques-unes de ces mélodies de Verdi qui font les délices de l'Italie. Lorsque huit heures sonnent, les musiciens, faisant rapidement le tour de la place Saint-Marc, donnent le signal de la retraite par de brillants pas-redoublés. A peine les derniers accents de cette musique ont-ils cessé de résonner que de nouveaux concerts s'organisent devant chaque café. Au son des harpes, des violons et des guitares, les Vénitiennes, ces femmes charmantes qui ont la beauté des Romaines avec quelque chose de la grâce indolente des Créoles, respirent l'air frais du soir en prenant des sorbets ou des glaces parfumées. La place Saint-Marc, avec son beau parquet de marbre, ses gracieuses arcades, la brillante décoration de son architecture, devient ainsi un immense salon resplendissant de lumières où l'on n'entend que les sons de la musique, le murmure des causeries, le frôlement des robes, les rires argentins et de temps en temps la voix grave des heures qui sonnent lentement à l'horloge de la basilique. Cependant, peu à peu ce monde élégant disparaît, la place devient déserte; on va alors sur la Piazzetta et sur le quai des Esclavons aspirer les brises de la mer, ou bien l'on prend une gondole et bercé par les flots on jouit plus paresseusement des charmes de ces belles nuits d'été.

Voilà la vie qu'on mène à Venise. Comme dans les autres cités d'Italie, ce ne sont pas seulement des églises, des musées, des palais que l'on a à voir. Certes, on y trouve les monuments et les objets d'art aussi admirables et aussi abondants que partout ailleurs; mais il y a dans la position singulière de la ville, dans ce mélange étrange d'eau et de maisons, de rues et de canaux, de terre et de mer, un charme si piquant, qu'un pareil spectacle pourrait suffire à lui seul à la curiosité la plus exigeante. Si l'on veut avoir, sans sortir de Venise, un tableau plein d'originalité on n'a qu'à aller sur la Piazzetta, et là, entre le Palais Ducal et les Procurazie, à regarder la mer ou plutôt les lagunes parsemées d'îlots, de maisons et de petites oasis verdoyantes au sein des flots. Cette vue est surtout magnifique du haut du clocher de Saint-Marc. L'eau, qui dans certaines parties couvre à peine la terre, se teint d'une variété infinie de couleurs qui vont du jaune au vert, de l'orange au violet, tandis qu'à l'entour des îles, les maisons et la verdure se réfléchissent vivement dans une mer luisante et qu'à l'horizon, au-delà du Lido, l'Adriatique se déploie comme une longue bande bleue. Le soir, par un beau temps, le soleil couchant produit des effets tout-à-fait singuliers et qui ressemblent au mirage; vers l'Occident, les eaux se confondent avec le ciel dans une vapeur lumineuse au milieu de laquelle on n'aperçoit que les arbres qui de ce côté bordent la terre ferme et qu'on dirait suspendus dans les airs. C'est un spectacle magique dont on ne peut détacher les yeux que lorsque le soleil, en disparaissant derrière les Alpes, cesse d'éclairer la scène et met fin à l'enchantement.

Séduit par l'attrait de ces tableaux, par l'originalité de ces spectacles, par les charmes d'une vie indolente et rêveuse, je resterais peut-être plus longtemps à Venise, si l'on y était moins exposé aux vexations d'une police ombrageuse. On ne peut se faire une idée en France de toutes les tracasseries auxquelles donne lieu ici un passe-port, quelque régulier qu'il soit : le nom, la nationalité, la profession, l'âge du voyageur sont attentivement examinés et servent à mesurer le degré de rigueur avec laquelle on sera traité. En notre qualité de Français, je suppose, on n'a d'abord consenti à nous accorder un permis de séjour que pour une semaine; il a fallu l'intervention de notre consul pour obtenir une prolongation de huit jours. Ce n'est pas tout, une fois enfermés dans Venise, on ne peut en sortir, ne fût-ce que pour quelques heures, sans aller retirer à la préfecture de police son passe-port qu'il faut faire viser. Avant hier, ignorant que ces formalités fussent nécessaires, nous nous étions rendus de grand matin à l'embarcadère du chemin de fer et nous avions pris un billet pour Padoue d'où nous devions revenir le soir-même. Comme nous traversions, notre billet à la main, une salle où se trouvait réunie une compagnie complète d'agents de police, le passe-port nous fut impérieusement demandé; nous ne pûmes présenter que notre carte de séjour. On nous déclara que cela ne suffisait pas, qu'il ne nous était pas permis de sortir ainsi de Venise, et, comme nous manifestions quelque impatience de ce fâcheux contretemps, on prit nos noms sur les cartes de séjour et un long rapport de trois grandes pages fut dressé pour constater notre conduite *révolutionnaire*. Appelés hier à la préfecture de police, nous nous sommes tirés sans encombre de ce mauvais pas, grâce aux relations que M. de M... a à Venise, grâce aussi aux explications qu'il a pu donner en allemand à ces rogues Autrichiens.

Mon ami L...., dont je viens de recevoir des nouvelles, a eu des démêlés plus sérieux avec ces aimables gens de la police. Pressé de rentrer chez lui, il nous avait quittés à Rome et s'était dirigé sur Venise en passant par Ferrare. En entrant dans les états Autrichiens, il dut, selon l'usage, montrer son passeport, et quoiqu'il fut parfaitement en forme, je ne sais quelle idée traversant la tête des agents de police, ils lui signifièrent qu'il n'était pas libre et qu'il ne pourrait continuer son voyage qu'escorté par des gendarmes; c'est ainsi en effet qu'il alla à Rovigo, de Rovigo à Padoue, de Padoue à Venise où il est resté emprisonné pendant vingt-quatre heures. Au bout de ce temps, la police lui a fait ses excuses, a déclaré qu'il avait été victime d'une erreur et l'a remis en liberté.

De pareilles vexations qui peuvent se renouveler d'un jour à l'autre ont décidé M. de M... à quitter Venise; il part ce soir par le bateau à vapeur de Trieste. Comme lui je quitterai au premier jour cette cité peu hospitalière. Ce sera seul désormais que je continuerai mes pérégrinations dans le nord de l'Italie et que je traverserai la Lombardie jusqu'à Milan. Déjà, par avance, l'isolement dans lequel je vais me trouver me pèse. La solitude a toujours ses tristesses : combien va les augmenter pour moi le souvenir de l'aimable compagnon de voyage que je vais perdre et le regret de voir se briser ces relations charmantes qu'il eût été si doux de continuer !

MILAN.

25 Juin.

L'Italie est un admirable pays, — qui en doute ? — admirable non-seulement par sa beauté, mais encore par la diversité des aspects sous lesquels cette beauté se présente. Parcourez-la dans tous les sens, depuis le royaume de Naples jusques en Lombardie, et vous verrez passer sous vos yeux une suite ininterrompue de tableaux toujours variés, toujours changeants. Ce ne sont pas seulement les sites et les paysages qui se renouvellent ainsi à chaque pas; les mœurs des habitants varient sensiblement de province en province; les arts revêtent dans chacune d'elles un caractère particulier : la ville que vous avez visitée la veille ne ressemble en rien à celle que vous allez voir le lendemain. Après Venise, la cité poétique par excellence, me voici à Milan, de toutes les villes d'Italie, peut-être la plus riche; mais à coup sûr la moins caractérisée et la plus prosaïque.

Lorsqu'on part de Venise par le chemin de fer, on voit bientôt se dessiner sur les bords de la route une grande cité qui montre une multitude de dômes semés à profusion sur ses églises : c'est Padoue. Ville d'université comme Bologne, Padoue n'est ni moins solennelle ni moins doctorale. Malgré sa nombreuse population, qui s'élève à près de 60,000 âmes, ses rues longues et bordées de portiques sont tristes dans leur monotonie. Mais c'est là un défaut dont on n'est guère frappé, lorsqu'on arrive de Venise. Habitué au silence et à la solitude, au milieu des eaux, on est heureux et presque étonné, en entrant à Padoue, de retrouver des rues, des chevaux, des voitures, toutes choses dont on commençait un peu à perdre le souvenir, et la ville, par le contraste, paraît plus animée qu'elle ne l'est en réalité. Le touriste d'ailleurs y trouve de nombreux sujets d'étude ou de distraction. Son université, ses palais, ses églises, ses promenades sont intéressants à visiter; son café Pedrocchi est, dans son genre, une curiosité digne d'être vue. C'est un véritable palais de marbre qui, avec ses grandes et magnifiques salles, paraît plutôt destiné à des bals princiers qu'à abriter l'oisiveté des *consommateurs*. Aussi fait-il l'admiration non seulement des Padouans, qui ont donné le nom du propriétaire, Pedrocchi, à une rue et à une place environnantes, mais encore de tous les étrangers, plus habitués au clinquant de nos cafés qu'à ce luxe sévère et grandiose.

Comme la plupart des villes d'Italie, Padoue a sa muse, son tyran, son saint et son poète : souvenirs bien divers qui sont restés profondément empreints dans les imaginations populaires. La muse, c'est la célèbre Hélène Lucrèce Cornaro-Piscopia, dont on voit la statue en marbre dans le vestibule de l'université ; elle parlait une foule de langues, chantait ses vers en s'accompagnant sur sa lyre, dissertait sur la théologie, sur l'astronomie, sur les mathématiques, et fut reçue docteur en philosophie à l'université. Belle, riche, aimable, les plus grands seigneurs la recherchèrent en mariage ; elle préféra se consacrer toute entière à la science. Elle aurait pu dire comme Armande, dans les *Femmes Savantes* :

> Loin d'être aux lois d'un homme en esclave asservie,
> Mariez-vous, ma sœur, à la philosophie ;
> Ce sont là les beaux feux, les doux attachements
> Qui doivent de la vie occuper les moments,
> Et les soins, où je vois tant de femmes sensibles,
> Me paraissent aux yeux des pauvretés horribles.

Après la muse, il faut citer le tyran, cet Eccelino, le terrible Gibelin qui, après s'être emparé dans le XIIe siècle de Padoue, y organisa une tyrannie sanglante dont ont conservé le souvenir les descendants de ceux qui en furent les victimes. On se rappelle encore avec effroi qu'après avoir déjà dépeuplé la ville par les supplices, il ordonna un jour d'enfermer douze mille hommes dans une enceinte de bois, et d'y mettre le feu. Il n'est pas étonnant que Dante, quoique Gibelin, ait placé le monstre dans le cercle des violents et l'ait plongé pour l'éternité dans le sang où il s'était baigné pendant sa vie.

Si, à Padoue, le nom d'Eccelino effraie encore les imaginations, une vénération profonde entoure celui de saint Antoine; c'est le saint par excellence, le saint unique, *il Santo*. Dans l'église somptueuse qui lui est dédiée, on montre, à certaines époques de l'année, le doigt avec lequel il donnait sa bénédiction et sa langue aussi fraîche, assure-t-on, aussi vermeille, que si la vie encore l'animait. Pour honorer dignement le saint, les Padouans ont répandu une telle profusion de richesses dans son église que, depuis un temps immémorial, on en a confié la garde à d'énormes chiens Dalmates, à demi-sauvages, que l'on montre, à travers une fenêtre, dans le réduit où on les enferme pendant le jour. La nuit, on les lâche dans l'église, et il paraît qu'ils s'acquittent en conscience de leurs fonctions de gardien. On raconte qu'il y a quelques années, ils surprirent un domestique de la maison Sografi, qui était resté le soir en prières, après la fermeture des portes. Ils se placèrent à son entour, prêts à s'élancer sur lui au moindre mouvement, et ils le tinrent ainsi en arrêt pendant toute la nuit. Le lendemain matin, le bedeau, qui fesait sa tournée dans l'église, vint fort à propos délivrer le pauvre homme qu'il trouva à moitié mort de frayeur.

Outre sa muse, son tyran et son saint, j'ai dit que Padoue avait aussi son poète; mais il ne lui appartient que par son tombeau. C'est le doux amant de

Laure, l'illustre Pétrarque qui, né à Arezzo et chassé de sa patrie par les dissensions civiles, passa sa vie à parcourir l'Italie et la France, partagé entre ses rêves de gloire et d'amour. Il fut, au XIVe siècle, le centre autour duquel rayonnait le mouvement littéraire qui alors entraînait l'Europe. Tous les savants, tous les poètes le saluaient comme leur souverain ; avides d'entendre ses vers, les princes l'appelaient à leurs cours, ils l'employaient comme ambassadeur dans les négociations les plus difficiles de la diplomatie. En récompense de ses services et pour honorer son génie, il n'eut pas seulement le triomphe du Capitole, des honneurs plus lucratifs lui étaient prodigués : il fut chanoine de Lombez, de Carpentras, de Padoue, archidiacre et chanoine de Parme. Le premier, il donna l'exemple de ces existences littéraires que, quatre siècles plus tard, Voltaire devait renouveler avec éclat. Retiré, sur la fin de ses jours, à Padoue, auprès des seigneurs de Carrare, il mourut dans les environs, à Arquà, dans la charmante solitude qu'il s'y était créée.

Si un sentiment de pieuse admiration ne devait conduire tout voyageur à Arquà, la beauté du site suffirait pour les y attirer. Situé au sein des monts Euganéens, Arquà est entouré de coteaux émaillés de vignobles et de vergers où croissent, avec des arbres verts, des grenadiers et toute sorte d'arbres fruitiers. Dans le lointain, et encadrée dans les collines qui s'arrondissent en demi-cercle, on a la vue d'une riche plaine qui s'étend dans la direction de

Mantoue et que couvrent de leur verdure les mûriers aux riches nuances et les saules au feuillage argenté, réunis en massif par les gracieux festons de la vigne. Sur les flancs de la colline s'éparpillent les maisons et les jardins d'Arquà. C'est à la partie supérieure du village et un peu dans l'isolement, que se trouve la maison de Pétrarque. Protégée par le respect dû à une grande mémoire, elle a conservé à peu près sa simplicité première. Seulement, sur les murs de la pièce principale, un peintre inconnu s'est amusé à barbouiller, d'un pinceau ignorant, quelques traits de la vie de Laure. Pour ceux qui, ayant gravés au cœur les vers du grand poète, aiment à se redire souvent à eux-mêmes ses doux sonnets et ses tendres *canzoni*; pour ceux qui n'aperçoivent la divine image de Laure qu'à travers le voile étincelant de poésie que l'amant a brodé à son amante; pour ceux-là, c'est une triste surprise de retrouver ces étranges peintures dans un lieu qui aurait dû les mieux inspirer. Ce ne serait pas trop de Raphaël lui-même, pour tracer d'une main ravie les contours radieux de cette figure immortelle.

> Non era l'andar suo cosa mortal
> Ma d'angelica forma e le parole
> Suonavan altro che pur voce umana (1).
> ....
>
> Qual Ninfa in fonti, in selve mai qual dea
> Chiome d'oro si fino all' aura sciolse
> ....

(1) Son. 69.

Non sa come amor sana e come ancide
Chi non sa come dolce ella sospira
E come dolce parla et dolce ride (1).

Voilà la Laure idéale que rêve l'imagination. Mais c'est à Avignon et à Vaucluse qu'il faut aller chercher les souvenirs poétiques de ces amours. A Arquà, Pétrarque vieilli, malade, couvert de dignités ecclésiastiques, apparaît dépouillé de toute flamme, de toute passion et de son prestige d'amant; le philosophe seul s'y retrouve, regrettant ses premières erreurs, *il giovenile errore* (2), composant son traité de *Ignorantiâ* et se préparant à mourir. C'est par la tristesse de ces derniers souvenirs que la petite maison d'Arquà est à jamais poétique. On y voit la salle où le poète est mort, sur un fauteuil que l'on conserve encore, celle où il travaillait au milieu de ses livres et dont les murs sont illustrés de quelques vers d'Alfieri et de Cesarotti, écrits par eux au crayon. On montre aussi dans une niche, et empaillée, la chatte dont parle souvent Pétrarque et qu'il a même chantée; mais elle a l'air bien *neuve* pour son antiquité et l'on assure que des voyageurs trop sensibles enlevant de temps à autre quelque portion du pauvre animal, il est renouvelé tous les ans, ce qui détruit un peu l'illusion. Quatre gros registres sont pleins de signatures des visiteurs, et de vers à la louange du poète; j'y ai remarqué la simple signature de Georges Byron. Il a dédaigné avec raison

---

(1) S. 126.
(2) S. 1.

de mêler sa poésie aux vers étranges qui remplissent ces volumes; c'est dans son *Child-Harold* qu'il se réservait de chanter Arquà et Pétrarque, dans un langage à la hauteur de son sujet.

Après avoir visité la maison de Pétrarque, c'est son tombeau que l'on va voir; il est en marbre rose de Vérone et s'élève en face de l'église, au milieu d'une place informe, montueuse, inégale, bordée de granges, de vergers, et où se promènent toute la journée les poules du village. Que d'autres désirent pour la tombe du poète plus d'appareil et de solennité: pour moi, j'aime autour d'une grande renommée cet isolement, ce silence, cette décoration rustique; un pareil entourage convient surtout au chantre ému des solitudes de Vaucluse. Placé au milieu d'une grande ville, ce tombeau attirerait la curiosité banale de quelques passants distraits; à Arquà, on va le visiter comme en une sorte de pèlerinage, et si les hommages qu'y reçoit la mémoire du poète sont plus rares, ils ne lui sont du moins adressés que par de fervents admirateurs.

Après cette excursion à Arquà, Padoue n'avait plus rien qui pût me retenir; j'en suis parti pour continuer ma route sur Vérone. Je vous ai déjà dit l'intérêt qu'offre cette grande cité; un premier séjour de quarante-huit heures ne m'avait guère permis de l'apprécier comme il convient. J'avais encore à voir des palais, des églises, la bibliothèque où Pétrarque découvrit les *lettres familières* de Cicéron, et où de nos jours Niebuhr a fait une découverte non moins importante, celle du célèbre Palimpseste de Gaius, qui a fourni de si curieuses révélations sur l'histoire du vieux droit Romain. Je voulais aussi admirer, au palais Rodolfi, cette vaste et belle fresque dans laquelle Brusasorci a peint la *Cavalcade du pape Clément VII et de Charles-Quint à Bologne*, lors du sacre de ce dernier, chef-d'œuvre précieux non-seulement par la beauté de l'exécution, par la pompe du spectacle, mais encore par la fidélité des portraits et l'exactitude des costumes que le peintre était allé étudier sur les lieux.

Le plus grand attrait des voyages n'est pas toujours dans les impressions que l'on attend d'avance et auxquelles la curiosité est déjà préparée, il est surtout dans les incidents bizarres, dans les rencontres étranges, dans les événements imprévus. Combien d'aventures ne vous arrivent-elles pas ainsi en chemin, trop puériles sans doute pour être racontées, mais au moment même, singulières et quelquefois pleines de gaieté ! Et que de contrastes inattendus dans ce pays qui a vu passer tant de nations, s'accomplir tant d'événements et où de si nombreux souvenirs se confondent ! C'est surtout en arrivant à Naples, encore peu faits aux mœurs et aux habitudes italiennes, que chaque pas vous offrait quelque nouveau sujet d'étonnement. Je crois vous avoir déjà parlé de la maison du Tasse, à Sorrente, et de ce poétique écriteau placardé sur la porte : *Maison du Tasse, appartements à louer.* Un autre jour, allant à Pompéi, nous rencontrâmes, à une bifurcation du chemin, un poteau avec cette inscription textuelle : *Route de Pompéi*; puis, comme nous étions arrêtés au *restaurant de Diomède*, aux portes même de la défunte cité, pendant que nous déjeûnions sous un péristyle extérieur, sur les bords de la route, un pauvre musicien s'arrêta devant nous et se mit à chanter, avec accompagnement de guitare, l'air *Di tanti palpiti*. Une inscription française, en pleine Italie, pour guider le voyageur vers Pompéi, l'antique colonie romaine! Les brillantes roulades de Rossini et les fredons d'une guitare, résonnant sur le cadavre d'une cité à moitié ensevelie dans son tombeau, voilà certes des contrastes qui ont bien leur étrangeté et leur piquant!

Des contrastes de ce genre ne m'ont pas manqué à Vérone. Le soir de mon arrivée, j'étais allé sur la place del Bra où se réunissaient les promeneurs attirés par les brillantes fanfares des musiques autrichiennes. A une extrémité de la place, l'amphithéâtre romain se dessinait dans ses vastes proportions; j'eus le désir de revoir cet antique monument dont les gradins, si parfaitement conservés, ou plutôt si bien restaurés, pouvaient contenir, dit-on, jusqu'à trente mille spectateurs. Le hasard voulut que ce soir-là on y donnât une représentation; un théâtre avait été élevé au milieu de l'arène, les spectateurs, au nombre de plus de deux mille, occupaient en plein air un coin de l'amphithéâtre, et quelques mauvais acteurs, criant de toutes leurs forces pour se faire entendre dans cette vaste enceinte, leur débitaient, d'une façon fort tragique, un mélodrame des plus noirs, dont le sujet

était..... devinez lequel ?... l'assassinat de Fualdès !
Quel singulier effet produisaient à l'oreille ces noms
rauques et sourds de *Rodez*, *Fualdès,* sans cesse répétés dans le courant d'une prose emphatique et
sonore, sous ce ciel italien, au milieu des souvenirs
de l'antiquité romaine ! Quelque ridicule que fût la
pièce, et surtout la manière dont elle était jouée, les
spectateurs italiens, à qui l'emphase ne déplait jamais,
l'écoutaient avec un religieux silence ; seulement, de
temps en temps, des applaudissements formidables
s'élevaient de tous les gradins et réveillaient les échos
endormis du vieil amphithéâtre. Du reste, ce n'est
pas seulement à Vérone que le drame de Rhodez est
populaire parmi les Italiens ; j'ai vu à Naples des affiches de spectacle annonçant une représentation de
l'*Assassinio di Fualdès*. Le drame devait sans doute
dérouler ses péripéties jusques sur les bancs de la
cour d'assises, car parmi les personnages qui y avaient
un rôle, je ne fus pas peu surpris de trouver l'éloquent défenseur de Bastide, une des gloires du barreau français, M. Romiguières. J'aurais été curieux
de le voir paraître dans la pièce de Vérone ; mais je
crois qu'elle finissait à l'arrestation des coupables, et
les avocats n'avaient aucun rôle à y jouer. Je n'eus
pas la patience d'attendre le dénouement, et après
avoir subi un acte de ce drame, j'allai au grand théâtre
où l'on donnait *Hernani,* de Verdi, et le ballet de *la
Esmeralda*. Hernani et Esmeralda ! Vous voyez que
Victor Hugo fesait les frais de la représentation.
C'étaient encore des souvenirs de la France que je

retrouvais dans cette ville de Vérone, restée cependant si italienne.

Le lendemain, curieux de visiter les environs de Vérone, je me suis fait conduire à Peschiera et de là à Sermione, petit village situé à la pointe d'un promontoire qui s'avance au sud dans le lac de Garda. De l'extrémité de ce promontoire, sur les voûtes à demi-ruinées d'une vaste et antique maison romaine, que l'on dit avoir été une villa de Catulle, l'on jouit pleinement de la vue du lac. Dans sa partie la plus méridionale, il s'étend en une immense nappe d'eau nuancée d'une infinie variété de couleurs; mais, vers le nord, il va s'engouffrer étroitement entre deux rangées de hautes montagnes couvertes de neige et qui, à moitié dans le soleil, à moitié dans le brouillard, changeaient à tout moment d'aspect selon les caprices du vent qui en balayait les hauteurs. Au-dessous de ces montagnes, j'aimais à en contempler une autre, moins élevée, qui lui sert de contrefort en se rapprochant du midi, et qui, pour nous, Français, rappelle de bien beaux souvenirs : c'est le fameux plateau de Rivoli. Je l'apercevais devant moi, de l'autre côté du lac, à une assez petite distance; mais les chemins détournés qui y conduisent sont trop longs pour que j'aie pu satisfaire mon désir d'aller les voir de plus près. Je cherchais à me dédommager en adressant de nombreuses questions au cocher qui me conduisait. Mais celui-ci, grand admirateur cependant de Napoléon, se montrait surtout fort préoccupé de la bataille qu'en 1848, et sur les mêmes lieux, les Piémontais ont perdue contre les Autrichiens. Je compris bientôt l'intérêt qui pour lui s'attachait à ce combat auquel il avait assisté. Il s'y trouvait au service d'un major piémontais ; la bataille une fois perdue, il était allé ainsi que son maître se réfugier à Peschiera et, avec une rapidité telle, me disait-il, qu'ils avaient fait le trajet en deux heures. C'était ce que lui rappelait de plus frappant ce glorieux nom de Rivoli. Certes, l'observation était bien digne d'un cocher.

Lorsqu'on parcourt ces admirables plaines Lombardes, qui se déroulent avec tant de majesté au pied des Alpes, on ne peut se défendre d'un sentiment bien vif de fierté nationale, et l'on est heureux d'avoir à décliner sa qualité de Français. La gloire de nos armes a brillé et retenti dans le monde entier ; quel est l'endroit de l'Europe qui n'en ait été le témoin ? Mais jamais elle n'a resplendi d'un éclat aussi radieux que dans ces admirables contrées, aux environs de Vérone, sur ce noble théâtre de la première campagne d'Italie. Là, dans un rayon de quelques lieues, se trouvent réunis Lonato, Castiglione, Mantoue, Arcole, Rivoli ; noms harmonieux, éclatants comme les sons du clairon et qui semblaient consacrés d'avance à la gloire des batailles. Quelle impression profonde ces grands combats ont laissée en Italie ! Les imaginations en sont restées comme éblouies. Combien de fois n'ai-je pas entendu des gens du peuple raconter avec émotion ces miracles de génie et de bravoure ! Des vieillards étaient heureux de rappeler ces glorieux exploits dont ils furent les contemporains ; ils faisaient observer avec quelque fierté que le général Bonaparte était italien par son nom, par son origine, et qu'à la tête d'une armée de Français héroïques, c'était leur cause nationale qu'il soutenait contre les Autrichiens. La France s'est ainsi révélée aux Italiens si grande et entourée d'un tel prestige militaire, que c'est en elle que les patriotes ont mis tout leur espoir ; c'est d'elle seule qu'ils attendent le puissant secours qui doit assurer la réalisation de leurs vœux de nationalité et d'indépendance.

Il y avait bien longtemps que l'Italie connaissait l'impétuosité française, *la furia francese*. Elle avait vu Charles VIII à Fornoue, Louis XII à Agnadel, Gaston de Foix à Ravenne, où ce jeune et brillant général était tombé, glorieusement enseveli dans son triomphe. Sous la conduite de Richelieu, de Catinat, de Vendôme, les armées françaises y avaient livré de brillants combats. Mais ici, dans ces campagnes de la révolution, combien la scène s'élève et s'agrandit ! Elle prend des proportions héroïques. Voici venir un général de vingt-sept ans, inconnu la veille, mais dont le nom vivement accentué semble fait pour retentir dans la postérité. Son armée est faible en nombre, pauvre, manquant de tout, mais elle a des revers sanglants à venger, une gloire immortelle à conquérir ; devant elle se déploient des plaines fertiles, de beaux fleuves, de grandes cités, le plus riche pays du monde. Voilà le champ magnifique ouvert à son activité ; voilà l'échiquier que va parcourir au galop de son cheval ce terrible joueur au jeu sanglant des batailles, ce jeune général Bonaparte, dont le regard rayonne de génie et dont le cœur s'enivre déjà des plus vastes espérances. Ses premières paroles ont subjugué l'armée; ses premiers combats l'ont électrisée, car ils lui ont révélé l'immortel capitaine. Ce ne sont plus les lentes temporisations de la vieille guerre, les routines usées de la tactique allemande; impétueux, irrésistible, l'éclair au front, le glaive étincelant à la main, il fond comme la foudre sur l'ennemi qu'il déconcerte, mêlant à la précision lumineuse du calcul les merveilleuses audaces de la jeunesse et du génie. C'est ainsi qu'il culbute les Piémontais, de Colli à Millesimo et à Mondovi; les Autrichiens, de Beaulieu à Montenotte, à Dego et à Lodi. Wurmser s'avance avec une seconde armée autrichienne; il est battu à Lonato, à Castiglione, poursuivi à outrance à Roveredo, à Bassano, et enfin bloqué dans Mantoue. Une troisième armée, plus formidable encore, descend du Tyrol sous la conduite d'Alvinzy. Bonaparte, faisant un effort suprême, livre avec une poignée de soldats les dernières batailles qui allaient décider du sort de l'Italie. Les plaines d'Arcole et les montagnes de Rivoli sont là pour attester éternellement la gloire dont se couvrit l'armée française et le grand capitaine qui la conduisait à ces victoires immortelles.

Par un oubli que l'on a peine à comprendre, bien des Français passent à Vérone sans s'arrêter sur quelqu'un de ces illustres champs de bataille qui l'entourent. Les souvenirs de notre gloire nationale m'ont trouvé moins indifférent. Si un trop grand éloignement m'avait empêché d'aller à Rivoli, j'ai pu du moins consacrer une matinée à la visite d'Arcole qui, grâce au chemin de fer, ne se trouve guère qu'à une heure de Vérone. Le village d'Arcole ne se compose que de quelques maisons disséminées çà et là et cachées derrière les grands peupliers qui couvrent la campagne. A une de ses extrémités passe l'Alpon dont les eaux, coulant au niveau des plaines environnantes, sont contenues dans un lit étroit par des digues qui les accompagnent ainsi jusqu'à Albaredo, où elles se jettent dans l'Adige. C'est sur l'Alpon, en face d'Arcole, que se trouve le pont célèbre illustré par l'héroïsme du général Bonaparte. Il n'est personne qui ne l'ait vu représenté dans une de ces lithographies populaires qui montrent le jeune général, un drapeau à la main, au milieu du feu et de la fumée. Mais l'imagination des artistes, pour augmenter l'effet, a singulièrement exagéré les dimensions de ce pont; il est simplement en bois, d'une construction fort modeste et en de très petites proportions. A son extrémité, sur la digue de la rive droite, a été élevé sous l'Empire, en souvenir de la grande bataille, une pyramide en marbre, que les Autrichiens ont eu le bon goût de respecter; ils se sont contentés d'enlever les aigles, les couronnes, et d'effacer les inscriptions. Du pied de cette pyramide, le regard plonge au loin sur les plaines environnantes. Tandis que vers le levant, la campagne se montre boisée et couverte de riches récoltes, elle est nue vers le couchant et entrecoupée de flaques d'eau; ce sont les fameux marais qui jouent un si grand rôle dans le récit de la bataille, mais qui depuis ont été sans doute en partie desséchés, car on y cultive non seulement le ris, mais encore le blé et le maïs. Dans les environs, on aperçoit, à travers le feuillage des arbres, les clochers de Ronco, d'Albaredo, de Caldiero, dont les noms reviennent souvent dans l'histoire de ces campagnes héroïques de la révolution. Au fond, vers le nord, les Alpes décrivent un vaste demi-cercle en amphithéâtre, comme pour mieux assister à ces grands combats. Il y a dans l'aspect de ces sommets lointains, blanchis par les neiges, quelque chose de grandiose, tout à fait en harmonie avec les souvenirs qui vous entourent et de vraiment inspirateur.

En parcourant dans tous les sens les environs d'Arcole, je me plaisais à évoquer le souvenir de cette mémorable bataille qui coûta à l'armée française trois jours d'héroïques efforts; je m'en représentais tous les incidents, toutes les péripéties. Je voyais Bonaparte, enfermé dans Vérone avec treize mille hommes, menacé du côté de Rivoli par les vingt mille Autrichiens de Davidovich, et du côté de la Brenta par les quarante mille d'Alvinzy. A cette heure suprême, prêt à se voir enlever le fruit de tant de brillants combats, de si éclatantes victoires, le génie de Bonaparte lui suggère un projet extraordinaire et d'une audace désespérée. Il sort de Vérone, avec son armée, par la porte de Milan, comme s'il battait en retraite; mais bientôt, faisant un à-gauche, il revient vers l'Adige, passe ce fleuve à Ronco et va se jeter dans les marais d'Arcole. Par cette combinaison, aussi hardie que profonde, non-seulement il tombait sur les derrières de l'armée autrichienne, mais surtout il choisissait pour champ de bataille des chaussées étroites où l'avantage du nombre était annihilé et où le succès devait dépendre de la bravoure des têtes de colonne. Le 15 novembre 1796, l'armée française se met en mouvement; l'intrépide Masséna, marchant sur les chaussées, balaie devant lui tous les ennemis qu'il rencontre; le bouillant Augereau se présente devant Arcole pour déboucher dans la plaine et enlever les parcs et les bagages d'Alvinzy. Mais le pont est défendu par des régiments Croates soutenus d'une formidable artillerie. C'est en vain qu'Augereau déploie la plus brillante valeur, des charges meurtrières le rejettent en arrière. Bonaparte, voyant le danger, accourt au galop de son cheval, il met pied à terre, adresse à ses soldats quelques paroles énergiques et, saisissant un drapeau, il s'élance sur le pont que balaie la mitraille. Tous ses généraux sont à son entour : Lannes, déjà blessé deux fois dans la journée, est atteint d'un troisième coup de feu: le jeune Muiron, faisant un rempart de son corps au général en chef, tombe mort à ses pieds. L'ennemi semble reculer devant tant d'héroïsme; mais une dernière décharge plus meurtrière porte le ravage et la confusion dans les rangs des Français, qui sont rejetés sur la digue de l'Alpon. Entraîné par ses soldats, Bonaparte tombe dans les marais; il en est aussitôt retiré au milieu d'une grêle de balles. Il remonte à cheval, et avec son armée se retire à Ronco. — Le lendemain, le combat recommence encore plus acharné que la veille. Les Autrichiens sont battus sur tous les points et précipités dans les marais; rien ne résiste à l'ardeur de nos soldats que le succès enflamme. Mais la nuit vient séparer les combattants. — Le troisième jour, Bonaparte voyant l'enthousiasme qui anime son armée se décide à abandonner les chaussées et à porter son champ de bataille au-delà d'Arcole, en rase campagne. Masséna, élevant son chapeau à la pointe de son épée, charge impétueusement les Autrichiens et franchit l'Alpon; de son côté, Augereau le passe à l'aile opposée. Toute l'armée française se trouve ainsi rangée en bataille devant l'armée d'Alvinzy. Usant, comme dans les temps antiques, d'un habile stratagème, Bonaparte a envoyé le chef de bataillon, Hercule, avec vingt-cinq de ses guides, dans des marais couverts de roseaux qui couvrent l'aile gauche de l'ennemi; il lui a ordonné de charger à l'improviste, avec un grand bruit de trompettes. Au moment où Augereau et Masséna se précipitent sur la ligne autrichienne, on entend tout-à-coup le bruit éclatant des trompettes s'élever du côté du marais. Les Autrichiens, qui se croient attaqués par toute une division de cavalerie, commencent à céder le terrain. La garnison française de Legnago, qui au même instant apparaît dans le lointain, achève de les déconcerter. On les charge impétueusement, et ils battent en retraite, vaincus au nombre de 40,000 par 13,000 Français qu'à électrisés le génie d'un grand capitaine. — Deux mois après, Bonaparte couronnait cette mémorable campagne par la victoire de Rivoli et par la prise de Mantoue. Ainsi, après avoir livré douze batailles rangées, plus de soixante combats ; après avoir pris, tué ou blessé plus de cent mille Autrichiens, la Lombardie était désormais à nous, et l'Autriche semblait avoir à jamais perdu l'Italie.

Voilà le tableau que j'avais présent à l'imagination pendant que je parcourais le champ de bataille. Je croyais assister à ces combats sanglants, à ces charges impétueuses, au milieu de la fumée, du feu et de la mitraille. — Cependant, autour de moi, je n'entendais que ces vagues rumeurs qui s'élèvent du sein des fertiles campagnes. Un soleil matinal luisait gaiement sur les eaux, sur les feuillages et sur les moissons. Dans les jolis sentiers où je m'égarais, les oiseaux gazouillaient en se poursuivant le long des haies touffues qu'arrosent de frais ruisseaux. De jeunes filles inclinant les rameaux des mûriers les dépouillaient de la riche parure de leurs feuilles, tandis que l'herbe des prairies et le sainfoin aux fleurs roses, en tombant sous la faux des moissonneurs, exhalaient dans l'air leurs senteurs embaumées. Tout dans la nature semblait sourire, — et le ciel, et la terre, et les hommes. C'était partout un air de fête champêtre, un parfum de vie calme et heureuse dans ces lieux où pendant trois longs jours la mort avait régné. — Je revins vers les marais, je passai sur le pont, qui fléchissait sous le poids des charrettes chargées de fourrage ; et, le long de la chaussée qui le continue, dans un ruisseau plein d'eau stagnante, peut-être à l'endroit même où était tombé le général Bonaparte, je cueillis une de ces fleurs de nénuphar dont les grandes corolles, d'un si beau blanc, s'épanouissent en foule au soleil, — souvenir éphémère et charmant d'une sanglante et immortelle victoire.

Dans le récit de ces combats, je crains de vous avoir arrêté bien longtemps à Vérone; le moment est venu d'en sortir pour toujours. J'abandonne ses champs de bataille et, continuant mon voyage, je prends la route de Brescia. Elle côtoie, de Peschiera à Dezenzano, le lac de Garda, puis elle circule au pied de vertes collines dont la fraîcheur est entretenue par les nombreux ruisseaux qui descendent dans la plaine. C'est de nuit que nous avons fait ce trajet, une de ces nuits sereines qui répandent tant de poésie sur le paysage qu'elles couvrent de leurs clartés d'argent. Rien n'est charmant comme ces voyages au clair de lune, dans un pays inconnu, au milieu d'une délicieuse campagne. Bercé par le roulement de la voiture, l'esprit flotte d'une molle rêverie à une paresseuse somnolence. De temps à autre, on s'éveille comme au sortir d'un songe; on jette autour de soi un regard étonné; l'on a oublié qu'il va être minuit, que l'on approche de Brescia, et dans le vague des impressions, les images extérieures se peignent à l'esprit plus vaporeuses et plus poétiques. — La lune éclaire en plein la campagne; les arbres en fleurs répandent de doux parfums mêlés à ceux qu'exhalent les foins entassés dans les prairies. Les grenouilles chantent au loin, tandis que sur les bords de la route des milliers de lucioles phosphorescentes voltigent dans les hautes herbes. L'eau qui coule dans les canaux, au pied de fraîches collines, tombe avec bruit par les écluses en réfléchissant les clartés brisées de la lune. Pour compléter le charme bucolique du tableau, une musette fait entendre ses sons agrestes qui se marient à souhait avec cette lune, ces prairies, ces collines et ces parfums.

Que vous dirai-je de Brescia? Qu'elle a de beaux palais, de riches églises, d'admirables peintures, les restes d'un temple antique depuis peu découvert? En cela, rien ne la distingue des autres villes d'Italie. Mais sa position, au pied de hautes collines couvertes de maisons de campagne, est tout-à-fait charmante; elle est arrosée d'une abondance d'eau qui, sous ce rapport, en fait la rivale de Rome, et ses habitants, excités sans doute par l'air vif des montagnes, ont dans le caractère un ressort et une énergie qui plus d'une fois les a rendus redoutables à la puissance qui les asservit. Lorsqu'en 1848 éclata une guerre nationale, Brescia et Venise se sont distinguées entre toutes les autres villes par les siéges obstinés qu'elles ont soutenus contre les Autrichiens.

On aime à voir de pareils exemples d'énergie et de fierté nationale. Cependant, le dirai-je? lorsqu'on parcourt la Lombardie, quelque intérêt que l'on porte à la cause italienne, on ne peut s'empêcher de rendre justice au zèle et à l'intelligence de l'administration autrichienne. Sans doute, la nature a beaucoup fait pour la Lombardie ; mais il est permis de se demander si, livrés à eux-mêmes, les Italiens auraient, par leurs travaux et leurs institutions, administré ce beau pays avec autant d'ordre, de régularité et de sagesse. L'exemple des autres états d'Italie serait bien propre à en faire douter. La construction des chemins de fer, les soins apportés à l'entretien des canaux et des routes, la création de nombreuses écoles communales, de colléges militaires, de salles d'asile, de caisses d'épargne, etc., sont autant de bienfaits dus à l'administration autrichienne, et les Italiens sembleraient bien peu fondés à se plaindre de leur sort, si rien pouvait remplacer pour un peuple la liberté, sans laquelle il n'est ni repos, ni dignité, ni bonheur.

Après cette longue pérégrination à travers la Lombardie, me voici enfin arrivé à Milan, dans cette grande cité que quelques touristes enthousiastes célèbrent comme la plus magnifique d'Italie. Il est vrai que quelques-unes de ses rues sont d'une belle largeur et d'un mouvement très animé ; on y remarque le luxe des maisons, la richesse des magasins ; il y a des boulevards et de grandes promenades où circulent en abondance les piétons, les voitures et les cavaliers. Mais avec tout cela, quelle absence de caractère, de couleur locale, d'originalité ! On dirait une de nos grandes villes de France. C'est ce que, dans le XVIe siècle, Montaigne avait déjà remarqué ; il trouvait « que Milan ressemblait assez à Paris, et avait beau-

« coup de rapport avec les villes de France. » Ce sera donc Paris si l'on veut, mais Paris en raccourci, Paris sans le luxe brillant de sa civilisation, sans l'élégance de ses mœurs, sans son cachet de distinction unique, Paris surtout sans la grâce des Parisiennes.

Au reste, ce n'est pas seulement à Milan que l'on remarque ce caractère prononcé d'imitation française. Lorsqu'on voyage en Italie, on est étonné, même dans les villes les plus originales par les mœurs ou par l'aspect extérieur, de voir l'influence morale que la France exerce sur les esprits. Ce ne sont pas seulement nos événements politiques qui les préoccupent, mais aussi notre littérature, nos usages, nos modes, nos journaux. Notre langue est si répandue dans les hautes classes, qu'on se plaît à la parler dans les salons; c'est en français que sont écrits les livrets de plusieurs musées, les catalogues des collections particulières. J'ai vu, en Toscane, affichés sur les murs, des arrêtés de police, imprimés sur deux colonnes, d'un côté en langue française, de l'autre en italien. Dans tous les cafés, on reçoit un de nos journaux; chaque ville, si petite qu'elle soit, a ses magasins de *modes de Paris;* il est certains quartiers de grande ville, à Naples par exemple, où toutes les enseignes sont en français. Et notre littérature, quelle invasion n'a-t-elle pas fait en Italie ? Nos ouvrages les plus célèbres se vendent chez tous les libraires; les discours de nos orateurs sont lus avec avidité, et les théâtres ne vivent que de la représentation de nos vaudevilles et de nos drames, quelquefois imités, le plus souvent traduits. On dirait que l'imagination italienne, épuisée dans la production féconde des grandes œuvres du passé, ne peut se suffire à elle-même et a besoin d'emprunter ses inspirations à cet esprit français qui, léger, facile, brillant, souple, expansif, semble destiné à répandre dans le monde entier notre langue, nos mœurs et nos idées.

En arrivant à Milan, les étrangers commencent invariablement leur tournée par la visite de la cathédrale; c'est la merveille de la ville, le monument dont elle se montre le plus fière. Il serait en effet difficile de ne pas admirer son élévation, ses dimensions immenses, l'énorme entassement de marbre blanc dans lequel elle semble taillée, la multitude de fines aiguilles qu'elle élève dans les airs, l'ornementation brillante des trois mille statues qui la décorent. Tout cela est beau, riche, hardi et au premier abord vraiment féerique. Ce n'est pas là cependant un de ces monuments simples, harmonieux, complets en soi, qui satisfont également les yeux et l'intelligence, et devant lesquels l'admiration se livre sans réserve; il manque d'unité, les styles en s'y mélangeant s'entrechoquent; sa blancheur marmoréenne lui donne l'aspect d'un édifice bâti d'hier, et l'on y chercherait vainement ce caractère naïf, religieux, imposant, qui frappe si vivement dans Notre-Dame de Paris et dans tant d'autres vieilles cathédrales gothiques.

Parmi les autres édifices de Milan, il en est bien peu qui puissent exciter à un haut degré la curiosité. Son palais Bréra est bien moins remarquable par son architecture que par son musée qui, sans être comparable aux grandes collections de certaines villes d'Italie, renferme cependant des œuvres précieuses des élèves de Léonard et cet admirable *Sposalizio* où Raphaël, encore adolescent, laissa une si douce empreinte de sa grâce pure et candide. C'est encore une belle collection de tableaux, de dessins et de cartons que l'on va voir à l'Ambrosienne. On y visite aussi avec intérêt quelques précieux manuscrits de sa célèbre bibliothèque; mais ce qui attire surtout l'attention des simples curieux, c'est une lettre de Lucrèce Borgia et une boucle de ses cheveux blonds-cendrés, que la belle duchesse envoyait au cardinal Bembo : souvenir de galanterie qu'il est piquant de rencontrer en pareil lieu, au milieu de vieux manuscrits et sous la garde des doctes abbés, bibliothécaires de l'Ambrosienne.

L'œuvre d'art la plus admirable qui soit à Milan et qui à elle seule suffirait pour attirer les voyageurs dans cette ville, c'est le *Cénacle* que Léonard de Vinci peignit dans le réfectoire de l'ancien couvent de Santa-Maria delle Grazie. Je ne vous en ferai pas la description, il n'est personne qui ne le connaisse par la gravure. Combien de fois ne suis-je pas allé admirer cette grande page qui est au rang des œuvres les plus merveilleuses de la peinture moderne ! Malheureusement, la négligence des hommes, la brutalité des restaurateurs, l'humidité des lieux, se sont réunies pour l'amener à un tel état de dégradation qu'il est facile de prévoir le jour où elle deviendra méconnaissable. Il semble que ce soit dans cette triste prévision que les peintres se sont depuis longtemps efforcés d'en multiplier les copies ; elles sont en effet bien nombreuses et, à elle seule, la ville de Milan en compte quatre exécutées dans les grandes dimensions de l'original. Il en est une, de la main de Lomazzo, qui se trouve à l'ancien couvent de Santa-Maria della Pace où, malgré mes efforts, il m'a été impossible de pénétrer. Ce qui m'y attirait, ce n'était pas seulement un sentiment de respect et d'admiration pour l'œuvre de Léonard, je voulais surtout apprécier le talent de ce pauvre Lomazzo qui, devenu aveugle à l'âge de trente-trois ans, fut obligé d'abandonner son art chéri et consacra le reste de ses jours à la composition de traités de peinture, plus complets, dit-on, que ceux de Léonard lui-même. — La nature réserve ainsi quelquefois de cruels malheurs à ceux qu'elle semble avoir le plus abondamment comblé de ses dons. Un musicien comme Beethoven sera frappé de surdité ; Lomazzo deviendra aveugle ; c'est aussi la cécité qui affligera cet infortuné sculpteur Gonnelli dont l'histoire est si touchante. Devenu aveugle à l'âge de vingt ans, il ne cessa pas cependant de cultiver son art ; la finesse du tact suppléait chez lui au sens de la vue qui lui manquait, et ses portraits étaient cités pour leur ressemblance. Des historiens oculaires parlent d'un portrait qu'il fit de souvenir d'une jeune fille qu'il avait aimée avant sa cécité : au-dessous du buste, le cardinal Pallotta avait gravé ce distique charmant :

Lindor ch' è cieco e Lisabetta amò
La scolpì nell' idea ch' amor formò.

Elle serait bien longue la liste des artistes qui ont ainsi traîné une douloureuse existence ou dont le talent, arrêté dans son essor par une fin précoce, ne put recevoir tout son développement. Il faudrait inscrire sur ce martyrologe le nom de ce Daniel Crespi qui, âgé de moins de quarante ans, mourut, ainsi que toute sa famille, dans la peste de Milan de 1630. Daniel Crespi est un de ces grands peintres dont le nom peu répandu au dehors n'est guère connu et glorieux, comme il le mérite, que dans sa patrie où ses œuvres sont restées. On l'apprécie surtout à sa valeur dans la petite église de l'ancienne chartreuse de Garignano, située presque aux portes de Milan ; l'*Histoire de Saint-Bruno* qui décore les murs, les *Chartreux* qui peuplent les différents compartiments de la voûte révèlent toute l'étendue de ce talent grave, mûr, contenu et d'une inspiration élevée. On retrouve encore Daniel Crespi à la chartreuse de Pavie. Lorsque, dans ce somptueux édifice, on a assez longtemps admiré les bas-reliefs exquis taillés en foule dans le marbre blanc de la façade, les tableaux ou les fresques de plusieurs grands-maîtres, le splendide tombeau du duc Galéas Visconti, les délicates sculptures qui ornent le marbre des autels ou les chambranles des portes, les brillantes marqueteries en pierre dure répandues à profusion dans l'église ; lorsque l'œil est déjà ébloui de ce luxe, de cet éclat, de cette pompe brillante qui, à chaque regard, fait naître un nouvel étonnement, on peut encore contempler avec admiration les fresques dont Daniel Crespi a couvert le chœur, œuvre d'un art si réfléchi, si consciencieux, lentement élaborée dans une époque de production facile et de décadence.

Si la haute peinture est dignement représentée à Milan par le *Sposalizio* de Raphaël, par la *Cène* de Léonard et par quelques fresques élégantes et poétiques de Luini, elle a aussi ses monuments, vous le voyez, dans les environs de la grande cité. Mais ce qui, plus encore que les œuvres d'art, doit engager tout voyageur à visiter ces environs de Milan, c'est l'admirable beauté de la campagne; non point, il est vrai, cette beauté pittoresque que la nature a répandue dans les pays de hautes montagnes et qui parle à l'âme un langage si poétique, mais cette beauté moins simple, plus civilisée, plus prosaïque et cependant bien précieuse encore, dont se parent les champs auxquels l'homme a apporté le tribut de son intelligence et de son travail. J'ai eu souvent à vous parler du riche aspect de la campagne de la Lombardie; mais c'est ici surtout, aux alentours de Milan, qu'elle étale dans toute sa pompe le luxe d'une végétation magnifique et d'une fertilité sans égale. Où trouver une telle abondance de canaux d'irrigation, des eaux mieux distribuées, des prairies plus fécondes et des arbres d'un aussi riche feuillage mêlant, ainsi que dans un parc immense, leurs ombrages épais à la fraîcheur des eaux et à la verdure des moissons ? La terre se montre ainsi parée comme pour une fête perpétuelle et l'agriculteur y recueille à pleines mains les trésors qu'une nature généreuse lui prodigue.

Si, fatigué de la monotonie de ces belles plaines, on se prend à désirer la variété des pays de montagnes, le lac Majeur et le lac de Come sont tout près qui vous offrent leurs sites accidentés et charmants. Le lac de Come que j'ai vu le premier a, vous le savez, une grande réputation de beauté ; on le cite comme le plus beau de tous les lacs connus; il serait en effet difficile de rien imaginer de plus délicieux. Il ne s'étend pas en une de ces grandes nappes d'eau que le regard embrasse d'un coup-d'œil ; pour ménager mille surprises, il suit, large comme un grand fleuve, les contours sinueux des vallées formées par les montagnes qui l'entourent. Ces montagnes, qui tantôt s'inclinent en pentes adoucies, tantôt plongent verticalement dans le lac, se couvrent sur leurs flancs d'épaisses pelouses ou de bouquets de bois pleins de fraîcheur. A travers les arbres percent çà et là les clochers de quelque chapelle, de quelque monastère et les blanches maisons des villages qui s'étagent sur le penchant des collines ou se couchent plus mollement à leur pied. Quelquefois les montagnes s'écartent par la base et laissent voir, dans le fuyant d'une riche vallée, les cimes lointaines des Alpes que couronne la neige. Ces sites pittoresques s'embellissent encore du luxe d'une foule d'habitations princières. Monté sur le bateau à vapeur, au milieu d'une société élégante de touristes, on voit fuir sur les rives une longue suite de jardins que peuplent de blanches statues et des villas charmantes dont les escaliers de marbre se baignent dans le lac, tandis que les cascades précipitent à côté leurs eaux blanchissantes et que les arbres répandent sur les toits la fraîcheur de leur luxuriant feuillage. Rien n'est doux, varié, riant à l'œil comme ces paysages. Au sein de cette fraîcheur, non loin des hautes montagnes qui vers le nord montrent leurs cimes neigeuses, on trouve les trésors de la nature méridionale : les terres, disposées en étages, portent la vigne, l'olivier, le citronnier, même les palmiers et les cactus, et la belle lumière italienne se répand à flots pour les embellir sur la terre et sur l'eau dont le mélange produit ce paysage ravissant.

Le lac Majeur, que j'ai vu le lendemain, perdait un peu à venir le second; il est loin d'avoir, en sa vaste étendue, le charme du lac de Come. Ce ne sont plus ces collines coquettement parées de verdure, de villages et de villas ; des montagnes sombres et sauvages donnent au paysage un aspect imposant et austère, et s'il a ainsi plus de grandeur, il a d'un autre côté bien moins de grâce. C'est là cependant, près des bords du lac, le long de la rive piémontaise, que se trouve l'Isola Bella qui mérite si bien son nom, par sa position, par son magnifique château des Borromées, par ses jardins embaumés. Des bosquets de camélias, de rhododendrons, de magnolias, d'orangers sont entremêlés aux arbres les plus rares de tous les climats; il y a des lauriers gigantesques qui sont devenus célèbres depuis que Napoléon, dans une de ses campagnes d'Italie, écrivit de son épée sur l'un d'eux le mot *battaglia* dont on voit encore quelques lettres sur un vieux tronc. Ces jardins, plutôt bâtis que plantés, s'élèvent, de terrasse en terrasse, sous forme de pyramide ; les murs de soutènement, que tapissent des citronniers, sont couronnés de vases et de statues, et lorsqu'en traversant le lac on aperçoit devant soi ces terrasses, ces gradins, ces arcades, ces balustrades, toute cette verdure et tout ce marbre, l'Isola Bella apparaît, au milieu des montagnes sévères qui entourent le paysage, comme une vision féerique et charmante.

Quelle que soit la beauté qui décore ces îles Borromées et le délicieux lac de Come, en les visitant une pensée de tristesse venait se mêler à mes impressions et troubler mes joies de touriste : mon voyage en Italie touchait à son terme et c'est par cette excursion que je le couronnais. Lorsque, il y a quelques mois à peine, j'abordais sur les rivages de Naples, la joie de voir enfin cette Italie si désirée remplissait mon cœur ; je m'enivrais à la fois du bonheur présent et de celui que je voyais me sourire dans un avenir rapproché ; je respirais, sous les premiers rayons du printemps, les délices d'une nature enchantée et ces premières impressions de voyage qui arrivent à l'âme avec tant de charme et de fraîcheur. A Rome, au sein de la ville sacrée, dans ce cadre grandiose où reposent de si augustes souvenirs, c'était l'histoire du monde qui m'apparaissait ; l'antiquité se dressait vivante devant moi, puis je voyais tout ce passé disparaître et un nouveau monde s'élever sous le souffle du Christianisme qui allait assurer à la ville éternelle cette perpétuité que les livres sibyllins lui avaient promise, mais que la politique seule n'eût pas suffi à lui donner. Florence, moins solennelle, m'offrait l'attrait plein de douceur de la culture intellectuelle qui fit sa gloire et des beaux-arts qui fleurirent avec tant d'éclat dans son sein, comme dans une nouvelle Athènes. Un charme sinon plus pénétrant du moins plus étrange m'attendait à Venise, pauvre reine de l'Adriatique si tristement découronnée. J'y aurais cherché en vain ses patriciens magnifiques, ses mœurs élégantes, ses plaisirs raffinés; mais l'originalité piquante, la rêverie douce et triste dans les canaux déserts, des souvenirs tour à tour voluptueux et lugubres, mille bigarrures orientales, les éclairs entrecroisés d'une poésie fantastique, voilà l'attrait qui me retenait dans cette curieuse cité, toute pleine de bizarrerie, de caprice et de grâce. Et partout, dans le cours de ce voyage, que de sujets d'étonnement ! Que de sources d'admiration ! Où le passé a-t-il laissé plus de traces ? où, plus de grands hommes, plus de monuments, plus de souvenirs ? Sur cette terre privilégiée, l'étude se confond avec le plaisir et, en obéissant à la simple curiosité, ce sont de graves enseignements que l'on recueille. L'histoire des temps anciens peut s'apprendre en tous lieux ; mais ici seulement elle devient une réalité vivante que pénètre à la fois le regard et l'intelligence. Si, plein d'admiration pour la grande littérature italienne, je voulais en sonder profondément les secrets, c'est à Reggio, à Florence, à Naples, dans un paysage gai et riant, devant de vieux et sévères palais, au sein d'un golfe plein de délices, que se révélait à moi plus complètement l'épicurisme élégant et badin de l'Arioste, l'âpre saveur du Dante, sa grâce un peu sauvage et cette poésie expansive du Tasse qui se répand sans cesse en images éclatantes et voluptueuses comme ce ciel enchanté sous lequel elles se sont brillamment épanouies. Et l'art italien, que de merveilles ne me prodiguait-il pas? La Rome antique, reine du monde par ses armes et par ses lois, moins heureuse dans les régions de l'intelligence, reconnaissait des maîtres dans cette Grèce où le sentiment profond de la beauté avait inspiré des chefs-d'œuvre si harmonieux et si complets. Le grand poète latin, Virgile, en fesait l'aveu dans ces vers élégants où un peu de tristesse se déguise sous l'accent d'une fierté nationale blessée :

> Excudent alii spirantia molliùs æra;
> Credo etiam vivos ducent de marmore vultus;
> Orabunt causas meliùs, surgentia sidera dicent;
> Tu regere imperio populos, Romane, memento.

Cette suprématie artistique qui fit défaut à l'Italie antique, l'Italie moderne peut hautement la revendiquer : elle s'est manifestée par des œuvres éclatantes qui seront l'honneur éternel du peuple et du siècle qui les ont produites. Pour la pureté, l'élégance, la sérénité, l'harmonie, rien sans doute n'est à comparer aux grands modèles que nous a laissés la Grèce; mais le Catholicisme a versé dans les veines de l'art italien je ne sais quoi de plus doux, de plus émouvant, de plus attendri. C'est sous la double influence des sentiments religieux et de l'admiration des modèles antiques que les artistes du XVIe siècle, organisations impressionnables, âmes tendres, imaginations passionnées, ont réalisé cet idéal moderne qui, sous le voile transparent d'une beauté exquise, se plaît à faire palpiter à nu l'âme humaine, pour en exprimer toutes les délicatesses et toutes les émotions. Grâce à sa fécondité, chacun peut étudier dans son pays cet art italien si sympathique : les monuments en sont répandus dans le monde entier. Mais c'est ici, sur les lieux mêmes où ils se sont produits, qu'on les trouve pleins de force et de grandeur. Avec quelle ferveur d'admiration ne les ai-je pas étudiés ! Que de longues heures passées dans leur contemplation ! Et une telle curiosité n'est pas stérile ; il semble que cette adoration du beau vous rende meilleur, elle donne de nouvelles ailes à la pensée et l'esprit s'en trouve comme ennobli.

Voilà cependant toutes les merveilles qu'il faut quitter. Il faut dire adieu à cette terre d'Italie si riche, si sereine, si poétique, à son beau ciel, à ses sites enchantés, à son doux idiome, à ses œuvres d'art immortelles qui ne sont écloses que là, dans un siècle fortuné, sous une influence bénie et qui rivalisent par leur magnifique décoration avec la décoration non moins magnifique de la nature. Une telle séparation serait trop douloureuse si elle était pour toujours ; mais dans la tristesse de mes regrets, une consolation me reste, c'est l'espoir que cet adieu que je dis à l'Italie n'est pas éternel, qu'un jour viendra où je pourrai revoir ce noble pays. Cet espoir sera désormais mon rêve ; il est doux de rêver ainsi. L'oubli ne serait pas seulement une ingratitude du cœur, il serait une tâche à l'honneur de l'esprit, car selon une parole que je me plairai souvent à répéter : *Il est difficile de ne faire qu'un voyage en Italie, et celui qui n'y retournerait pas ne serait pas digne d'y être allé.*

LETTRE

SUR LA PEINTURE ITALIENNE,

A M. VILLEMSENS.

Venise, 6 Juin.

Mon cher Artiste,

Voilà bientôt quatre mois que je suis en Italie, que je la parcours dans tous les sens, admirant avec passion les beautés si diverses que présente cette terre privilégiée. Je ne veux, ni ne peux la quitter sans vous faire part de quelques-unes de mes impressions de voyage. J'en ai eu plusieurs fois l'idée pendant mon séjour à Rome ; mais la vie que l'on mène a sein de la ville éternelle est si absorbante, la majesté mélancolique des lieux vous pénètre tellement l'âme, on est si heureux de respirer et de vivre au milieu de ces magnifiques monuments du passé et parmi les souvenirs laissés dans notre esprit par l'éducation classique, qu'on a quelque peine à se résigner à écrire, et qu'on aime bien mieux s'abandonner sans réserve au charme de voir, de penser, de sentir et d'admirer. D'ailleurs, pour vous parler de la peinture italienne, ne fallait-il pas que j'en eusse vu les principaux monuments dispersés dans toute l'Italie ?... Aujourd'hui, au terme de mon voyage, j'aime à vous écrire de Venise, le pays des coloristes et qui, à ce titre, est pour vous comme une seconde patrie.

Depuis Naples où j'ai abordé directement, jusqu'à Venise où je suis arrivé après avoir visité Rome, Sienne, Florence, Pise, Bologne, Modène, Parme, Mantoue, Vérone et Vicence, j'ai à-peu-près passé en revue les principales écoles italiennes, et je puis me faire une idée générale de leur caractère et de leur valeur.

L'intérêt artistique d'un tel voyage n'est pas seulement dans la grandeur des œuvres, il est aussi dans leur variété. Si l'art italien, partant de l'étude de la nature et de l'antique pour s'élever à l'idéal, a conservé un caractère d'imposante unité, il s'est cependant diversifié avec souplesse au gré des circonstances au milieu desquelles il s'est développé. Les divisions territoriales de l'Italie, tout en amoindrissant sa puissance politique, ont eu ce résultat heureux de créer plusieurs centres artistiques où les sentiments locaux ont trouvé à se satisfaire selon la variété des instincts, des goûts, des affections, des préférences. Une plus grande concentration politique eût imposé, dans la recherche de la beauté, des formules étroites et absolues au milieu desquelles se seraient étouffées bien des natures délicates qui, grâce aux divisions de territoire, ont pu conserver la spontanéité de leurs convictions, l'originalité de leur esprit, la libre allure de leur fantaisie, la saveur incisive du terroir. De là, avec l'unité qui fait la grandeur d'un art national, la diversité des manières qui en est l'intérêt et la vie; de là aussi ce mouvement magnifique qui a emporté les écoles italiennes excitées par l'émulation, vers les splendeurs du XVIe siècle. Et ces écoles rivales ont marché d'un pas si égal et avec tant d'ensemble qu'il devient difficile de trancher entr'elles la question de supériorité et de décerner la palme.

Cependant, je sens que je vais trop loin et je me rétracte : le génie de Raphaël fait pencher la balance du côté de son école, et à lui seul il remporte la victoire que personne n'est assez fort pour lui disputer. — Il est difficile, impossible même, pour qui n'a pas vu Rome, de se faire une idée bien exacte du génie de ce divin artiste. Il est beau, admirable dans ses tableaux de *la Vierge de Foligno*, d'une couleur à faire envie au Titien, de *la Transfiguration* où il a laissé, au moment d'expirer, les traces immortelles de sa divine nature. Il semble avoir atteint les limites de la grâce idéale dans sa *Sainte-Famille*, du musée de

Naples, et dans sa *Vierge à la Chaise*, du palais Pitti, à Florence ; et cependant qui n'aurait vu que ces adorables peintures n'aurait pas une idée suffisante de Raphaël. C'est peut-être dans ses fresques du Vatican et de la Farnésine qu'il a déposé la meilleure partie et comme l'essence de son génie. On est confondu d'étonnement et d'admiration devant ces magnifiques peintures de *la Dispute du St-Sacrement*, *l'Héliodore*, *le Parnasse*, *l'Ecole d'Athènes*, d'une ordonnance si belle, d'une composition si claire, si lumineuse, d'une harmonie de lignes et d'une élévation de style que l'art antique lui-même n'a peut-être pas atteint ou du moins dépassé. Dans les tableaux de Raphaël, on admire les qualités supérieures du peintre ; dans ces fresques sublimes, on peut presque faire abstraction de la pratique de l'art pour ne considérer que la puissance et l'étendue de ce grand esprit. Les poètes épiques du plus haut génie, les Homère, les Virgile, les Dante, n'ont pas eu d'inspiration plus grave, plus sereine, plus élevée et d'une beauté plus accomplie que celle qui respire dans ces vastes compositions, véritables épopées auxquelles le temps a fait subir déjà bien des injures, mais qui resteront du moins dans le souvenir comme l'honneur éternel de l'esprit humain. Et chose étonnante ! ce même artiste qui, avec une si grande aisance et une puissance si virile, a suspendu ces peintures splendides aux murs du Vatican, — comme pour donner une idée complète de la variété et de la souplesse de son génie, — a su trouver les inflexions les plus gracieuses, les motifs les plus charmants, lorsque de sa main légère il dessinait, sur les murs de la Farnésine, la fable délicieuse de Psyché.

Ainsi, né pour tout aimer et pour tout comprendre, ce divin artiste répandait sur toutes sortes de sujets l'idéal dont il était plein. Depuis ses premières œuvres jusqu'aux dernières, depuis sa timide *Assomption* de Pérouse, jusqu'à la glorieuse *Transfiguration* que Narbonne a été sur le point de posséder, sa vie ne fut qu'un culte perpétuel à la beauté. Naïf et dévot, tendre et rêveur dans les chastes essais de son adolescence, il s'étend et se fortifie, se développe et s'élève en entrant dans la ville éternelle, comme pour se mettre au niveau de la pensée catholique qu'il va illustrer et faire resplendir sur les murs du Vatican. Et, — ce qui fait le charme incomparable de son talent, — tout en accueillant les acquisitions de la science nouvelle, il ne répudie rien de l'héritage du passé; l'âge mûr, en apportant avec lui les qualités sérieuses, la sérénité et la force, la gravité et la grandeur, n'a pu altérer ni flétrir la naïveté, la fraîcheur, la rêverie, le souffle pur et facile, toutes les grâces adorables des jeunes années. Comme ces arbres magiques que le Tasse a chantés, son génie produit à la fois, sous l'influence bienfaisante des astres amis, les fleurs odorantes du printemps et les fruits savoureux de l'automne.

> Co' fiori eterni, eterno il frutto dura
> E mentre spunta l'un, l'altro matura.

Dans l'histoire entière de l'art, où trouver un pareil charme ? Quoi de plus aimable et de plus grand, de plus simple et de plus majestueux, de plus gracieux et de plus splendide ? Quelle âme humaine a été marquée plus visiblement des signes de la divinité ? A qui a-t-il été donné de répandre aussi abondamment sur la terre les reflets de la beauté universelle ? — Certes, j'ai admiré dans les œuvres du passé bien des grands hommes, artistes, poètes ou musiciens ; mais, je dois le dire pour l'honneur de votre art, jamais, cher ami, mon estime, ma sympathie, mon adoration, n'ont été aussi vives que pour ce génie immortel, si complètement doué de toutes les grâces divines et dont le nom dit suffisamment la gloire — Raphaël ! !

Après vous avoir parlé du maître, que dire de l'école romaine ? Son existence même a été contestée, et si l'on ne peut approuver ces exagérations, il est du moins facile de les comprendre. Née dans l'Ombrie, sous le patronage de Gentile da Fabriano, de Pier della Francesca et du Perugin, cette école n'a été réellement constituée que pendant la vie et sous la direction de son chef illustre qui demeure en quelque sorte son unique représentant. Sans doute, lorsque Raphaël, travaillant au Vatican ou à la Farnésine, se voyait entouré de ce nombreux cortége d'élèves, tous hommes *bons et vaillants*, dont parle Vasari, il dut rêver pour son école un long et brillant avenir. Mais à sa mort, les disciples, retenus auprès de lui non moins par l'aménité du caractère que par l'ascendant du génie, se dispersent et, peu d'années après, ceux-là même qui étaient restés à Rome s'enfuient devant les bandes indisciplinées du connétable de Bourbon. Jules Romain va fonder l'école de Mantoue; Perino del Vaga illustre de ses belles peintures le palais Doria, à Gênes ; Polidore de Caravage va mourir assassiné en Sicile où il était allé divulguer la science du maître; Jean d'Udine parcourt dans tous les sens l'Italie, répandant, sur son passage, ses gracieuses arabesques, son coloris vénitien et son système riant de décoration ; Le Sodoma de Sienne, Pelegrino de Modène, Timothée d'Urbin, Gaudenzio Ferrari rentrent dans leurs villes natales où ils apportent et font fleurir le goût de style raphaëlesque. Ainsi des autres moins connus. — L'école romaine semble donc commencer et finir avec Raphaël. Plus tard, l'heure de la décadence sonne pour la peinture italienne, et je ne pense pas que Rome ait beaucoup à s'énorgueillir des banalités prétentieuses, du maniérisme éhonté, des débauches sans frein, des Zuccari, du chevalier d'Arpin et des Cortonesques, pas plus que des fades imitations et des pâles copies des Charles Maratta et des Raphaël Mengs.

Si l'école romaine se résume presque en un seul homme, il n'en est pas de même de l'école florentine, si riche en grands artistes, peintres, sculpteurs ou architectes. — Il est singulier que dans les deux magnifiques musées de Florence, les plus beaux de l'Italie (et les plus accessibles, car ils sont ouverts au public tous les jours), l'école florentine ne soit qu'incomplètement représentée. Il n'y a presque rien de Léonard de Vinci, si ce n'est une belle tête de *Méduse*, une précieuse esquisse d'une *Adoration des Rois*, et peut-être une *Hérodiade* d'une grâce fine, souriante, exquise, qu'on lui a longtemps attribuée et que l'on revendique aujourd'hui pour Bernardino Luini, son grand élève. Il n'y a qu'un seul tableau du Rosso qui a passé une grande partie de sa vie en France avec le Primatice, et rien de Daniel de Volterré dont j'ai plusieurs fois admiré à Rome la *Descente de Croix*, d'un dessin si savant et d'une expression si pathétique. En revanche, Andrea del Sarto a laissé dans sa patrie la collection presque complète de ses œuvres, et l'on peut y étudier et goûter, comme il le mérite, ce grand artiste, dont on ne connaît généralement en France que le nom, et dont le talent aimable et doux inspire une si vive sympathie. Dans ses grisailles de l'ancien couvent des Scalzi, dans ses fresques des Servites et du monastère de San-Salvi où il a peint une grande et magnifique *Cène*, dans tous ses tableaux *degli Uffizi* et du palais Pitti, il règne une inspiration pure et tranquille, une facilité de crayon, une justesse d'expression, une douceur et une harmonie de couleur qui justifient bien à mes yeux le beau surnom d'Andrea *Senza errori*, que ses contemporains émerveillés lui avaient donné. Raphaël seul me semble avoir possédé (avec plus de grandeur et de puissance) tant de mérites divers, un si grand équilibre dans les facultés artistiques, un talent, en un mot, si éclectique et si universel.

Cependant, quel que soit le haut mérite d'Andrea del Sarto, quelque grand que soit Léonard, quelque grave, simple et élevé que se montre en certaines belles toiles Fra Bartolomeo della Porta, le rang suprême dans l'école appartient à l'illustre enfant de Florence que vous avez déjà nommé, au glorieux Michel-Ange Buonarotti. Sa ville natale peut s'enorgueillir à bon droit des nombreux chefs-d'œuvre de sculpture qu'il y a laissés; mais c'est à Rome, où s'est écoulée une grande partie de sa longue et laborieuse existence, qu'il faut étudier le peintre dans les magnifiques merveilles de la Sixtine. S'il est vrai, comme le racontent les historiens, que Bramante ait voulu, dans l'intérêt de son neveu Raphaël, compromettre la suprématie artistique de Michel-Ange, en lui mettant le pinceau à la main et en poussant Jules II à lui commander des œuvres d'art, à la pratique desquels il était demeuré jusque-là étranger, la postérité doit rendre grâce à cette pensée jalouse qui a lancé le puissant athlète dans l'arène de la peinture. Représentant suprême de l'art florentin, il y a apporté, en les résumant avec une grandeur inouie, les habitudes, les affections, les qualités de l'école, — un grand goût de dessin, une précision énergique, la sévérité de la pensée, la mâle austérité du style. Plein d'un superbe dédain pour tout ce qui ne rentrait pas dans la spécialité de l'école et dans les tendances de sa nature, il a laissé à d'autres, sans qu'il en eût souci, les artifices du métier, les agréments du style, le prestige de la couleur, les effets magiques du clair-obscur, — tout ce qui émeut, séduit ou enivre. Il s'était tourné vers un autre pôle de l'art ; il avait voué son génie au culte d'un idéal austère, en harmonie avec les facultés de sa vigoureuse nature et dont il entretenait la flamme dans l'étude passionnée du Dante, son poète préféré. C'est ainsi qu'il marcha solitaire dans la voie qu'il s'était tracée, exclusif dans ses goûts, inébranlable dans ses convictions, impénétrable aux influences d'alentour, fier, inspiré, l'éclair au front, semblable au grand législateur hébreu dont il nous a laissé, en marbre, la sublime image.

A un génie de cette nature, quoi de mieux approprié que les sujets de la Sixtine? Le souffle de l'inspiration biblique passe autour de ces sybilles et de ces prophètes grandioses, pleins de l'esprit de Dieu, aux mouvements graves et lents, à l'aspect majestueux et terrible. Et cette grande page du *Jugement Dernier* ne livre-t-elle pas en entier le secret de la science et de l'inspiration du puissant maître? Commencée peu de temps après le sac de Rome, par les bandes de Bourbon, l'imagination de Michel-Ange y a laissé l'empreinte terrible de la désolation des temps. Les morts effrayés soulèvent la pierre de leurs tombeaux, les martyrs montrent leurs instruments de supplice, les anges rebelles précipitent avec colère les malheureux proscrits, le Christ irrité maudit et condamne, une vive terreur glace tous les assistants : — scène d'effroi et d'épouvante interprétée avec une imagination dantesque et exécutée avec cette science consommée de dessin qui enlace la forme humaine dans des lignes inflexibles, comme des formules algébriques. Et cependant, en sortant de la Sixtine, l'esprit confondu et écrasé sous la puissance de cette conception gigantesque, comme on est heureux de revoir les *Loges* ou les *Chambres* de Raphaël, et comme on s'éprend d'un plus bel amour pour ce divin maître dont le jeune front se décore d'un rayon si aimable de gloire !

On s'est demandé quelquefois si Michel-Ange s'est montré plus grand dans la sculpture que dans la peinture. Pour trancher la question, il aurait fallu voir son *Jugement Dernier* avant que le temps l'eût cruellement dégradé. Aujourd'hui que cette grande page se présente au regard un peu confuse et comme à travers un nuage de destruction, entre ces peintures effacées et des statues belles comme au premier jour, mon choix n'est pas douteux, ma plus grande admiration est pour le sculpteur. Non que ses œuvres de marbre aient l'élégance de lignes, la beauté de formes à la fois simple et solennelle de la sculpture antique; Michel-Ange a poursuivi un autre genre de beauté, il recherche les mouvements violents, les poses tourmentées, les lignes compliquées, savantes, et c'est merveille de voir avec quel emportement de génie, quelle puissance de Titan, cet homme pétrit dans le marbre la forme humaine qu'il modifie et dont il dispose fièrement comme s'il en était le créateur. Dans aucune autre œuvre, la force et l'autorité n'ont été exprimées ainsi qu'il l'a fait dans son étonnant Moïse, de St-Pierre-aux-Liens, à Rome. Mais c'est dans la chapelle des Médicis, à Florence, que Michel-Ange développe surtout les nuances de son génie, — mélancolique dans sa statue reposée de Laurent, duc d'Urbin, dont l'attitude pensive lui a valu le nom de *Penseroso*, — violent, au contraire, emporté, plein de fougue, d'une énergie indomptable et d'une audace inouie dans ses statues du *Jour*, de la *Nuit*, de l'*Aurore*, du *Crépuscule*, qui montrent jusqu'à quelles limites extrêmes peuvent aller la science du nu et le sentiment de la force dans les arts.

Vous parlerai-je de Michel-Ange architecte ? C'est à Rome qu'il faut aller l'étudier dans la prodigieuse et gigantesque construction de son dôme de Saint-Pierre, que l'on aperçoit de tous les horizons de la campagne romaine, dominant les plus grands édifices de l'antiquité païenne et signalant de loin, par sa masse imposante et hardie, l'approche de la ville sacrée. J'ai vu ce dôme dans toute sa splendeur, magnifiquement éclairé par l'illumination du jour de Pâques qui, l'enveloppant dans un éclatant réseau de flamme, le fesait apparaître au regard comme une vision éblouissante et fantastique. C'est là un spectacle devant lequel vont s'extasier en foule les curieux, mais que les artistes eux-mêmes ne dédaignent pas d'admirer.

Ainsi nous apparaît Michel-Ange dans sa triple souveraineté de peintre, de sculpteur et d'architecte. Malgré mon parti pris de ne vous parler dans cette lettre que de peinture, je n'ai pu me dispenser de faire, en faveur de l'illustre Florentin, une exception qui trouve dans un si grand nom son explication et son excuse.

En quittant Florence, le voyageur qui se dirige vers le nord de l'Italie ne saurait se dispenser de consacrer quelques jours à Bologne, la seconde ville des états du Saint-Siége et le centre jadis si actif de l'école bolonaise. Si cette école ne s'éleva pas bien haut dans les régions de l'idéal, si elle n'atteignit pas dans ses résultats Florence, Rome, Parme ou Venise, la faute en fut moins aux maîtres qui l'illustrèrent, qu'aux circonstances au milieu desquelles elle s'est développée. Ce n'étaient pas, en effet, des organisations vulgaires que celles des Carrache, des Dominiquin, des Guerchin, des Guide et de tant d'autres. Leur malheur fut de venir trop tard, après le grand siècle, une fois la première fleur de beauté cueillie, au sein d'une seconde floraison un peu artificielle qui ne pouvait avoir ni les mêmes parfums, ni le même éclat.

Heureux les artistes, heureux les littérateurs nés dans un de ces grands siècles de plénitude et de gloire que chacun nomme et qui fleurissent ou verdoient comme de fraîches oasis dans les longues landes de l'histoire. Pour eux, ni incertitude dans l'esprit, ni trouble dans la conscience; ils ne connaissent ni la langueur énervée des temps oisifs, ni l'activité fiévreuse des heures de décadence. L'atmosphère dans laquelle ils vivent communique à leur intelligence son calme et sa sérénité. Soutenus par la règle, par la discipline qui est un frein mais surtout une force, ils ont avec l'horreur des tentatives folles, l'audace des innovations premières, et si parfois ils ménagent leur puissance c'est pour mieux l'employer, non moins grands par ce qu'ils s'interdisent que par ce qu'ils exécutent. La tradition d'ailleurs leur ouvre un trésor d'idées jeunes, vierges encore et dans leur première sève qui, fécondées et mûries par l'intelligence, aboutissent à un développement plein d'éclat. De là ces œuvres immortelles, à la fois naïves et savantes, jeunes et mûres, spontanées et réfléchies, mélange d'élévation idéale et de vérité humaine d'où résulte je ne sais quoi de sincère, de convaincu, de pénétrant qui est le charme éternel de tous les esprits bien faits.

Mais une fois sur ces hautes cimes, l'esprit humain, entraîné par le mouvement incessant qui agite toutes les choses de ce monde, ne peut marcher sans descendre des sommets que l'idéal habite. Les regards fatigués des splendeurs d'en haut s'abaissent tristement vers la terre : le sens intime des traditions se perd, le souffle de vie qui animait les idées s'affaiblit, et si l'art peut retrouver dans l'imitation une forme encore belle, ce n'est plus que d'une beauté à demi-éteinte et d'un idéal abaissé. — Telle fut la condition malheureuse des Bolonais. Le réalisme les envahit et compromet la gloire de leurs plus belles peintures. Il se mêle aux tendances élevées des Carrache, aux études fortes et patientes du Dominiquin, à l'élégance mondaine du Guide, aux mignardises de l'Albane, et il règne en plein dans l'œuvre pittoresque du Guerchin. Mais quels que soient les défauts de ces grands artistes, leurs efforts pour retarder un moment le cours de la décadence furent assez glorieux pour qu'on s'arrête avec un vif intérêt devant les œuvres qu'ils ont laissées dans leur patrie.

Si l'on en excepte un admirable Perugin et la *Sainte-Cécile* de Raphaël, si connue, si souvent reproduite et si justement admirée, la pinacothèque de Bologne ne renferme guère que des tableaux appartenant à l'école et dont plusieurs sont d'illustres chefs-d'œuvre. Là brillent les Carrache, Louis, par des compositions colossales; Annibal, par deux *Saintes-Familles* où les goûts d'imitation de l'école se trahissent par des emprunts faits sans déguisement aux quatre ou cinq maîtres préférés; Augustin, par sa *Communion de Saint-Jérôme*, belle malgré ce qu'elle a de terne et que le Dominiquin n'a surpassé qu'en la copiant. Le Guide a laissé au musée de sa patrie sa *Madone della Pietà*, immense toile pleine de grandeur, d'effet et de poésie; son *Massacre des Innocents*, pathétique malgré quelque afféterie et d'une couleur plus chaude, plus lumineuse qu'il n'appartient à ce maître d'ordinaire trop doux et efféminé. Mais, entre tous, c'est je crois le Dominiquin qui emporte la palme par sa *Madone du Rosaire* d'une ordonnance il est vrai peu intelligible, mais qui offre les études les plus consciencieuses, des détails pleins de charme, et des têtes de femme qui sont délicieuses, entre tant d'autres femmes charmantes que ces chefs-d'œuvre bolonais présentent en foule à l'admiration. Le *Martyre de Sainte-Agnès* est encore une œuvre capitale du Dominiquin qui le cède à peine à la superbe *Communion de Saint-Jérôme*, du

Vatican. Le Guerchin n'est pas aussi dignement représenté que ces maîtres au musée de Bologne où rien de lui ne peut soutenir la comparaison avec son grand tableau de la *Sainte-Pétronille* qui, par sa belle couleur, son arrangement pittoresque, ses vigoureux effets de clair-obscur, est la gloire du musée du Capitole.

Au reste, quelle que soit l'excellence des œuvres que les Bolonais ont dans leur patrie, c'est à Rome surtout qu'ils se montrent grands. Cette illustre cité s'empare tellement de l'imagination par le double prestige de ses souvenirs émouvants et de ses réalités magnifiques, que tout artiste en y entrant s'y trouve comme transfiguré. Les uns, ainsi que le raconte Vasari de Fra Bartolomeo, du Rosso et d'Andrea del Sarto, déconcertés par la grandeur du théâtre, en ont été tellement éblouis que leur pinceau intimidé semble avoir fait défaut à l'inspiration habituelle de leur talent. D'autres, et les Bolonais sont de ce nombre, animés d'une belle émulation, ont fait de nobles efforts pour s'élever à la hauteur des merveilles qui les entouraient, et d'éclatants succès sont venus couronner leurs travaux. Ainsi, le Dominiquin a laissé à Rome la *Communion de Saint-Jérôme;* le Guerchin, outre la *Sainte-Pétronille,* son plafond de la villa Ludovisi; le Guide, l'*Aurore* si élégante et si poétique du palais Rospigliosi; c'est encore à Rome, au palais Farnèse, qu'il faut étudier Annibal Carrache dans ce magnifique plafond représentant le *Triomphe de Bacchus* qui, par la hauteur du style, la beauté de la composition, le goût de l'antique, se fait admirer vivement, même à côté des fresques de Raphaël.

Les Bolonais se sont surtout inspirés du Corrège. J'ai étudié ce maître divin, à Parme, dans ses fresques sublimes de la cathédrale et de l'église St-Jean, ainsi que dans ses tableaux du musée. J'essaierai à peine de vous parler de la beauté de ces peintures. Le Corrège est un de ces artistes fortunés qui livrent avec une si vive expansion les trésors de leur génie; il y a dans l'éclat transparent et cristallin de sa couleur, dans les molles et ondoyantes délinéations de ses tableaux, dans la suavité de ses belles ombres un charme si émouvant, une si attrayante volupté, que toute analyse devient presque impossible, et qu'on se livre sans défense à la magie irrésistible de ce pinceau enchanté. — Voilà ce que devant ses œuvres tout le monde doit sentir. Mais, à qui ne les a pas vues, comment donner une idée de ces ravissants contours noyés dans un clair-obscur délicieux ; de cette langueur qui s'exhale de chaque trait, de chaque coup de pinceau; de cette grâce tendre, ardente, voluptueuse qui ne ressemble à aucune autre et qu'il a bien fallu désigner d'un nom particulier, la *grâce lombarde ?* Qui n'a senti son cœur et son âme subjugués devant cette admirable *Madeleine* qui s'élance d'un si beau mouvement aux pieds de l'Enfant Jésus et les baise avec une si vive tendresse, toute caressante et enivrée ? Comment ne pas admirer avec enthousiasme cette Vierge qui, le front penché, les deux mains croisées au-dessus de la poitrine, reçoit avec la grâce la plus adorable la couronne d'étoiles que Dieu pose sur sa tête ! Cette fresque ravissante, d'une élégance exquise, que l'on voit aujourd'hui dans la salle de la bibliothèque, se trouvait autrefois dans l'église Saint-Jean. Les chanoines, voulant élargir le chœur, abattirent avec une insouciance sacrilége une partie de la fresque où se trouvaient deux groupes d'anges merveilleusement beaux, qui heureusement nous sont conservés dans la copie qu'en avait faite Annibal Carrache.

Dresde partage avec Parme l'honneur de posséder les plus beaux tableaux du Corrège; mais ce qui ne peut être apprécié qu'à Parme même, c'est la puissance du Corrège comme fresquiste. Plein d'une grâce élevée dans la *Vierge couronnée d'étoiles* dont je viens de vous entretenir, il aborde les sujets les plus vastes et les plus compliqués dans les coupoles de St.-Jean et de la cathédrale où son génie se déploie dans toute sa grandeur. *L'Ascension*, par la fierté des raccourcis, la beauté magistrale du dessin, la vigueur du style, a paru à quelques-uns inspirée, presque copiée des peintures de Michel-Ange, et l'accusation ne cesse d'être vraisemblable que lorsqu'on consulte les dates qui y répondent victorieusement. Quant à *L'Assomption* qui remplit et décore l'immense coupole de la cathédrale, comment dire la beauté dont elle resplendit, malgré les outrages que le temps lui a fait subir? Il faut renoncer à décrire cette milice céleste des apôtres, des saints, des chérubins, cette foule d'anges si beaux enlevant la Vierge vers les cieux, au milieu des chants, de la musique, des lumières et des parfums, scène de joie et de triomphe qui ravit l'âme et enchante les yeux, *potente incanto per bear l'anima*, dit Lanzi. Cette œuvre magnifique, admiration et désespoir des artistes qui l'ont étudiée, et devant laquelle Annibal Carrache restait confondu d'étonnement, occupe dans l'histoire de l'art le même rang que la *Cène* de Léonard, les *Chambres* de Raphaël et le *Jugement dernier* de Michel-Ange : elle marque le point culminant de la carrière du Corrège.

Après ce chef-d'œuvre éclatant, la gloire du Corrège est complète ; aucune œuvre nouvelle, pour si grande qu'elle fût, ne saurait y rien ajouter. Cependant on éprouve tant de regret à se séparer d'un tel maître que vous me permettrez d'insister encore un moment, et, après avoir célébré en lui le peintre religieux et chrétien, de vous le montrer en plein paganisme dans les sujets profanes qu'il peignit dans la chambre d'une abbesse du couvent de Saint-Paul. J'ajoute de suite, pour prévenir toute surprise, que cette abbesse, par un abus alors toléré, vivait indépendante, sans clôture, en toute liberté, au milieu du luxe et des plaisirs mondains. L'histoire a conservé son nom, elle s'appelait Jeanne de Plaisance. Elle choisit elle-même les sujets de ces peintures, — des dieux, des déesses, des amours, les beaux bergers mythologiques. Rien de mieux approprié au génie tendre et charmant du Corrège que ces poétiques images et ces ingénieuses fictions. L'expression riante et heureuse, les grâces fugitives, la touche caressante, le sourire enivré, la poésie exubérante et qui déborde, cette vie sensuelle que l'on sent tressaillir au sein de chacune de ses œuvres, voilà ce que le Corrège a répandu dans ces scènes mythologiques, où rit le génie heureux de l'antiquité mêlé aux caprices les plus charmants de l'esprit moderne. — Il peignit, sur la cheminée, Diane traînée dans un char d'or par des chevaux blancs, — à la frise (en camaïeu), les Grâces, Adonis, Endymion, Minerve, — et sur l'azur de la voûte, de ravissants Amours, d'une couleur savoureuse, qui s'ébattent en des jeux à la fois naïfs et malins, dans de gracieuses attitudes, au gré d'une fantaisie inépuisable. Les uns domptent des chiens ou les caressent, d'autres portent gravement une lourde pierre sur la tête ou élèvent en l'air des cornes de cerf. Celui-ci effraie son voisin en jouant inopinément du cor à son oreille; celui-là se grandit sur la pointe des pieds, cherchant à cueillir les fruits entrelacés au treillage qui forme le fond de la voûte : aimables badinages du génie le plus brillant, et qui font bien pâlir, dans leur insignifiance, les amours si vantés de l'Albane.

On s'est demandé bien souvent si le Corrège a visité Rome. Au point de vue purement biographique, le peu de renseignements que l'on a sur l'existence de ce grand maître a pu jeter des incertitudes sur la question. Quant à moi, si j'avais à la résoudre, c'est surtout dans ces fresques du couvent de Saint-Paul que je chercherais les raisons de décider. Ni les leçons puisées à l'école de Mantegna, ni l'étude des statues moulées du Begarelli ne me paraissent expliquer suffisamment l'inspiration qui anime ces belles peintures. Il me semble que ce n'est qu'à Rome, au milieu des fragments de sculpture laissés par l'antiquité, que ce merveilleux artiste a pu puiser ce goût de dessin, cette ampleur et cette beauté de formes qui se font admirer dans les grisailles que je viens de mentionner et où l'inspiration de la statuaire grecque est parfaitement visible.

Vous trouverez sans doute que, cédant aux séductions de ces ravissantes peintures, je me suis un peu attardé avec le Corrège. Maintenant il est temps de quitter Parme. Aussi bien, l'air des champs nous y invite; le printemps fleurit les bords des chemins; le chœur éternel des saisons nous ramène le mois de mai dans les plis flottants de sa robe verte. C'est aux plus douces heures de l'année que je continue ainsi mon voyage à travers ces belles plaines lombardes qui offrent, mêlés au charme d'une admirable nature, tant de souvenirs virgiliens. Les fraîches eaux, *gelidi fontes*, se répandent en murmurant dans ces belles prairies, *mollia prata*, toutes embaumées des senteurs des foins récemment coupés. Les jeunes épis de blé ondoient sous les mûriers chargés de feuilles; la vigne, selon le conseil du poète géorgique, se suspend d'ormeau en ormeau en guirlandes verdoyantes, tandis que sur les bords du chemin les acacias jettent dans les airs les suaves parfums de leurs grappes blanches. Rien n'égale la fraîcheur, le luxe, le charme, le riant d'un tel paysage dans ces fêtes du printemps. — Et au sein d'une aussi riche nature que de poétiques cités pour solliciter la curiosité et l'intérêt des voyageurs, — Mantoue, Vérone, Vicence, Padoue ! Chacune d'elles a sa page glorieuse dans l'histoire, dans les sciences, dans les lettres, glorieuse aussi dans la peinture. Elles ont donné en effet le jour à des peintres renommés qui ont jeté de l'éclat sur l'école vénitienne; ils mériteraient bien une mention ; je devrais surtout vous parler des peintures si curieuses dont Jules Romain a couvert à Mantoue les murs du vieux palais Ducal et du palais du T. Mais l'espace me manque, et puis je sens déjà l'air des lagunes, et une sorte de fascination m'attire vers Venise dont j'approche, — Venise, la ville aux singulières merveilles, Cybèle couronnée au milieu des mers, apparition fantastique de l'Orient, création de l'imagination et de la poésie, je ne sais quoi de capricieux, de bizarre et de féerique, — une fantaisie, — un songe !

Vous apprécierez ma modération de voyageur si je ne vous dis rien de l'attrait piquant d'un pareil spectacle, et si, me restreignant à l'objet de ma lettre, je ne vous parle, au milieu de tant de poétiques merveilles, que de l'éclat dont a brillé la grande école vénitienne.

Nommer l'école vénitienne, c'est évoquer aussitôt le souvenir du Titien. Le Titien, en effet, est là dans son domaine; il y règne en souverain, souverain grave toutefois, écartant loin de lui tout éclat vain, toute pompe théâtrale et ne conservant des marques de son empire que l'aspect imposant et la majesté. Cette gravité dans l'allure, cette force concentrée qui ne se développe entière que lorsque les circonstances l'exigent, cette *dignité sénatoriale*, comme dit très bien Reynolds, forment le vrai caractère de la peinture du Titien qui par là se distingue bien nettement de Paul Veronèse et du Tintoret. — Veronèse, en effet, aime l'éclat, la splendeur, la pompe, la richesse; il se plait aux jeux brillants de la lumière; il a ses coquetteries de pinceau, ses fantaisies de beau coloriste. Dans ses tableaux, l'or et l'argent s'entrelacent aux fins tissus de soie ou de velours; les nains difformes font ressortir l'aspect seigneurial des cavaliers ou la grâce élégante des dames; la vaisselle éclate en vifs reflets sous les rayons lumineux; les verres pleins se teignent des chaudes nuances du rubis ou de la topaze, et le brillant coloriste verse l'air le plus limpide dans les profondes perspectives, le long des belles colonnades qui encadrent noblement ces toiles gaies, magnifiques et toutes souriantes encore de la grâce qu'il y répandit. — Le Tintoret, lui, vise surtout au pittoresque qu'il recherche dans les poses forcées, les mouvements impatients, les oppositions des ombres et des lumières. Dans ses toiles, tout vit, tout s'agite, tout respire. Aussi, est-ce avec raison que Lanzi a écrit : *la mossa dee studiarsi nel Tintoretto*, il faut étudier le mouvement chez le Tintoret. C'est là son triomphe, là aussi le péril de sa manière; car la recherche du pittoresque aboutit facilement au dédain du style, et l'abus du mouvement produit une agitation fébrile contraire à l'impression calme, élevée qui doit résulter de tout œuvre d'art.

C'est cette impression à la fois calme et élevée, comme je vous le disais, que produit surtout la peinture du Titien. Comme éclat de couleur, le Tintoret, Paris Bordone, Bonifazio l'emportent peut-être sur le Titien ; le premier, dans son *Miracle de Saint-Marc*, resplendissant ; le second, dans son *Anneau de Saint-Marc*, d'une si vive et si brillante lumière ; le troisième, dans plusieurs toiles du plus haut mérite. Mais ce qui fait du Titien un coloriste sans rival, c'est la force, la profondeur de sa peinture, le relief et la fermeté du modelé, l'ampleur magistrale de l'exécution et surtout l'accord intime de toutes les parties, cette harmonie si difficile à obtenir, qualité aussi rare que précieuse par laquelle brillent les Vénitiens et Titien entre tous. Au premier aspect, son *Martyre de Saint-Pierre*, son *Martyre de Saint-Laurent*, et jusqu'à un certain point son *Assomption* même ne produisent pas tout l'effet qu'on en attendait. Mais qu'on les étudie un moment, on est émerveillé : cela est sain, sobre, puissant, inspiré d'un souffle facile et souverainement poétique. Tandis que le Tintoret gaspille imprudemment ses forces et sa fortune, le Titien est comme un riche, généreux sans prodigalité, ne donnant que ce qu'il peut, et, par les trésors qu'il dépense, laissant juger de l'abondance de ceux qu'il réserve pour l'avenir.

Les toiles que je viens de mentionner sont ou disséminées dans les églises ou réunies dans le musée de l'Académie des Beaux-Arts. Il s'en trouve encore de bien belles au palais Ducal; elles sont presque toutes consacrées à l'apothéose de Venise, et le sentiment patriotique qui les a inspirées ajoute encore à l'attrait de ces peintures et en double l'effet. Venise y reçoit l'hommage des villes, des provinces conquises; les amiraux de la république, les doges sont prosternés devant elle et l'adorent à genoux; les anges la couronnent dans le ciel : partout elle apparaît triomphante comme l'image de la grandeur, de la puissance, de la beauté. Quant au mérite de ces peintures, ne suffit-il pas de nommer leurs auteurs, Titien, Bonifazio, Veronèse, Tintoret? Il y a là surtout les plus jolies têtes de femme que l'on puisse rêver. Ce n'est pas la pureté de Raphaël, la langueur voluptueuse du Corrège, la finesse exquise de Léonard; c'est tout autre et encore charmant. Le Veronèse baigne ses têtes dans une ombre tendre, transparente, d'une suavité infinie : c'est jeune, frais, souriant, tout-à-fait délicieux. — Le Tintoret arrive aux mêmes effets par des procédés différents : de l'or dans les cheveux, une lumière traversée habilement d'ombres fraîches et légères, tombant d'en haut sur le front, le nez, les joues, éclatant en blancheur sur les épaules, et voilà sortie du pinceau une tête de femme pleine de vie, d'une grâce négligée et d'autant plus séduisante.

Je n'en finirais pas si, cédant à l'attrait du sujet, je voulais dire tout le charme de cette peinture vénitienne. Encore ne vous ai-je pas parlé de Palma le Vieux, avec sa couleur chaude et harmonieuse; de

Jacques Bassan, vigoureux mais monotone et par trop ami des ténèbres ; du Pordenone, dessinateur exact et coloriste profond ; du Moretto de Brescia dont la couleur gaie, flatteuse se détache toujours sur des fonds très clairs ; du Giorgione, enfin, qui ne méritait pas cet oubli, mais dont, sauf quelques portraits vraiment superbes, je n'ai pas vu les chefs-d'œuvre. Glissant donc rapidement sur ces grands artistes, je passerai immédiatement à l'école milanaise dont je puis vous parler, grâce aux petits incidents qui m'ont empêché de vous envoyer ma lettre de Venise.

Cette école a pour chef le grand Léonard de Vinci qui a passé à Milan une partie de sa vie et qui y a laissé, comme chef d'école, de nombreux élèves ; comme ingénieur, des travaux de canalisation que l'on admire encore, et comme peintre, sa *Cène* si souvent copiée, imitée, gravée et que tout le monde connaît. Un mot, cependant, sur cette œuvre qui est à elle seule comme un grand poème et caractérise parfaitement le génie de Léonard.

Attirés par la beauté, peut-être même par la difficulté extrême du sujet, les peintres les plus éminents se sont plu à représenter le dernier repas de Jésus avec ses apôtres. Dans Florence seule quatre grands artistes se sont exercés sur ce grand thème de peinture sacrée, Giotto, Ghirlandajo, Andrea del Sarto et Raphaël. Chacun d'eux y a apporté les qualités propres à son talent plutôt que l'ensemble de celles que commandait un tel sujet. Giotto, à Santa-Croce, se montre inventif, puissant, animé d'une belle expression religieuse. Ghirlandajo, au couvent de Saint-Marc, burine sa peinture avec cette fermeté de dessin et cette précision énergique qui laisse pressentir Michel-Ange son grand élève. Le génie si aimable et si attrayant d'Andrea del Sarto respire en sa plus fine fleur dans cette grande page du monastère de San-Salvi, dont quelques critiques modernes ont un peu trop déprécié, ce me semble, la haute valeur. Quant à Raphaël, vous savez le bruit qu'a fait, il y a bientôt huit ans, la découverte de sa *Cène* du couvent de Fuligno. Une œuvre de cette importance, peinte à vingt-deux ans par un tel artiste, et que le hasard le plus heureux fesait retrouver trois siècles après sa date, quel événement dans le monde artistique! Bien des incrédules auraient voulu douter; mais comment méconnaître la main du divin jeune homme dans ces lignes si pures et dans ces doux profils. Si on ne trouve pas dans ce précoce chef-d'œuvre ce que l'âge du peintre ne pouvait encore donner, un tout fortement lié, une expression pittoresque, une pensée mûrie, qui n'admirerait sans réserve l'ordonnance harmonieuse, la candeur virginale, la poésie du style, le charme ineffable et, comme dans toutes les œuvres du divin artiste, je ne sais quoi de pur, d'élégant et d'exquis?

Entre toutes ces œuvres, ce qui distingue le *Cénacle* de Léonard c'est l'étendue de la science pittoresque, un sentiment de beauté majestueuse et royale, et surtout la profondeur de la pensée philosophique qui l'a inspiré. Jamais dans aucune école, chez aucun peintre, la pensée la plus intime de l'âme ne se traduisît par des expressions aussi vives, aussi claires, aussi parlantes. Obéissant à une des nécessités de son art qui ne permet pas de présenter une succession d'idées ou de sentiments, il a concentré la passion qui anime chacun de ses personnages en la réduisant à sa forme la plus simple, la plus vraie, la plus éloquente : l'étonnement excité par la parole de Jésus, l'horreur qu'inspire la trahison prédite, les protestations de dévouement, les sentiments de foi et d'adoration se trouvent exprimés avec toutes les nuances particulières au caractère de chacun des apôtres, tandis que la tête de Jésus qui, par une belle inspiration, se détache sur le fond clair du ciel entrevu par une fenêtre, respire la plus douce, la plus céleste mélancolie ; c'est la tristesse d'une âme divine qui sent la trahison qui se prépare et chez qui l'ingratitude qu'elle prévoit n'empêche pas le sacrifice.

Quel peintre s'est jamais élevé aussi haut dans les régions philosophiques? Qui s'est exprimé dans un langage aussi éloquent? Raphaël, lui-même, plus préoccupé de la beauté qui résulte de l'harmonie, n'a pas donné à ses créations cette physionomie si intime, cette diversité d'expressions si profonde et ce caractère de beauté tout moderne qui ne se traduit pas par l'élégance des lignes, comme dans l'art antique, mais plutôt par l'analyse pénétrante de la passion.

Par quelle destinée malheureuse faut-il que le *Cénacle* ne se montre plus à nous que mutilé ! — Peint à l'huile sur un enduit nouveau composé par Léonard, un siècle ne s'était pas écoulé que la peinture effacée était devenue méconnaissable. Un barbouilleur, nommé Bellotti, osa promener son pinceau brutal sur les contours châtiés du maître. Les moines du couvent ne craignirent pas de leur côté de couper les jambes du Sauveur pour percer une porte dans le mur du réfectoire. Vers la fin du siècle dernier, le couvent des Grâces devint une caserne et le réfectoire servit de grenier à fourrage. Pour comble de disgrâce, une inondation répandit dans la salle une masse d'eau qui ne s'en alla que par évaporation. Faut-il s'étonner, après cela, si au premier aspect le *Cénacle* apparaît sous une couche nitreuse, comme à travers un nuage de destruction ?...

Les copistes et les écrivains n'ont pas mieux traité que le temps ou les restaurateurs le chef-d'œuvre du Vinci. La gravure célèbre de Morghen, les copies à l'huile ou à fresque du Vespino, de Marco d'Uggione et du Bossi sont d'une flagrante infidélité. Chacun de ces artistes a varié à sa manière le thême de Léonard, le soumettant à tant de changements que la pensée primitive en est défigurée. — Quant aux écrivains, il serait vraiment trop long de relever leurs innombrables erreurs ou leurs incroyables niaiseries. M. Cochin, une grande autorité de son temps, voyait six doigts à la main du St-Jean; au reste, il trouvait que les têtes sont belles et *bien coeffées*. En revanche, ces têtes paraissaient fort laides au Président de Brosses, voyageur plus spirituel que fin connaisseur. L'abbé Richard dit que la *Cène* est peinte *en huile à fresque*. La Condamine qui, en qualité de géomètre, aurait dû mieux prendre ses mesures, donne ainsi les dimensions de la *Cène :* 18 pieds de large sur 10 de haut ; or, elle a une largeur de 30 pieds sur plus de 12 d'élévation. Sur quoi Bossi, dans son gros livre *del Cenacolo*, fait observer que si La Condamine n'a pas plus exactement mesuré l'équateur que le *Cénacle*, son travail ne manquera pas d'être fort utile en astronomie.

Après tant d'outrages subis de la main du temps et de celle des hommes, n'est-ce pas le cas de répéter que les peintures, comme les livres, ont elles aussi leur destinée?

Si l'on en excepte de précieux dessins et une vierge inachevée, ce *Cénacle* est le seul ouvrage de Léonard que possède Milan. Mais sa manière s'est conservée chez ses élèves, César da Sesto, Andrea Salaï, Marco d'Uggione, et surtout chez Bernardino Luini, admirable artiste, assez peu connu chez nous, parcequ'il n'a guère peint qu'à fresque, mais qui a reproduit avec tant de bonheur la finesse de pinceau du maître, la morbidezza de son clair-obscur, son goût de dessin et de composition, que quelques-uns de ses tableaux ont pu, sans invraisemblance, être attribués à Léonard. Il y a de lui, à l'Ambrosienne, une *Sainte-Famille* peinte sur un carton du maître, qui est une des plus belles choses que j'aie vues en Italie, par le fin sourire qui anime les physionomies, par la poésie de l'expression et par une grâce subtile, étrange, qui captive et vous retiendrait des heures entières comme devant une énigme dont on voudrait à tout prix savoir le mot.

Voilà, mon cher ami, le résumé très sommaire de mes impressions de simple amateur. En exprimant ma pensée dans une seule phrase, je dirai que chaque école a en elle un principe, un élément de force qui développé a formé son caractère distinctif. Florence a la science du dessin, Rome la beauté de la composition, Parme la grâce du clair-obscur, Milan la finesse dans l'expression, Venise la splendeur de la couleur ; Bologne, suivant un sonnet célèbre d'Augustin Carrache (1), s'est soutenue par une sorte d'éclectisme à travers lequel percent quelques signes de décadence.

J'aurais voulu, si l'espace me l'avait permis, être plus complet. J'aurais aimé surtout à vous parler de ces grands artistes du XVe siècle, les Ghirlandajo, les Mantegna, les Bellini, les Francia, les Masaccio, les Perugin que bien des personnes dédaignent encore, mais à qui leurs successeurs du XVIme siècle furent redevables d'une bonne partie de leur gloire. Raphaël le comprenait bien, lorsque avec cette modestie qui était une des grâces de son génie, il ne se peignait dans ses fresques du Vatican qu'accompagné du Perugin, associant ainsi sa gloire à celle de son vieux maître sur le front duquel il laissait tomber quelques

---

(1) Chi farsi un buon pittor brama e desia
Il disegno di Roma abbia alla mano,
. . . .

reflets détachés de sa brillante auréole. Perugin, de son côté, par l'effet d'un sentiment touchant, aimait à mêler à ses personnages le portrait de ce bel adolescent, son élève chéri, et dont il pressentait la gloire. — Oui, mon cher ami, ces vieux artistes furent grands ; leurs œuvres présentent en germe et comme en leur première fleur les beautés qui s'épanouirent avec éclat chez leurs illustres successeurs. Avec une conviction forte, ils eurent un profond amour de leur art ; ils étudiaient avec passion la nature, ils luttaient ardemment avec la réalité, et dans cette lutte le sentiment qui les animait se faisait jour, il perçait dans leurs œuvres et leur donnait un attrait puissant. Plus tard, lorsque la peinture a été en possession de toutes ses ressources, que les moyens techniques ont été plus répandus, que la forme est devenue accessible à tous, sont arrivés en foule ces peintres du XVIIe siècle, infatués de leur puissance, traitant cavalièrement cet art divin si vénéré des maîtres primitifs. Les lieux communs, les trivialités, une facilité banale, tous les signes de la décadence et de la décrépitude sont venu s'étaler là où brillaient les grâces d'une verte et vigoureuse jeunesse. Oh ! combien ces *cavalieri* des basses époques de l'art paraissent puérils et insignifiants, dans leur fastueuse manière, quand on vient de respirer dans leur fraîcheur la grâce idéale et le sentiment naïf de Francia, de Bellini ou du Perugin ! Quel admirable artiste surtout que ce Perugin ! Devant ses chefs-d'œuvre de Bologne ou de Florence, qui ne s'est senti ému et pénétré jusqu'au fond de son être, à voir ces corps élancés, ces têtes penchées gracieusement sur l'une ou l'autre épaule, ces mains jointes avec ferveur, ces beaux regards qui, tournés vers le ciel, semblent aspirer à la patrie immortelle, et toutes ces radieuses expressions de foi, d'extase et de béatitude ! Et ce Fra Beato Angelico di Fiesole, que l'Eglise a mis au nombre de ses saints, dans quelle vision divine de son âme a-t-il entrevu ces êtres angéliques et suaves qui semblent porter au ciel, d'où ils sont venus, le tribut de prières et d'adoration du pieux et saint artiste ? — Enfin, pour remonter plus haut, savez-vous ce qui, comme œuvre d'art, m'a le plus étonné en Italie ? ce n'est pas la grande peinture du XVIe siècle : j'étais préparé à l'admiration. Mon plus grand étonnement a été en présence des fresques de Giotto, à Naples, à Florence et surtout à Padoue. Je ne me faisais pas l'idée, dans un maître si primitif, de cette vivacité d'imagination, de cette entente des grandes masses, de cette poésie du style, de cette vérité et de cette profondeur d'expression. C'est peut-être dans ces fresques de l'Arena, à Padoue, que se trouvent les plus délicieux profils que j'aie jamais vus, comme aussi il est (dans les grisailles où Giotto a personnifié au-dessous de ces fresques les vices et les vertus) telle figure si noblement posée, drapée dans un goût si simple et si grand que, malgré quelque sécheresse de dessin dans les extrémités, on pourrait sans leur faire injure l'attribuer aux plus illustres disciples de Raphaël.

Ainsi l'art à son origine montre déjà quelques signes de la perfection. Depuis lors, si l'on oublie les progrès purement matériels, et à le considérer dans sa substance même, combien n'est-il pas misérablement déchu ! Qu'est devenue la vie expressive, la vigueur native, la haute signification que Giotto lui avait données ? Comme il serait heureux aujourd'hui de remonter à cette élévation première et de s'illuminer encore des rayons de cette belle aurore !

Sacchetti raconte, dans une de ses nouvelles, qu'un jour, à Florence, dans une société de gens de lettres, André Orcagna demanda quel avait été, Giotto excepté, le plus grand peintre de l'école. L'un nommait Cimabué, l'autre Stefano, ou Bernardo, ou Buffalmacco. Après tous les autres, le vieux Taddeo Gaddi, l'élève chéri, le Jules Romain de Giotto, éleva la voix : « Jeunes gens, dit-il, tous ces hommes ont été » de bons et vaillants artistes, mais l'art depuis eux » a dégénéré et tous les jours dégénère. »

Au sein du mouvement glorieux qui entraînait alors les arts, la parole du vieux maître était certes prématurée. Appliquée à l'art contemporain, surtout en Italie, elle est d'une douloureuse vérité. La France, l'Allemagne, l'Angleterre ont, sinon des écoles bien constituées, du moins des individualités brillantes. Mais où est aujourd'hui la peinture italienne ? Quels sont ses coryphées ? Qu'on montre ses monuments ! Bien des fois, dans le cours de mon voyage, en passant devant des tableaux de fraîche date, chantés dans des sonnets ou vantés par les ciceroni, je déplorais l'insignifiance de cet art national autrefois si grand, et, avec un sentiment non certes de dédain mais de tristesse, je me répétais à moi-même le vers énergique du Dante :

Non ragionar di lor, ma guarda e passa.

Et cependant à ces sentiments de tristesse venaient parfois se mêler dans mon âme quelques lointaines lueurs d'espérance. Est-il possible, me demandais-je, qu'une terre, jadis si féconde, soit épuisée pour toujours ? Toute sève y serait-elle tarie ? Quelque germe latent et inaperçu ne prépare-t-il pas une éclosion nouvelle ? Cette belle Juliette assoupie ne se réveillera-t-elle pas dans son tombeau ? Il serait cruel d'en douter et de condamner à l'obscurité cette terre italienne d'où nous est venue la lumière. Dans le cours de son histoire, elle a donné trop d'exemples de ces résurrections pour qu'au nom du présent nous lui refusions l'avenir. Espérons plutôt que le souvenir glorieux de son passé fera surgir un jour quelque nouvelle génération de grands artistes, et que la peinture pourra compter encore sa grande époque dans la noble patrie de Raphaël.

Fin.

TABLE.

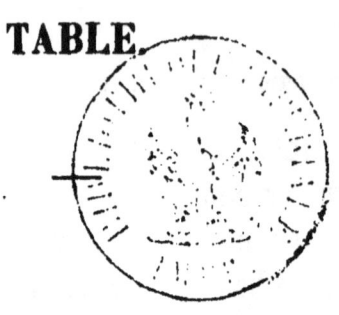

	Pages.
Notice sur la basilique de Saint-Sernin............	3.
Lettre sur le Musée de Lyon, à M. Villemsens....	23.
Le Dante. — De son Eloge à l'Académie des Jeux Floraux...................................	53.
M. De Chateaubriand......................	83.
Lettres sur l'Italie. — Gènes	111.
———————— Naples................	124.
———————— Rome.................	155.
———————— Florence.	223.
———————— Venise................	257.
———————— Milan.................	293.
Lettre sur la Peinture italienne, à M. Villemsens..	329.

FIN DE LA TABLE.

www.ingramcontent.com/pod-product-compliance
Lightning Source LLC
Chambersburg PA
CBHW070844170426
43202CB00012B/1943